U0089742

中國學術思想 研究輯刊

十八編

林慶彰 主編

第 3 冊

朱熹、袁甫與黎立武的四書詮釋及其比較

胡春依 著

花木蘭文化出版社

國家圖書館出版品預行編目資料

朱熹、袁甫與黎立武的四書詮釋及其比較／胡春依 著－初
版－新北市：花木蘭文化出版社，2014〔民103〕
目 4+246 面；19×26 公分
（中國學術思想研究輯刊 十八編；第3冊）
ISBN：978-986-322-674-1（精裝）
1. 四書 2. 注釋 3. 比較研究
030.8   103001971

ISBN-978-986-322-674-1

中國學術思想研究輯刊
十八編 第三冊   ISBN：978-986-322-674-1

朱熹、袁甫與黎立武的四書詮釋及其比較

作　　　者	胡春依
主　　　編	林慶彰
總 編 輯	杜潔祥
副總編輯	楊嘉樂
編　　　輯	許郁翎
出　　　版	花木蘭文化出版社
社　　　長	高小娟
聯絡地址	235 新北市中和區中安街七二號十三樓
	電話：02-2923-1455／傳眞：02-2923-1452
網　　　址	http://www.huamulan.tw 信箱 hml810518@gmail.com
印　　　刷	普羅文化出版廣告事業
封面設計	劉開工作室
初　　　版	2014 年 3 月
定　　　價	十八編 16 冊（精裝）新台幣 28,000 元

版權所有·請勿翻印

朱熹、袁甫與黎立武的四書詮釋及其比較

胡春依　著

作者簡介

胡春依，馬來西亞華裔，哲學博士，先後畢業於臺灣國立中興大學文學院、武漢華中師範大學心理學院、馬來西亞拉曼大學文學院及武漢大學哲學院，博士論文題目爲《朱熹、袁甫與黎立武的四書詮釋及其比較》。現爲富貴愛心基金會與崇德文教基金會董事，以及慧德書院院長、拉曼大學延續教育中心兼職講師，曾任綠野世傳學院院長、馬來西亞兒童導讀推廣中心秘書、馬來西亞全國經典教育推廣中心秘書長等職。主要著作有《東亞儒學研究論集》。

提　要

　　本研究的首要宗旨在於通過朱熹、袁甫和黎立武的四書詮釋以及他們之間的比較，對南宋與宋元之際的朱熹理學、象山心學和程門兼山學派的哲學思想作出辨章學術、考鏡源流的工作，而他們在南宋和宋元之際的學術傳播情況則是此一重點研究下的延續探討，有助於我們瞭解僞學禁解除以後，朱熹理學派系是否確如一般所言的銷融了其餘各個學派的問題。

　　本研究首先提出朱熹的理學思想體系實是與其《四書章句集注》同時發展、成長的觀點，我們若以其《四書或問》、《語類》、《文集》和《四書章句集注》相參照，便會發現其中隱然有一成型體系貫穿於其中，是朱熹「所以立大本行達道之樞要」，我們將此一體系概述爲「以格物致知之道，通理一分殊之理，達忠恕一貫之旨」一句話。學者只要能掌握此窮理盡性至命之道，便能脫然貫通，掌握到其詮釋《四書章句集注》的理學思想。因此，我們姑且稱此一詮釋法爲「理本論詮釋法」，雖然此一名稱亦未能窮盡其義。

　　另外，本研究也提出《四書章句集注》並非是朱熹最滿意的定稿，因爲我們通過其詮釋與注解，便可發現朱熹據以詮釋《四書章句集注》的理學思想體系尙有處於發展演進中的痕迹，矛盾處不少，這包括了他依循「存有論的解析」途徑所推導出來的枯槁瓦礫皆有理，也就是皆有仁義禮智之性的說法，以及「理生氣」或「理先氣後」的關係表述等問題。因此，本研究認爲直至朱熹去世爲止，他的形上哲學理論似乎仍處於建構的過程之中而有待圓滿證成。

　　研究對象之二的袁甫雖然流傳下來的著作不多，但其《蒙齋中庸講義》卻是一篇足以彰顯「心本論詮釋」特色的象山心學代表作。我們由其《蒙齋中庸講義》之濃厚心學特色，以及他推擴「發明本心」之心學思想於政治家國，以強調身體力行，希望君王亦能發明本心，以此對待子民的實際政治表現看來，袁甫可說是能夠在日常生活中身體力行象山心學的重要傳人，而其所傳承的，既有陸九淵「發明本心」之心學特點，亦有「四明學派」的特色，其中最爲重要的要算是繼承了其父袁燮在陸九淵「心即理」與「人心本善」之思想上推擴出來的「天人一理」與「君民一體」的政治哲學觀，對於楊簡「不起意」的克己功夫，袁甫也在其生命裏做了一輩子的實踐。我們研讀其書，既可進一步瞭解象山心學第二代傳人對陸九淵思想的繼承與發展之軌迹，亦可弘揚其學派之著作思想，因爲象山心學派系流傳於世的著作並不多，《蒙齋中庸講義》是其中比較能夠體現出強烈的象山心學特色的代表作，因此，此一研究實有重大的歷史意義。

研究對象之三的黎立武隸屬程門兼山學派，主張《易》、《庸》一體說，可說是充分發揚了伊川「以性爲本，以《中庸》、《易》爲先」的學術精神。黎立武在此一基礎上明確地提出「中庸之道，出於《易》，本於仁，極於誠」的主張，並進一步以此《易》、《庸》一貫之學來詮釋《大學》，認爲《大學》的宗旨是大法存乎止、大旨存乎誠。因此，我們將其四書詮釋法稱爲「以『誠』爲中心的《易》、《庸》一貫詮釋法」。此一研究，有助於吾人進一步瞭解中國傳統精神的核心價值。

　　總結而言，朱熹、袁甫與黎立武的四書詮釋既可保留與發揚本身學派的學術特色，亦可藉以傳播所屬學派的學術理論，同時尚可在一定的程度上總結或創發自己的思想體系，而又不偏離儒家對「德化生命」與建構道德理想社會之追求目標，可說是達到多向並行發展的功效。因此，本研究主張將朱熹的「理本論」、袁甫的「心本論」，以及黎立武「以『誠』爲中心的《易》、《庸》一貫詮釋法」視爲三種不同的詮釋理論模式。他們的詮釋無疑就是一種哲學的再創作過程，是促使中國哲學趨向多元化發展的新活力。

　　最後，我們又發現實際上在朱熹的《四書》立於學官之後，象山心學派系和程頤的其餘學術分派，在當時甚至是直至元末、明初，其學依然是活躍的，並不存在兼山學派孤行或朱熹理學在後期銷融了象山心學或伊川門下其他學術支流的看法。過去我們之所以會以爲朱學一統獨尊，完全是因爲從前我們僅僅是依據前人的統計數據便草率判斷各個學派的勢力強弱，而此一評估方式對於因爲欠缺史料證據而無法眞實呈現門人數據的門派來說是很不公平的。因此，本研究提倡重新審視現有的統計數據或加入生命力與影響力的評估等方法，以便公平地還原歷史的眞相。

目次

緒　論

第一節　「四書詮釋」與「四書學」的關係及其範圍

一、「四書詮釋」與「四書學」

　　《大學》、《中庸》、《論語》與《孟子》，在一個系統的理學體系下，被朱熹集成《四書》，不但具有開創一個有別於舊往經典解釋方法的破舊立新之意義，更具有創立系統詮釋方法的生成意義，因此，現代學術界認為，其集成四書之舉，具有理論的自覺性和運作之系統性，在學術上具有「四書學」的意涵，意義極為深遠。在形成本身體系完整的理學系統之餘，朱熹此舉也同時轉移了六經獨尊的地位，並在亞洲儒家文化圈發揮了至今仍未消退的影響力。〔註1〕與此相對應的，則是現代「四書學」研究熱潮在海內外的興起，以及「四書學」與西方「詮釋學」結合研究的嶄新學風。

　　目前比較廣泛或比較有計劃性的去研究與推廣「四書學」，並對學術界造成比較重大影響的可說是臺大的黃俊傑教授，他的「儒學與東亞文明研究叢書」不僅收羅了各種東亞儒學的研究成果，也著力於四書學的研究，對東亞儒學的傳播起著非常關鍵性的作用，但是在這整個叢書計劃裏，「四書學」都只是作為一個新奇的概念被討論，誠如日本學者辻本雅史的《「四書學」：暫定性的方法概念》所言：「不可將『四書學』想成是有學問的實體。易言之，

〔註1〕蔡振豐：《丁若鏞的四書學》，《臺大文史哲學報》第六十三期，2005 年 11 月，頁 171～188。

我想所謂『四書學』應該作爲暫定的方法概念來理解。」〔註2〕因爲「四書學」目前仍然沒有屬於自己的方法概念與理論架構。

至目前爲止，只有周春健曾對「四書學」下了一個比較明確的定義：「所謂『四書學』，是指以《大學》、《論語》、《孟子》、《中庸》四部典籍及其注疏著作爲研究對象的一種學術活動或學術體系。這一活動或體系，以視四部書爲一有機整體，認定四書之間有著規定的次序和關聯爲學術前提。從屬性上講，四書學是中國學術史一個方面的重要內容。」〔註3〕其所謂的「四書學」主要是指針對《四書》或其注疏著作爲研究對象的一種學術活動或體系，分爲「合刻總義之屬」（如陳天祥的《四書辨疑》、陳櫟的《四書發明》《四書考異》、劉因的《四書集義精要》、許謙的《讀四書叢說》等）與「分刻之屬」（如吳澄的《中庸綱領》、許衡的《大學要略直說》《大學直解》《中庸說》《中庸直解》等）兩類，並不涉及西方詮釋學方法論的問題，與日本學者的關注面不一樣。

換言之，「四書學」的研究範圍實際應該包括對朱熹本人及其思想的研究，以及他如何把《大學》、《中庸》、《論語》與《孟子》此四種本屬於不同時代並各自獨立的著作貫穿爲一個融貫的思想體系；如何建立儒家的道統譜系與系統哲學，重新詮釋儒學的發展；又如何通過四書確立自己的「性理世界觀」與哲學架構，以及一般的經典解釋方法和對其他學者詮釋《四書》之著作的相關研究等。若按日本學者的建議，則尚應建立相關研究的方法論問題。

至於本研究所提出的「四書詮釋」則是以周春健「四書學」的分類概念和《文淵閣四庫全書》「四書類」的分類法作爲借鑒，將有關《四書》的研究著作分爲「合刻總義之屬」與「分刻之屬」兩類，並非單指對《四書》作整體性的研究或注解而言，也就是說，本書並非以朱熹的《四書章句集注》爲探討對象，而是以《論語》、《孟子》、《大學》和《中庸》四部著作作爲整體或分別的研究對象。在此前提下，朱熹的《四書章句集注》應屬於「合刻總義之屬」，袁甫與黎立武的學庸詮釋則屬於「分刻之屬」。因此，本研究所提出的「四書詮釋」概念並不等於前述周春健所提出的「四書學」概念，因爲它不以朱子學爲研究核心，在這兒，「四書」只是一個特指《大學》、《論語》、

〔註2〕 辻本雅史著，張崑將譯：《『四書學』：暫定性的方法概念》，黃俊傑編：《東亞儒者的《四書》詮釋》，上海：華東師範大學出版社，2008，頁244。

〔註3〕 周春健：《元代四書學研究》，上海：華東師範大學出版社，2008，頁1。

《孟子》和《中庸》的稱謂而已。此外，本書是通過文獻梳理配合思想史研究的方法，對身處南宋或宋元之際〔註4〕的朱熹、袁甫和黎立武展開相關的哲學思想研究，並不牽涉西方的詮釋學方法論問題，同時，朱、袁、黎三人平時講課或與學者、學生之間針對以上四部著作的反覆討論、辯論或書信往來，也被視爲詮釋《四書》的一種重要管道。

　　另一方面，本研究所提出的「四書詮釋」概念亦與黃俊傑所推動的「東亞儒學經典詮釋史」或「東亞的四書學解釋史」的理念和方法基本相同，但黃俊傑的研究重點在「史」及「東亞」，所致力探討的是東亞儒者的四書詮釋、東亞四書學概念之內涵與意義及東亞文化圈的形成與發展等課題，對中、日、韓等地的四書研究，作了較爲廣泛而紮實的研究工作；而本研究所提出的「四書詮釋」概念，則相對削減了過於突出的「東亞儒學史」概念，將重心從區域性歷史研究移至「哲學思想」的範疇，以突出宋元之際朱熹以外的學派是如何通過重新詮釋《四書》來表現本身的哲學思想，或如何藉此建立本身的獨特詮釋範式，讓本身的學派理論得以於現實中落實、實踐與流傳。

二、研究範圍

　　本研究企圖通過分別以集大成理學爲學術中心的朱熹（1130～1200）與以《易》、《庸》貫通爲學術中心的程門兼山學派黎立武（1242～1310）〔註5〕，以及袁燮兒子、楊簡弟子、傳揚象山心學的袁甫（或曰 1173～1240）〔註6〕

〔註4〕 蔡仁厚：《宋明理學・南宋篇》：「元祖之初期，北爲元，南爲宋，此所謂宋元之際也。」（臺北：臺灣學生書局，1980 年初版，1983 年再版，頁 316）案本研究所謂之宋元之際亦指由宋入元，即端平二年（公元 1235）蒙古軍攻破德安府起，至祥興二年（公元 1279）南宋滅亡的這段時代更迭的歷史歲月。

〔註5〕 據劉成群〈黎立武《中庸》《大學》之考辯〉（《昌吉學院學報》2008 年第 5 期）一文對黎立武生卒年的考證：「黎立武也是一位由宋入元的遺民學者。宋俞琰《讀易舉要》記錄其爲『咸淳戊辰進士』，吳澄《元中子碑》又記錄其二十六歲擢進士，卒年六十八歲，由上兩條則可推算，黎立武大約生於南宋理宗淳祐二年（注：即公元 1242 年）左右，卒年當在元武宗至大三年前後（注：約公元 1310 年）。」孫勁松〈兼山學派考〉（《中州學刊》2005 年 9 月第 5 期）亦考證，黎立武官至軍器少監、國子司業、文化閣侍制。宋亡以後三十餘年，閒居不仕，創辦了金鳳書院。

〔註6〕 按黃震《古今紀要逸編》所載，袁甫於嘉熙四年元日權兵部尚書，暫兼吏部尚書，方欲大用之際，病卒於該年三月二十二日，年六十有七。以此推算，應生於 1173 年。若黃震之說屬實，則朱熹當卒於袁甫 27 歲時，而史載袁甫是於嘉定七年（公元 1214）中進士第一，那一年，袁甫已是 41 歲。

作《四書》詮釋上的比較，而研究的中心則主要圈定在《大學》與《中庸》，因為朱子嘗言：「蓋不先乎《大學》，無以提挈綱領而盡《論》、《孟》之精微；不參之《論》、《孟》，無以融貫會通而極乎《中庸》之歸趣；然不會其極於《中庸》，則又何以建立大本、經綸大經而讀天下之書，論天下之事哉？」〔註7〕由此可知，依朱熹之見，《大學》具有提綱挈領之效，而《中庸》則更是「建立大本、經綸大經而讀天下之書，論天下之事」的重要著作。誠如林月惠所言：「《中庸》之於朱子，在其學思過程中，有著關鍵性的影響。朱子著名的參悟中和，及其道統說的確立，都以《中庸》文本為根據。而且在《四書》的關聯上，朱子也認為《中庸》一書是《大學》、《論語》、《孟子》三書的會極與歸趣。」〔註8〕再說，黎立武所重者亦為《大學》、《中庸》，而袁甫所重則為《中庸》，故本研究將以《大學》、《中庸》作為《四書》詮釋的研究起點，而以《論語》、《孟子》作思想參照。

至於本研究所以選擇朱、袁、黎三家為研究對象之因，一則是因為「四書」之集成與定名始於朱子，是以本研究之重點乃是與朱子同時代但稍後〔註9〕的南宋象山心學之傳人袁甫，以及宋元之際，與朱子分屬同門異戶的「兼山學派」第四代傳人黎立武之比較；二則據《文淵閣四庫全書》「四書類」所載，裏頭共收有四書類著作六十三種，分別為宋以前四種、宋代二十二種、元代十一種、明代十種及清代十六種。依錢基博之研究結果，宋代刻意與朱子為難而別標眉目的，幾乎沒有；無心為難卻又頗不合於朱子思想，或分屬不同學派，或同門異戶，以致見解不一者，倒有鄭汝諧（1126～1205）、張栻（1133～1180）、黎立武和袁甫四人。〔註10〕

「南宋重臣開國伯」鄭汝諧（字舜舉，又字東谷居士）承其家學，淵源伊洛，對儒家經義研究精深，著有《論語意原》二卷，但個人學術特色不夠明確，故不列入研究範圍。

張栻則為與朱子、呂祖謙並稱「東南三賢」的湖湘學派主要傳人，嘗從胡五峰受業，堅守五峰之說：「以喜怒哀樂之中，言眾人之常性，而以『寂然

〔註7〕〔宋〕朱熹撰，黃坤校點：《四書或問》，上海：上海古籍出版社，2001，頁11。
〔註8〕林月惠：《詮釋與工夫：宋明理學的超越蘄向與內在辯證》，臺北：中研院文哲所，2008，頁278。
〔註9〕朱熹去世時，袁甫年27歲，尚未中進士，功名未及得建。袁甫是年41方始進士及第。
〔註10〕錢基博：《四書解題及其讀法・序》，上海：商務印書館，1933，頁4。

不動』言聖人之道心」〔註 11〕，其理學思想，主要體現於《癸巳論語解》和
《癸巳孟子說》等書中。惟誠如前述，本研究的主要對象爲《大學》、《中庸》，
且根據《欽定四庫全書・癸巳論語解提要》所載，張栻在未定稿《癸巳論語
解》前，曾與朱子商訂其書，「朱子抉摘瑕疵多至一百一十八條，又訂其誤字
二條，雖以今所行本校之，從朱子改正者僅二十三條」〔註 12〕，但今觀其書
所表現出來的思想卻多與朱子同，無法深刻體現出湖湘學派的特色，不僅《論
語解》如此，《南軒文集》與《孟子說》亦皆經朱熹審定過，對於本研究所關
注的詮釋特色而言，張栻實不及黎立武與袁甫強，但作爲一位思想家，張栻
的研究卻是極爲重要的，目前已有多位學者給予了充分的關注，故本研究並
未將其二書納入研究範圍。

　　袁甫則從學於楊簡，爲南宋陸學「四明學派」主要代表人物「甬上四先
生」〔註 13〕之一袁燮之次子，主張「萬物與我心契」，著有《孟子解》與《蒙
齋中庸講義》。惟其《孟子解》已亡佚，僅有《蒙齋中庸講義》流傳於世，此
書爲袁甫爲門弟子講說中庸之講義，亦雜有對《孟子》之詮釋，皆爲闡發象
山心學思想之作。《四庫全書提要》謂其「心得之處未嘗不自成一家」，與愚
見相合，故特列入作中庸方面的比較研究，以見朱、袁、黎三家對中庸詮釋
立場之不同。

　　黎立武則師承兼山學派，兼山學派開創人郭忠孝（？～1127）是程頤晚
年弟子，郭忠孝有子郭雍，深得父傳，於《易》學和中醫學方面皆有深入研
究。郭雍後傳謝諤、蔣行簡，謝諤傳歐陽棟、孟程、左挨、曾震、曾機、曾
雩與黎立武，曾震則傳其子克己、克允、克覺、克家。黎立武私淑同鄉謝諤，
是因爲他在「官秘省時，閱秘書，受二郭氏中庸，郭遊程門。謝尚書諤昔仕
於夷陵，嘗傳其學，將由謝泝郭嗣其傳。」〔註 14〕因此，黎立武對郭忠孝和
郭雍所傳之學是極爲崇拜的，他的學庸詮釋亦爲闡揚二郭氏思想之作，其《中
庸指歸》更是保留了郭忠孝《中庸說》的部分內容。

　　據孫勁松《兼山學派考》所述：「兼山學派興起於洛陽，其後由於郭雍

〔註 11〕 陳榮捷：《朱子新探索》，上海：華東師範大學出版社，2007，頁 357。
〔註 12〕 〔宋〕張栻：《癸巳論語解・四庫全書提要》，王雲五主編：《叢書集成初編》，
　　　　 上海：商務印書館，1937，頁 1。
〔註 13〕 四明學派爲象山心學在浙東的分派，代表人物爲「甬上四先生」之楊簡、袁
　　　　 燮、沈煥與舒璘。四人既爲同里亦爲同學，主要代表人物爲楊簡。
〔註 14〕 《中國方志叢書・江西省新喻縣志（四）》，臺北：成文出版社，1989，頁 1396。

避亂於長陽,其學術中心遷至湖北,在此期間,朱子與郭雍多有學術交往。
〔註15〕兼山學派第三代謝諤,第四代黎立武(皆)爲江西新喻人,在南宋末
年,學派的中心(遂)遷至江西,對元初大儒吳澄產生了一定的影響。因此,
兼山學派在宋元理學史上有一定的地位。」〔註16〕兼山學派對吳澄(1249~
1333)的影響,主要來自於黎立武,因黎立武「官撫州時校文舉吳澄充貢
士,故澄誌其墓自稱曰門人。」(《學海類編》)因此,吳澄與黎立武之間有
著特定意義的門生關係,吳澄對他的提拔感恩有加,對他的評價也極高,
說他「雍容和粹氣象彷彿河南程伯子」,對其儀容氣質「心醉神融」不已。
黎立武的摯友文天祥對他的評價更高,形容他是「江西一佛出世」,「大名震
蕩」。〔註17〕而他所創辦的蒙峰書院,亦因他響當當的名氣而「從遊者眾至
不能容。」甚至「北來達官聞譽望覲豐采,視之如天人,諏訪相屬,或延致,
或就見焉,意度安舒,威儀整肅,不待交談,人已起敬。清言亹亹,每至夜
分,雞鳴復起,了無倦色。」〔註18〕由此可見,黎立武確實儀表氣度不凡,
社會地位甚高,在元代具有一定的社會影響力。

　　除了對吳澄的影響之外,黎立武在蒙峰書院所收的學生袁俊翁,也對元
代儒學的發展起著關鍵性的作用。袁俊翁所著的《四書疑節》,與王充耘的《四
書經疑貫通》,皆爲元代科舉「經疑」而寫之書,對當時士人影響甚深。廖雲
仙的《論兩部元代舉業類《四書》著作——袁俊翁《四書疑節》與王充耘《四
書經疑貫通》》一文,對此有極爲深入的分析。該文指出,漢人在元代科舉考
試中,是試以「明經、經疑二問」及「經義一道」,「形成了『經義、經疑』
並重的考試方式。元代士人爲了因應這種科舉考試,坊間遂出現了一種『設
爲答問、辨別疑似,發明義理』的舉業類《四書》著作,這種著作雖與科舉
有關,但歷來評價甚高,決非兔園冊子一類的考前猜題而已。」〔註19〕而在

〔註15〕朱子是在淳熙七年 51 歲時,於南康任上與郭雍通信相識,除與郭雍討論易學
　　　　外,亦贈送其所刻的程先生、尹和靖二帖及《白鹿》、《五賢》二記。淳熙十
　　　　三年 57 歲時,又曾與郭雍、程迴、程大昌、趙善譽、袁樞、林栗等進行易學
　　　　辯論。至其《易學啟蒙》完成後,又進而批評郭氏之《著卦辨疑》而成《著
　　　　卦考誤》。見束景南:《朱熹年譜長編(上)》,上海:華東師範大學出版社,
　　　　2001,頁 670 及《朱熹年譜長編(下)》,頁 841。
〔註16〕孫勁松:《兼山學派考》,《中州學刊》2005 年 9 月第 5 期(總第 149 期),頁 130。
〔註17〕《中國方志叢書·江西省新喻縣志(四)》,頁 1398。
〔註18〕《中國方志叢書·江西省新喻縣志(四)》,頁 1396。
〔註19〕廖雲仙:《論兩部元代舉業類《四書》著作——袁俊翁《四書疑節》與王充耘
　　　　《四書經疑貫通》》,《興大中文學報》第十六期,2004 年 6 月,頁 233。

眾多舉業類《四書》之中，又以袁俊翁和王充耘的最為重要，因為此二書「經義、經疑並用，故學者猶有研究古義之功。」〔註 20〕相對於明代八股文盛行後，士子只發揮《四書章句集注》之義而忽略經義來說，袁、王二書之特色與成就就更加明確了。

　　此二書之流傳，是直至明太祖洪武十七年廢除經疑之法後，方始轉弱。因此，單就黎立武及其後學對元代儒學的影響力來看，黎立武在元代儒學的發展史上，是確實佔有一定的地位的。

第二節　研究目的、研究方法與思路

一、研究目的

　　在朱子的四書詮釋體系裏，《大學》與《中庸》是其極為推崇的儒家提綱立本之作，二者佔有同等重要的地位，而《中庸》因為是「建立大本、經綸大經」、且「是《大學》、《論語》、《孟子》三書的會極與歸趣」之書，因此畢竟意境較高而較為難懂，朱子曾因此歎曰：「此書難看。《大學》本書未詳者，某於《或問》則詳之。此書在《章句》，其《或問》中皆是辨諸家說，恐未必是。有疑處，皆以『蓋』言之。」〔註 21〕又說：「緣前輩諸公說得多了，其間盡有差舛處，又不欲盡駁難它底，所以難下手。不比《大學》，都未曾有人說。」〔註 22〕

　　對朱子而言，《中庸》所以難讀，主要是因為「前輩諸公說得多了」，而且他又天性喜歡追根究底，四歲即問「天之上何物？」五、六歲時，「心便煩惱個天體是如何，外面是何物」，以致幾乎成病。〔註 23〕因此對於讀書，他也是用追根究底的苦方法，「讀《中庸》，則只讀《中庸》，讀《論語》則只讀《論語》。一日只看一二章，將諸家說看合與不合。凡讀書到冷淡無味處，尤當著

〔註 20〕 廖雲仙：《論兩部元代舉業類《四書》著作──袁俊翁《四書疑節》與王充耘《四書經疑貫通》》，頁 241。

〔註 21〕 《朱子語類》，《朱子全書》卷十四「大學一」，上海：上海古籍出版社；合肥：安徽教育出版社，2002，頁 429。

〔註 22〕 《朱子語類》，《朱子全書》卷六十二「中庸一」，頁 2011。

〔註 23〕 《朱子語類》，《朱子全書》卷九十四「周子之書・太極圖」，頁 3129：「某自五六歲，便煩惱道：『天地四邊之外，是什麼物事？』見人說四方無邊，某思量也須有個居處。如這壁相似，壁後也須有什麼物事。其時思量得幾乎成病。到如今也未知那壁後是何物。」

力推考。」〔註24〕用的便是「今日格一件，明日又格一件」的「格物」法，因此他曾追憶說「某少時讀《四書》，甚辛苦」〔註25〕，而且「某年十七、八時，讀《中庸》、《大學》，每早起，須誦十遍。」〔註26〕可見這是其「格物」天性使然，非性愚之罪。

　　相較之下，「未曾有人說」的《大學》對他而言是比較易讀的，而且也比較能歸納出一些自己的看法，因此他嘗說「某一生只看得這兩件文字透，見得前賢所未到處。若使天假之年，庶幾將許多書逐件看得恁地，煞有工夫。」〔註27〕「這兩件文字」，指的便是《大學》與《易啓蒙》，而所以看得較透的原因是因爲「某於《大學》，用工甚多。溫公作《通鑒》，言『臣平生精力盡在此書』，某於《大學》亦然。《論》、《孟》、《中庸》卻不費力。」〔註28〕至朱子六十五歲以後，《大學章句》尙一改再改，要到他七十一歲臨終前才能定稿，可見朱子對《大學章句》眞的是下了一輩子功夫，尤其是其「移文補傳」部分，眞可說是其畢生研究所得，雖然此舉惹來後世的激烈爭議，但這畢竟是其個人心得，朱子早已明言之。牟宗三在批評朱子的四書詮釋時也說過，朱子的四書詮釋之中，只有《大學》之詮釋比較能與文本相應，其餘皆不相應，尤其是《孟子》。〔註29〕其主要原因是朱子言「萬事皆在窮理後」與「須先致知，而後涵養」，〔註30〕牟宗三認爲「此與順明道、五峰下來『先識仁之體』、『先察識』、或順孟子象山下來先識本心，不同。朱子之先窮理致知是『順取』，而先識仁之體是『逆覺』。此顯是兩路。因此，其言『集義』亦與孟子異趣。」〔註31〕而且，在朱子的系統裏，道只是理，太極只是理，牟宗三認爲這顯然是一種偏差。〔註32〕

〔註24〕《朱子語類》，《朱子全書》卷一百四「朱子一・自論爲學工夫」，頁3428。
〔註25〕《朱子語類》，《朱子全書》卷一百四「朱子一・自論爲學工夫」，頁3427。
〔註26〕《朱子語類》，《朱子全書》卷十六「大學三」，頁506。
〔註27〕《朱子語類》，《朱子全書》卷十四「大學一」，頁430。
〔註28〕《朱子語類》，《朱子全書》卷十四「大學一」，頁430。
〔註29〕牟宗三：《周易哲學演講錄》（臺北：聯經，2003）：「朱子的頭腦能夠瞭解《大學》，瞭解《大學》，他的頭腦很容易湊泊上去。但瞭解《論語》、《孟子》、《中庸》，朱子大體都不成的。這麼簡單的四書，朱子那麼了不起的人物，瞭解孔夫子都出問題，最嚴重的是錯解孟子，注《孟子》根本不相應。所以朱子自己也說，他那個注就是對《大學》讀得透。其它的大概都有問題。」（第一講）
〔註30〕《朱子語類》，《朱子全書》卷九「學三」，論知行，頁303。
〔註31〕牟宗三：《心體與性體（三）》，臺北：正中，民79（公元1990），頁356。
〔註32〕牟宗三：《周易哲學演講錄》，頁103。

其實牟宗三對朱子的《大學》詮釋與文本相應的看法是很值得商榷的，因為相應與否的問題，實際上與《大學》的章句結構被移動及二分為經、傳有很大的關係，而這移動，又與朱子重「格物致知」有關。問題是「格物致知」是否《大學》全篇的著重點？《大學》是否有因此而移文補傳的必要呢？而朱子對其他三書的詮釋又是否真的與文本不相應？若不相應會有多大關係？這些問題，歷代諸家各有不同的說法。但是我們若將他與黎立武和袁甫作一比較，便能夠看出此三家之詮釋其實可說是充分發揮了哲學詮釋的多元化特色，應被視為一種哲學詮釋理論的創造，對於中國哲學的發展而言，這不啻為一種百花齊放式的現代化多元發展形勢，可充分展現出中國哲學的生命活力。因此，朱子的「理本論」與袁甫的「本心論」，以及黎立武「以『誠』為中心的《易》、《庸》一貫詮釋法」，均應被視為三種不同的詮釋理論模式。

此為本研究的創新觀點，本研究之期望是能為中國哲學詮釋理論的開創與中國哲學的生命化作出一點貢獻，同時，亦欲通過本研究對宋元之際各學派的哲學思想是如何通過詮釋經典的方式來表現作個全面的瞭解與梳理，這也是西方學者狄百瑞等人的關注焦點，由此亦可見此問題的重要性。此外，朱、袁、黎三家對四書的詮釋，就某個層面來說，無疑使得他們所屬學派的生命獲得了較為理想的傳承與延續方式，因為兼山學派和象山心學流傳於世的著作並不多，四書詮釋可說是他們的理論落實於實踐的管道之一，並且也是使得他們的學派理論得以流傳於世的方法之一，同時，這些四書詮釋著作，也是各學派思想體現的最佳管道，因此有其研究的必要性。

另一方面，在南宋多達 80 餘種、元代近 300 種的眾多四書著作中，〔註33〕我們只能看出四書研究的繁盛，卻無法看出宋元之際各學派的活躍情況。全祖望說：「乾、淳諸老既沒，學術之會，總為朱、陸二派，而以葉適為代表的永嘉學派卻足以與之鼎足為三。」〔註34〕這說明了自張栻、呂祖謙、陸象山等人去

〔註33〕宋代四書詮釋著作尚有待統計。目前根據《四庫全書‧四書類》所收，四書合編者僅有 4 種，分編者則有 28 種，合計 32 種。但實際數據並不止於此，根據黃孝光的統計，自朱子完成《四書章句集注》至南宋亡國為止，以四書為名刊刻的書籍便有 80 種之多，若加上北宋分刻的，恐怕更多。而元代四書詮釋著作，若單以四書合編者即有 109 種，分編者 137 種，共計 246 種，這是黃孝光的統計數字。依周春健之統計，四書合編者則有 172 種，分編者 118 種，合計 290 種。

〔註34〕〔清〕黃宗羲原著，〔清〕全祖望補修，陳金生、梁運華點校：《宋元儒學案序錄（全祖望定本）》，《宋元學案》，北京：中華書局，1986，頁 11。

世後，象山心學和永嘉學派的發展依然是相當蓬勃的。陸九淵是在黨禁前三年逝世，這期間象山心學的發展並不可得而知，而葉適則依然存活，直至四書立於學官之後 11 年方去世。不少宋明理學的研究著作認為自朱熹逝世、偽學禁獲得平反以後，其理學便取得一脈獨尊的崇高地位，各派學者陸續統歸朱學。但事實是否如此？活躍於宋元之際的學派到底有多少？程頤的眾多弟子所分化出來的學派是否都已統歸朱學？或是後世學者無法分辨這許多程門分派的學問，因此都將之歸為朱學？而象山派系與永嘉學派的發展又如何？是否真如陳榮捷所說的「元代實無陸學」？這是我們將宋元的四書詮釋著作置於當時的思想史裏所發現的一些問題。

因此，對朱熹、袁甫和黎立武的四書詮釋著作作哲學性的比較，也是梳理有關學派思想體系的有效方法之一，我們由此亦可看出，在四書立於學官取得獨尊地位之後，程頤的其餘學術分派以及象山心學派系依然還是活躍的，所以通過這種比較方法，我們也可以觀察到其餘學派的存活狀況，這是本研究的另外一個重要價值所在。

二、研究方法與研究思路

本研究採用邏輯與歷史相統一之方法論來分析與比較朱熹、袁甫與黎立武的四書詮釋，並將朱熹、袁甫與黎立武置入宋、元思想史的長河裏，以觀其學術思想淵源和哲學觀點之形成，及其對詮釋四書的影響。從中，我們也得見朱熹的「理」、袁甫的「本心」與黎立武以「誠」為中心的《易》、《庸》一貫法，是如何被用以詮釋《四書》，而其內涵與特色又是如何通過《四書》得以表現，並使得他們所屬的學派理論得以永久流傳於世。同時，也藉此機會對南宋和宋元之際各學派的存活狀況作一簡單的瞭解。

第三節　南宋與宋元之際的四書學及其研究以及不足之處

目前無論是在中國或國外，都還欠缺宋元之際的四書學研究專著，甚至把南宋末或元代四書學當專題來研究的著作亦不多，無論是在思想研究或學派研究等各方面，數量都較為有限。而理學的發展至南宋而臻高峰並湧現一波又一波的人才是不容置疑的事實，加之朱熹的四書亦集成於此時，掀起了

新一波的學風轉向，其影響及於元、明、清三代之社會，這種種現象都在在表明了南宋是一個歷史轉向的關鍵性時期。

　　遺憾的是目前國內將南宋四書學抽離出來作專題研究的專著並不多，比較受人矚目的研究成果應算是陸建猷提交於 1999 年的博士論文《《四書集注》與南宋四書學》，但該論文的主要關注點是《四書章句集注》本身，以及宗朱學派與宗陸學派對四書的傳承精神，對於同時代其他學派，如湖湘學派、永嘉學派、永康學派或師承關係不詳的四書研究學者皆未有提及，以至無法客觀體現出南宋四書學的發展全貌，更遑論宋元之際的四書學發展狀況了。

　　反倒是張君勱的《新儒家思想史》卻收有一篇題為《自宋末迄元初之儒家哲學》的論文，對於朱子和象山去世後，朱、陸兩派的融合情況有頗為深入的介紹，結論並以為在這兩股思潮融合的過程中，明顯是陸派佔優勢，因為朱派那時已淪為訓詁學派，因此凡重思想作用者就自然傾向了陸派。文中頗有一些少為人注意的人物和資料，如朱熹好友蔡元定之子蔡沈，曾遵父命協助朱熹注釋書經。蔡沈於朱熹逝後九年方完成任務，他在《書經集傳・序》中提到：「二帝三王之治本於道，二帝三王之道本於心。得其心，則道與治可得而言矣。……禮、樂、教、化，心之法也。典章文物，心之著也。家齊國治而天下平，心之推也。……有志於二帝三王之道，不可不求其心。求心之要，捨是書何以哉！」張君勱認為「蔡沈反覆使用『心』之一字，似乎他非常重視這個字。……書經當然含有心法，蔡沈重視心法並沒有錯。然而，我懷疑，如果朱熹未死，親眼見到這篇序文，會不會贊同對心法的重視。也許朱熹死後象山的勢力增強，使蔡沈不得不對陸派讓步。」〔註35〕這段話當然只是一個猜測，但我們還是可以從中看出朱熹的理學思想在南宋末年似乎尚未一統獨尊，張君勱甚至認為「在宋末，陸派的影響力的確大過朱派。」〔註36〕這個觀點與我們在其他著作中所見的朱學大一統的情況恰恰形成了一個有趣的對比。

　　這問題就在於南宋末或宋元之際，陸派是否已近乎全亡，毫無招架之力呢？我們看蔡仁厚著的《宋明理學・南宋篇》對此問題的看法還是比較中肯的。他認為「元時，北方官學尊程朱，而南方乃故宋之地，朱陸之學並行。元初有金履祥隱居金華山中講學，以延朱子勉齋一脈。至於象山之學，雖為

〔註35〕張君勱：《新儒家思想史》，北京：中國人民大學出版社，2006，頁 227。
〔註36〕張君勱：《新儒家思想史》，頁 232。

官府所排斥，而民間陸學之緒，猶不泯焉。」〔註 37〕其時並傳象山之緒的後學有吳澄（同時師事程若庸與程紹開）、陳苑、祝蕃、李存、舒衍、吳謙、趙楷等人，亦包括由陸轉朱的鄭玉。主要的問題是我們究竟要如何界定這些人複雜的師承關係，因為在古代，一個人在其一生當中可能不只有一位恩師，思想特色明確的固然不存在歸屬判斷的問題，若師承關係複雜而又同兼多種思想或主張朱陸和合者，究竟如何分判其身份就變成一個難點。但我們可以肯定的是，在宋元之際，陸派的勢力還是存在的，不能輕易忽略，只是我們無法確定其民間流傳的確切數字而已。

假設張君勱那尚未經成熟論證的觀點是可以成立的，那麼究竟是什麼原因造成這種巨大的轉變？如果不是政治力量的干預，朱學有可能一統思想界嗎？南宋末年的真實面貌究竟應該如何還原？這一切都是急迫需要解決的問題，可惜我們至今仍未看到相關的研究成果。

關於這一點，何俊在他的論文《慶元黨禁的性質與晚宋儒學的派系整合》裏，也提到了以下一個很爭議性的觀點：「慶元黨禁使儒學成為偽學，後又平反，最終使儒學由自由的學說競爭轉型為正統的意識形態。在這戲劇性的過程中，南宋儒學的派系得以整合，朱學因此而成為主流，涵蓋了陸學與浙學。」〔註 38〕何俊不僅認為慶元黨爭是導致南宋儒學各個派系得以整合的關鍵，更認為在這場派系整合的運動中，陸學與浙學都被朱學給消化了，最終走向銷熄，而他所根據的諸家弟子之數據，就僅僅是萬斯同的《儒林宗派》一書。雖然何俊也承認萬斯同此書頗有爭議之處，但他卻沒有與《宋元學案》做詳細對照、比較，就輕易地從萬斯同處得出了以下這麼一個結論：

　　朱熹第一代 438 人，第二代 93 人，第三代 76 人，第四代 48 人；

　　陸九淵第一代 47 人，第二代 42 人，第三代 10 人，第四代 1 人；

　　陳亮第一代 16 人，第二代 1 人，第三代 1 人，第四代 0。

因此，何俊認為「陸學顯然不如朱學，尤其是到三傳弟子。」〔註 39〕但是這個統計數據本身就與《宋元學案》有很大的出入，因為《宋元學案・象山學案》明明載曰：「既歸，學者愈盛。每詣城邑，環坐二三百人，至不能容。

〔註 37〕蔡仁厚：《宋明理學・南宋篇》，頁 318。

〔註 38〕何俊：《慶元黨禁的性質與晚宋儒學的派系整合》，杭州市社會科學院南宋史研究中心編：《南宋史研究論叢（上）》，杭州：杭州出版社，2008，頁 448。

〔註 39〕何俊：《慶元黨禁的性質與晚宋儒學的派系整合》，頁 454。

結茅象山，學徒復大集。居山五年，來見者案籍逾數千人。」〔註 40〕這說明了登錄在案的求學者有數千人之多，既然人數如此眾多，又何至於第一代弟子只有區區的 47 人？應該是有姓名、史料可供後人考證者或據萬斯同所知者僅有 47 人吧？至於其餘幾代弟子人數的統計也有相同的問題。我們從這些統計數據裏，完全看不出統計者到底是以何標準來判斷弟子人數，這些數據也無法反映各學派的弟子人數與學術傳播情況。

雖然如此，何俊在《慶元黨禁的性質與晚宋儒學的派系整合》以及他和范立舟合著的《南宋思想史》裏，卻都提到了一個同樣關鍵性的重點，那就是在慶元黨禁期間，朱學、象山心學和浙學三系成員都被列入了偽學名單之中，而那時陸九淵、張栻和陳亮等人已經作古。〔註 41〕更何況，陸九淵並不重視著述，以至在他去世後，第二代以下的弟子都無法親炙師說，因此，影響力大大遜於朱熹。同時，我們也知道乞開黨禁的關鍵人物是朱學一系的成員，後來四書的被立於學官和淳祐元年（公元 1241）〔註 42〕的正式官學化，都與朱學派系的勤加奔走有關。而且，「朱熹在陸九淵去世後，實際上更加毫無顧忌地予以了批判，並沒有因黨禁而改變。」〔註 43〕對於其他派系，朱熹也沒有手下留情，甚至「慶元黨禁中，葉適與陳傅良的著述被毀板，朱熹即表示叫好。」〔註 44〕所以，慶元黨禁後象山心學和其他派系與朱學勢力的此消彼長，就應該是可以預知的情況了。但究竟象山心學與其他各派是不是自慶元黨禁以後就完全被朱學給銷融了，這一點，卻始終沒有人可以提供有說服力的研究成果。

不過，如果我們根據元代書院的數量，可以略窺此中勢力消長之情勢的話，那麼徐梓的《元代書院研究》倒可以提供一個頗能引人深思的成果。他說，在元代，「朱學不僅已渡四明關，而且遠在陸學勢力之上。在朱子的家鄉徽州歙縣，出現了鄭玉這樣調和朱、陸的儒學大師，而在陸學的學術基地四明，也出現了祭祀朱熹的書院，反映出元代朱、陸走向融匯的大趨勢，而書院在這一過程中，起了非常關鍵的作用。」〔註 45〕這說明了在元代，朱、陸

〔註 40〕〔清〕黃宗羲原著；〔清〕全祖望補修；陳金生，梁運華點校：《宋元學案》，
　　　　頁 1885。

〔註 41〕何俊、范立舟：《南宋思想史》，上海：上海古籍出版社，2008，頁 174。

〔註 42〕黎立武生於此年，恰是四書正式官學化的年代。

〔註 43〕何俊、范立舟：《南宋思想史》，頁 176。

〔註 44〕何俊、范立舟：《南宋思想史》，頁 176。

〔註 45〕徐梓：《元代書院研究》，北京：社會科學文獻出版社，2000，頁 172。

調和實乃當時的大趨勢，並無所謂「陸學」被「朱學」給全盤銷熄的情況，如果我們把這種大融匯的趨勢解讀成「陸學」完全被「朱學」給消化掉，那麼我們還得提供證據證明「陸學」派系的書院此後已完全不存在，國內只剩「朱學」的書院，而這是必須被重視的重要研究。

在南宋末或宋元之際的四書學傳播情況尚未清晰還原的情況下，我們只能期盼宋代四書學的綜合性著作了。而朱漢民和肖永明合著的《宋代《四書》學與理學》〔註 46〕就是一部鑽研宋代四書學的巨著。但這麼一部綜合性的宋代研究，本該包羅更廣泛的研究對象，可是他們卻選擇了精細地探討從孔子時代的四書到漢唐、三國兩晉南北朝與隋唐的四門之學，然後再從宋代的社會特點與儒學的危機、復興談起，再轉入周敦頤、張載、二程、王安石和三蘇為四書學與理學的形成所作出的貢獻，然後才接湖湘學、象山學與朱熹的四書學，整體表現形式近乎四書學通史。對於我們所期盼看到的南宋末年各學派的四書學發展情況，以及由宋入元時的四書學發展情況，卻絲毫沒提及。

至於元代四書學的研究情況，也只比南宋四書學來得好一些而已，誠如周春健所言：「以往研究未能將元代四書學研究從包容在元代理學研究的狀態下剝離出來，而理學研究與四書學研究有著很大的差別，元代四書學的總體面貌及學術特徵仍較模糊。」〔註 47〕正是因為理學研究無法確切體現出四書學的發展面貌，因此將四書學研究專章抽離出來討論就成為當務之急了。目前總體而論，在研究元代四書學方面，似乎臺灣做得比大陸要好些，也來得早些，而大陸方面的相關專題研究，都較集中於二十一世紀。

臺灣黃孝光出版於 1978 年的《元代的四書學》，是較為早期的元代四書學研究著作。周春健認為《元代的四書學》是「迄今最早也是唯一一部元代四書學研究專著。」〔註 48〕也就是說，在他的《元代四書學研究》出版以前，黃孝光此書是唯一一本的元代四書學研究專著。該文亦曾在同年 3 月發表於中國文化學院中文研究所與中國文學系出版的《木鐸》期刊第七期，長達 66 頁。

黃孝光這本《元代的四書學》，主要探討了元初四書學的形成、元儒與四書學、元儒四書學的師承與特色、元代的學校、科舉與四書學的關係，以及元代君臣與四書學的關係，最後還羅列了倪燦、盧文弨所補的《遼金元藝文

〔註 46〕朱漢民、肖永明：《宋代《四書》學與理學》，北京：中華書局，2009。
〔註 47〕周春健：《元代四書學研究》，上海：華東師範大學出版社，2008，頁 12。
〔註 48〕周春健：《元代四書學研究》，頁 8。

志》、金門詔補《三史藝文志》、錢大昕補《元史藝文志》、黃虞稷《千頃堂書目》、朱彝尊《經義考》、《古今圖書集成》、《宋元學案》、《續文獻通考》、《元人文集》、《中國歷代經籍典》、《叢書子目》與各圖書館目錄等資料，編成了元人有關四書著作之目錄作爲附錄。單以四書合編者即有 109 種，分編者 137 種，共計 246 種〔註 49〕，確確實實地反映出了元代對於發揚與傳播四書學的輝煌貢獻，雖然錯誤在所難免，但對於吾人研究元代四書學而言，已有莫大幫助。周春健的《元代四書學研究》以及廖雲仙的《元代論語學考述》，都受其一定程度的影響。

此外，該文亦清楚列出由朱子完成《四書章句集注》之後到南宋亡國爲止，以四書爲名刊刻的 80 種書籍之統計資料來源，計有《宋史・藝文志》、《補宋史・藝文志》、《宋史新編・藝文志》、《古今圖書集成》、《經義考》、《千頃堂書目》與《叢書子目》等。雖該文並未列出書目，但已起到指引作用，對於研究南宋四書學者而言，實大有裨益。

另外，臺灣還有一部相當重要的元代四書學著作，是廖雲仙出版於 2005 年的《元代論語學考述》，廖雲仙提交於 2001 年的博士論文寫的亦是《元代論語學研究》，此外，尚有學術論文《論兩部元代舉業類〈四書〉著作——袁俊翁〈四書疑節〉與王充耘〈四書經疑貫通〉》、《元代〈四書〉學的繼承與開創——以元儒許謙爲例》，以及《試析朱子〈四書集注〉於元代興盛的原因》，可說是最專注於研究元代四書學的學者。

其《元代論語學考述》對元代《四書》合編類的研究著作與《論語》研究專著共 377 種都作了一番詳細的考證，並採用了比黃孝光和周春健更要多的文獻材料來作爲分析的依據，同時也對這些文獻依據做了詳細的分析，但皆列入正文上編部分，略占篇幅。作者在其下編的分論部分，擇要分析了陳天祥的《論語辨惑》、金履祥的《論語集注考證》、劉因的《論語集義精要》、胡炳文的《論語通》、許謙的《讀論語從說》、史伯璿的《論語管窺》、倪士毅的《論語輯釋》，以及王充耘的《論語經疑貫通》，共 8 家。沒有周春健選的吳澄、陳櫟和許衡，多了史伯璿和王充耘。由於其書專注於研究《論語》，因此視野未免較黃孝光的《元代的四書學》爲窄，故未能讓讀者一窺元代四書學的流傳全貌。

至於周春健的《元代四書學研究》則出版於 2008 年，是比較晚出的一部

〔註 49〕作者黃孝光總結爲 248 種，但反覆計算皆只得 246 種。

元代四書學研究著作，在客觀研究環境上就比前二書為佳，因此少了前二書所難以避免的錯漏之處，在資料呈現上更為多元翔實，在歷史考證成果上也更為豐碩。其書末亦同樣列有元代四書類著述考，資料之詳盡與豐富更勝黃孝光，共收四書合編者 172 種，分編者 118 種，合計 290 種，並對相關資料作了詳細的考證，標明「存」或「佚」，以作為全書立論的基礎，對於黃孝光的元代四書著作目錄有很好的補充與發揮。

其書一開始便跟黃孝光一樣，皆由趙復被擄而將四書學北傳開始講起，對忽必烈「以儒治國」的政策，以及南宋四書學如何從偽學厄運中掙脫並走向官學化的歷史作了相當詳盡的論述，並認為「宋理宗在這種情形下認可並確立道學及四書學在官方的地位，確有與蒙古政權爭奪正統的政治用意。」〔註50〕這與美國學者田浩的意見相當一致，田浩也認為「南宋利用文化正統對抗蒙古人在北方修建孔廟以及舉辦科舉考試的政策，蒙古人的行動也顯示，他們要使人認為新政權贊助儒家的文化，而且是中國的合法統治者，南宋則企圖否定蒙古人具有任何文化的正統地位。」〔註51〕元代的四書學便是在這種政治角力與被政治利用的情況之下獲得了極大的發展契機。後來，元仁宗延祐二年（公元 1315 年）科舉考試的恢復與定朱注於一尊，更使元代四書學獲得了蓬勃的發展，而這種由《五經》轉向《四書》的學風替換，自此便一直延續下去，直至明清二代。因此，元代四書學研究在此一層面來看，是有其一定的政治、社會與學術意義的。

惟周春健也強調，趙復開始將四書學北傳之時，雖然對當時的北方社會帶來了一定程度的衝擊，但卻依然受到來自當時宋金以來的舊學風的阻力，後來在通過幾代人的努力之下，四書學方始得以在北方廣為流傳。這些一直在默默努力的儒者有：

1、被俘的南儒，如：趙復、碩彌堅、朱萬齡等人。

2、最先接受四書學教育的北儒，如：許衡、劉因、郝經等。

3、將趙復等人帶到北方傳學，並創建太極書院的姚樞與楊惟中。陳榮捷即指出，姚樞曾因不肯受賄而棄官辭去，隱居輝州之蘇門山，積極刊印朱子所著小學、論語或問、孟子或問、家禮等書，楊惟中亦刊印四書加以傳播，並謂許衡就是在那個時候由魏至輝，錄下程朱所注書以歸。又說不只許衡，

〔註50〕周春健：《元代四書學研究》，頁 54。
〔註51〕〔美〕田浩：《朱熹的思維世界》，西安：陝西師範大學出版社，2002，頁 280。

郝經與劉因也是從姚樞得理學之書。〔註52〕由此可見，姚樞與楊惟中在推廣
四書學方面亦居功不小。

　　這一批無論是被迫與元統治者合作或拒與元統治者合作的儒者，在傳播
四書學方面，都貢獻過一份心力，但卻少為人知。黃俊傑認為，「朱子學自宋
代以降，歷經金元諸儒之闡述，漸受執政者之重視，至元仁宗皇慶二年（1313
年）成為科考之官定本，正統地位確立，其間之漸變過程，很能透露國史上
儒學與政權之間之共生的微妙關係。」〔註53〕而這些儒者在異族政權下所遭
遇到的困難與所作的抉擇，就更能「顯示出中國傳統儒學價值體系中的兩難
式。」〔註54〕那是「聖之任」與「聖之清」兩者之間不易調和，但又必須極
力尋求平衡點的永恆難題。因此，對於元儒的歷史判斷，我們應該由此切入
以真切把握其思想發展。在這一點上，黃俊傑似乎處理得比周春健更為理想。

　　但是對於後來四書學在各個地域的發展情勢與南北傳承譜系，周春健卻
有比黃孝光更為詳盡的分析。文中並擇要對以下南北方儒者展開了分析：

1. 北　方

1.1 許衡：魯齋學派，趙復弟子。今存《大學要略直說》1卷、《大學直
　　解》1卷、《中庸直解》1卷、《論明明德》1篇、《論語予所否者》1
　　篇。周春健認為他「能夠把朱熹《四書》之學基本上不失原貌地在
　　蒙古統治區域中傳播開來並最終確立為國家制度，許衡的學術業績
　　就超越了元代任何一位學者。」〔註55〕並認為這也就是他之所以被
　　推許為一代儒宗的原因。但許衡注《大學》「止於至善」，釋「『止』
　　是必到這裡不改移的意思。至善是說極好的去處。大人之學，明自
　　己的明德，新百姓的明德，都要到那極好的去處，不可些改移，方
　　是成功。」其措詞極為通俗平易，所用的似是當時的白話文。對此，
　　黃孝光認為這或是因為「他的著作多屬童蒙之書」〔註56〕的緣故，

〔註52〕陳榮捷：《元代之朱子學》，《朱學論集》，臺北：臺灣學生書局，1982年初版，
　　　　1988年再版，頁300。
〔註53〕黃俊傑：《儒學價值系統中的兩難式——《元代朱熹正統思想之興起》讀後》，
　　　　《中外文學》第8卷第9期，1980年2月，頁101。
〔註54〕黃俊傑：《儒學價值系統中的兩難式——《元代朱熹正統思想之興起》讀後》，
　　　　頁101。
〔註55〕周春健：《元代四書學研究》，頁148。
〔註56〕黃孝光：《元代的四書學》，《木鐸》第七期，1978年3月，頁245。

故流傳不廣，終至衰微。而陳榮捷卻認為許衡之主要旨趣明確落實於下達之學，其議論與著作，「幾全部重在德性教養與人倫關係，其間固亦稍論格物窮理，形上形下，以及理一分殊之說。……（但卻）附注云此或有誤。」〔註57〕而認為或是許衡尚未釐清概念的緣故，另一方面，也因為許衡的學生多為蒙古與中亞之人，故許衡教學遂以《小學》始。〔註58〕陳榮捷此說顯然與黃孝光之說相契。

1.2 劉因：靜修學派，趙復弟子。今存《四書集義精要》28 卷。黃孝光認為「北儒中最有功於四書學發展的學者，劉因可當之無愧。……劉因的四書學與許衡最大的差別，乃在劉因自蘇門趙復處得伊洛之書後，他不僅因此含英咀華其中精微，此外還能旁搜遠紹，不使己學拘於一隅，同時又與其他儒者多有接觸，盧孝孫的四書集義可能就在這種情況下獲得，幸虧如此，北儒的四書學也因此才能繼續發展下來。」〔註59〕周春健對此亦表贊同，認為是公允之評。

1.3 陳天祥：既不屬魯齋學派，也不屬靜修學派，受金儒王若虛影響甚大。今存《四書集注辨疑》15 卷，為一部全面批判朱子之作。

2. 南　方

2.1 金履祥：北山學派，黃幹的三傳弟子，為「朱學嫡脈」。受王柏影響，極富懷疑精神。今存《論孟集注考證》17 卷、《大學章句疏義》1 卷。《論孟集注考證》為其重要的代表作，是採用為《四書章句集注》作疏的方式來撰寫，在保守之中又帶有補充和修正的意見，尚有一定的學術活力。

2.2 許謙：金履祥弟子，但精神方面卻更接近於何基的保守。今存《讀四書叢說》8 卷、《大學叢說》1 卷、《讀論語叢說》3 卷、《讀中庸叢說》2 卷。《讀四書叢說》為其重要代表作，該書全然不錄《四書章句集注》的原文，只是依照「經文──朱子圈內注文──別家圈外之說的大致順序闡說自己的見解。」〔註60〕但創新處不多，大多沿襲朱子之說，且有近於煩瑣和保守之弊。

〔註57〕陳榮捷：《元代之朱子學》，頁 309。
〔註58〕陳榮捷：《元代之朱子學》，頁 311。
〔註59〕黃孝光：《元代的四書學》，頁 245。
〔註60〕周春健：《元代四書學研究》，頁 228。

2.3 吳澄：開創草廬學派，在元代時足與魯齋學派、靜修學派鼎足而立。以往文獻皆稱吳澄並未留下任何四書學的研究著作，但周春健卻指出在其《吳文正集》卷一《雜著》之中存有一篇《中庸綱領》，卷三《答海南海北道廉訪副使田君澤問》中，也保留了論述《大學》的一部分文字，對《四書章句集注》中某些考證失誤之處給予了明確的指謫，惟基本立場是宗朱的，且在「道統論」上亦持宗朱立場。但在教導後學研讀四書時，卻強調「和會朱陸」的觀點，既要注重朱子的「道問學」，也要注重象山的「眞知實踐」，因而引發了其學派歸屬的爭議。

2.4 陳櫟：新安學派，其代表作《四書發明》已佚，今存《四書講義》4篇、《四書試文》2則、《四書經疑》2則、《孟子答問》2則。

2.5 胡炳文：新安學派，陳櫟弟子，遺代表作《四書通》26卷。該書是在《四書章句集注》的基礎上進一步拓展取材範圍，共收七十三家之說。由簡入繁，增益朱子之言，是元代的一個學風轉向，此風恰好充分體現在《四書通》之中。惟此書卻因未用祝洙定本而被其師陳櫟批評爲不合朱學本義。

2.6 倪士毅：新安學派，陳櫟弟子，存《四書輯釋》36卷、《四書輯釋大存》30卷、《重訂四書輯釋》45卷。《四書輯釋》爲其代表作，是遵其師陳櫟之心願，以祝本爲定本，而欲以合《四書發明》與《四書通》爲一書之作。

　　惟周書並沒有統一交代爲何以這九人爲代表，而忽略了姚樞、楊惟中、史伯璿或朱熹其他門人，甚至是由宋入元的黎立武，而其書甚至並沒有將袁甫的《蒙齋中庸講義》列入範圍，也不知其根據何在？不過他所選擇的九位代表人物也大都是黃孝光和廖雲仙所推重的，具有一定的代表性，但問題是其餘儒者何以被淘汰，其標準在哪兒？這一點周春健卻忽略了。總的來說，黃孝光之《元代的四書學》所介紹的學派與代表人物比周春健的多，但正因爲範圍較廣，因此就只能精簡扼要地介紹，而周春健之書所介紹的學派雖多，但代表人物的介紹卻僅止於上述九人，遠遠無法反映出該時代的代表人物之數量。

　　不過總體而言，周書是前二書的補充發揮，並且有其一定的發明之處，對於元代四書學與元統治者之間的利益共生關係，也有甚爲精到的描述。惟

就如周春健本身所說的那樣，其書中所列之「四書學的學派譜系表，其實並不能作為認識北方四書學發展真實面目的唯一依據，因為學派譜系的梳列，主要依據乃是明確可靠的四書學者，但還有一些學者因姓名、生平或著述無可考證而無法反映到學派譜系中，然而有證據表明，他們的確受到了四書學的重要影響，是北方四書學發展不可或缺的組成部分。」〔註 61〕因此，元代四書學的流傳面貌其實還沒有被完整的勾勒出來，姓名、生平不可考固然是原因之一，但另外一個也同樣重要的原因卻是有許多四書學著作尚無點校版面世，對某些人而言，或許存在斷句、理解上的困難，因此對它們的研究和考證就相對地較少。不過可喜的是周春健之書已作了一個很好的開端。

另外一篇由朱修春提交於 2003 年的博士論文《四書學史研究》，雖題名為「四書學史」，但重點卻多放在清代，宋、明的四書學只各占一章，清代四書學卻共佔了五章，元代四書學甚至不在研究範圍內，其為四書學史之狹隘程度由此可見。

目前至感遺憾的是，像黎立武這種由宋入元的儒者，似乎一直都沒受到應有的重視。黎立武對當時社會的影響是相當大的，由其學生門人對社會的影響，以及好友文天祥的書信中便可得知。〔註 62〕但無論是由宋入元或由元入明，儒者的處境都甚為尷尬，這一點，廖雲仙的《元代論語學考述》亦略有提及，認為「若干重要學者是生於宋元、元明易鼎之際，如何裁斷取捨，頗費思量。」〔註 63〕並認為何祐森的《元史藝文志補注》一文中，增列了宋末元初和元末明初大儒們的著作，是切合學術發展洪流之舉。〔註 64〕因此，我們應該在此基礎上，對這些因處於時代夾縫而選擇終身退隱不仕的儒者，給予適當的時代定位，並將他們的研究成果介紹出去。

此外，元代雖為朱子學一統天下的時代，但象山心學派系如慈湖學派、靜清學派、師山學派、靜明寶峰學派、東發學派等的發展如何？是否全由陸轉朱？抑或退隱山林興學收徒？這是以上諸書皆未介紹的重要部分，以至讓人產生有元一代由始至終皆為朱子學一統天下，其他派系已煙消雲散的錯覺。陳榮捷謂「在元代實無陸門一派。有關中國哲學之史家，嘗謂趙偕與陳

〔註 61〕 周春健：《元代四書學研究》，頁 134。
〔註 62〕 詳見下文。
〔註 63〕 廖雲仙：《元代論語學考述》，臺北：新文豐，2005，頁 64。
〔註 64〕 廖雲仙：《元代論語學考述》，頁 65。

苑爲元代之陸學者。但兩人亦不過元代思潮中之細流而已。」〔註 65〕但事實
是否如此，卻無人認眞研究，因此，元代四書學的發展全貌可說是至今仍未
得見，而宋元之際的四書學研究則更是匱乏之至，亟待加強。此亦爲本研究
所欲努力的方向。

〔註65〕陳榮捷：《元代之朱子學》，頁 315。

第一章　朱熹的四書詮釋

第一節　《四書章句集注》的完成與定於「理一」

　　朱熹生平，於其婿黃幹費時十二年〔註1〕撰訂之《朱子行狀》裏，已有詳述，更不待後人之議論。其文一萬六千餘言，經朱門逾百人之論定，已無一字可易，黃幹更是藏之於篋笥，隨時準備修改，直至臨終前才交付家廟。其慎重態度，令人欽佩。於此亦可知，朱熹生平實已非如今學術界之討論重點，其「本貫徽州婺源永平鄉松岩里」〔註2〕，而「生於南劍尤溪之寓舍」〔註3〕，《行狀》裏已清楚說明，沒有爭議之處。我們更為關注的問題是朱熹《四書章句集注》的完成究竟是在其「理一分殊」思想形成之前抑或之後，也就是說，《四書章句集注》的完成到底是在朱熹的思想「定於理一」之前或之後？這一點才是關鍵之所在。

　　另一方面，朱熹雖有行狀行世，但其生平還是有些爭議之處仍未解決，譬如：何時正式師事李侗、《論語集注》和《孟子集注》之草成是否早於《大學章句》和《中庸章句》等問題，事實上王懋竑的《朱熹年譜》並未列明上述四書的完成年代，因此以上問題仍有解決的必要。

　　今為收一目了然之效，乃試以收入資料較多的束景南《朱熹年譜長編》

〔註1〕 即自嘉定二年己巳（1209）其子朱在恭請黃幹撰寫算起，至嘉定十年丁丑（1217）既成之後，又「藏之篋笥，以為未死之前，或有可以更定者，如是又四年」（約公元1221年）止，統計有十二年之久。

〔註2〕 〔清〕王懋竑撰；何忠禮點校：《朱熹年譜》，北京：中華書局，1998，頁490。

〔註3〕 〔清〕王懋竑撰；何忠禮點校：《朱熹年譜》，頁490。

為主，王懋竑《朱熹年譜》為參照，從二氏所整理之資料中摘錄其學習《語》、《孟》、《學》、《庸》及後定於「理一」和集成《四書》之完整過程，製為簡易年表，以便參考（見附錄一）。

按王懋竑《朱熹年譜》記載，朱熹於紹興十年庚申（1140）十一歲起受教於朱松，其時朱松因不附和秦檜的和議，罷官請祠〔註4〕，主管台州崇道觀，因此得以居家教子，至紹興十三年逝世，朱熹十四歲時止。在此前，不知朱熹受教於何人，但知五歲始入小學，始讀四書，《李延平集》卷一《達朱韋齋暨吳少琳書》曾提及：「侗再拜上問韋齋監稅朱友，向來所委求大字《語》、《孟》，聞吳少琳在嚴州印歸，遂以應命。別寄人求之，諒不易得也。」〔註5〕可見朱松對朱熹之教育一直是絲毫不鬆懈的，而朱熹五歲始讀《語》、《孟》之記載也從這一段材料裏獲得了佐證。此後，朱熹一直跟在其父身側，訪友問學，學作詩文，遇大儒則借抄大作勤讀，因而益發勵志於儒家聖賢之學，直至朱松逝世，託孤於「武夷三先生」劉子羽、劉勉之和胡憲三人。

不少學者認為，朱熹自此以後因深受劉子翬與道謙禪師之教，出入佛老十餘年，甚至十九歲參加省試時，還憑道謙之禪說中舉，因此其理學思想實淵源於禪學，卻不知朱熹參加省試時，伊川之學仍在禁黜之列，張載《正蒙》與劉子翬之《聖傳論》亦在被禁之列，紹興二十年時，更下令禁以伊川之學取士，故此時之學術氛圍與大環境，實不容朱熹以理學應試，這是不容忽略的事實。而且，朱熹亦自言：「某舊時亦要無所不學，禪、道、文章、楚辭、詩、兵法，事事要學」，這是其好學之天性所致，因此，紹興二十二年，二十三歲的朱熹甚至沉迷於研讀道書，夢想學得長生飛仙之術〔註6〕，可見曾經對朱熹產生過深刻影響的，實不只禪學一脈。另一方面，朱熹亦嘗言：「以先君子之餘誨，頗知有意於為己之學，而未得其處。蓋出入於釋、老十餘年。近歲以來，獲親有道，始知所向之大方。」（《朱文公文集》卷三十八《答江元適書》《答宋深之書》）言下之意，朱熹是因為父親撒手驟逝，頓失為己之學

〔註4〕 「請祠」之「祠」是指祠祿官。宋神宗熙寧（1068～1077）後，凡疲老不任事者，皆使任祠祿官，主管祭祀，故充任祠祿官稱奉祠，因故自請充任祠祿官，以處閒散之地稱請祠，或稱乞祠、丐祠。

〔註5〕 〔宋〕李侗撰，王雲五主編：《李延平集》卷一，上海：商務印書館，民24年（1935），頁4。

〔註6〕 見《朱文公文集》卷一《讀道書作六首》：「清夜眠齋宇，終朝觀道書……東華綠髮翁，授我不死方。願言勤修學，接景三玄鄉。」

的管道，才迷茫了十餘年。

在這十餘年中，他儘管是一直徘徊於儒、釋、道三家之門內，但對儒家的爲己之學卻始終不曾放棄，只是不得其著手處而已。他曾經說過：「某少時爲學，十六歲便好理學，十七歲便有如今學者見識。」（《朱子語類》卷一百十五）如「近世大儒如河南程先生、橫渠張先生……熹自十四五時，得兩家之書讀之，至今四十餘年」（《朱文公文集》卷五十八），可見朱熹受教於「武夷三先生」之後，仍然致力於研究二程與張載之學。十五、六歲時，朱熹自言努力研讀《大學》、《中庸》，說「蓋自十五六時知讀是書（《大學》），而不曉格物之義，往來於心三十餘年。」（《朱文公文集》卷四十四《答江德功書》）因爲一直未讀懂，因此「某年十七八時，讀《中庸》、《大學》，每早起須誦十遍。」（《近思錄集注》卷三引）將勤補拙。又謂：「某年十五六時，讀《中庸》『人一己百，人十己千』一章，因見呂與叔（大臨）解得此段痛快，讀之未嘗不悚然警厲奮發。」（《朱子語類》卷四）

如此看來，我們亦不妨認爲，朱熹是自五歲起便研讀《語》、《孟》、《學》、《庸》，直讀至二十歲，依然未能融會貫通。他在《朱子語類》卷一百五中便曾坦言：「《孟子》若讀得無統，也是費力。某從十七八歲讀至二十歲，只逐句去理會，更不通透……某當初讀『自暴自棄』章，只恁地鶻突讀去……後因在舟中偶思量此，將《孟子》上下文看，乃始通串，方始說得是如此。」讀了這麼多年依然沒讀懂，不是因爲生性愚昧，而是因爲「讀書須是以自家之心體驗聖人之心。少間體驗得熟，自家之心便是聖人之心。某自二十時看道理，便要看那裡面。」（《朱子語類》卷一百二十），因爲要深入體驗聖人之心，因此必須反覆涵泳愼重以對。若以逐句理會到深體聖人之心爲標準，那麼二十歲便可說是他思想轉折的第一個重要階段，這個階段主要是他自己的體悟。

另一個重要轉折階段是紹興二十三年（公元 1153）初次問學於李侗以後。自那時起，朱熹便深覺耽溺於禪學之非，因爲李侗告訴他：「天下理一而分殊，今君於何處騰空處理會得一個大道理，更不去分殊上體認？」〔註7〕於是他「遂將那禪來權倚閣起。意中道，禪亦自在，且將聖人書來讀。讀來讀去，一日復一日，覺得聖賢言語漸漸有味。卻回頭看釋氏之說，漸漸破綻，

〔註7〕〔元〕金履祥撰，王雲五主編：《仁山集》卷五，上海：商務印書館，民24年（1935），頁91。

罅漏百出。」(《朱子語類》卷一百零四)

紹興二十七年(公元 1157),二十八歲的朱熹乃正式從學於李侗,李侗所灌輸之「理一分殊」思想,對他後來建立起自己的理學思想體系及「格物致知」的切身爲學功夫有極大的幫助,更有助其融貫《語》、《孟》、《學》、《庸》四書。〔註8〕因此,紹興二十九年(三十歲),《論語集解》〔註9〕初稿便草成了。次年,《孟子集解》初稿草成。三十四歲(隆興元年)時,《論語要義》、《論語訓蒙口義》亦已完成。同年,李侗卒。自此以後,朱熹便中斷了與之討論仁學和理一分殊之學的機會,並在獨自摸索的過程中建立起其「中和舊說」。該年朱熹三十七歲。

乾道五年,朱熹四十歲,因與蔡元定講學,而悟得「中和新說」。

牟宗三批評朱熹由早年(三十九歲前)的「中和」舊說之「肯認天命流行之體爲吾人之性體」,而「此天命流行之體,其具體意義即是生生不已之寂感真幾。寂然不動即是未發,感而遂通即是已發。寂感不二,即是未發已發不二」,「故雖汩於物欲流蕩之中,而其良心萌蘖亦未嘗不因事而發見」的「良心論」,〔註10〕轉爲後期之將天命流行之體分解爲理氣,又將「良心萌蘖之發見,致察而操存之」的「致察」功夫「專限於《中庸》之已發,而此『已發』顯與孟子良心萌蘖之發見不同」〔註11〕,認爲他是「不自覺將孟子良心發見

〔註8〕 見《朱文公文集》卷三十七《與范直閣書(二)》:「熹前書所論忠恕則一,而在聖人、在學者則不能無異……蓋曾子專爲發明聖人『一貫』之旨,所謂『由忠恕行』者也;子思專爲指示學者入德之方,所謂『行忠恕』者也。所指既殊,安得不以爲二?然覈其所以爲忠恕者,則其本體蓋未嘗不同也。」又《朱文公文集》卷六十七《忠恕說》亦曰:「……曾子於是默契其旨,然後知向之所從事者,莫非道之全體,雖變化萬殊,而所以貫之者,未嘗不一也。」此皆是以理一分殊思想來解釋忠恕者,此書寫於紹興二十八年,是年朱熹二十九歲。此理一分殊之思想,在《延平答問》裏有很充分的開展與討論。李侗去世後,朱熹進一步擴充其理學思想,黃榦在《朱熹行狀》裏如此描述:「入對,其一言『大學之道在乎格物以致其知。蓋有是物,必有是理,然理無形而難知,物有迹而易睹。故因是物以求之,使是理了然於心目之間,而無毫髮之差,則應乎事者,自無毫髮之繆。』」此已明顯將「理」之概念與「格物致知」聯繫起來。

〔註9〕 按《朱文公文集》卷七十五《論語要義目錄序》內文,並無提及書名爲《論語集解》,束景南《朱熹年譜長編》認爲「可名爲《論語集解》,蓋其時朱熹凡所作集眾家說之書多名之曰『集解』,如《詩集解》、《大學集解》、《孟子集解》等。」今姑且從之。

〔註10〕 牟宗三:《從陸象山到劉蕺山》,上海:上海古籍出版社,2001,頁 71。

〔註11〕 牟宗三:《從陸象山到劉蕺山》,頁 77。

混同《中庸》之『已發』。不知《中庸》之『已發』不必是本心之發見也。」
〔註12〕殊不知牟氏走的是《孟子》路線，所重者爲良心萌蘗之發見，此固爲
可開出的路線之一，而朱熹秉持伊川之意，奉持《中庸》路線，此亦爲可開
出的路線之一。二人之路向不同，自然會開出不同的理論體系，即如《孟子》
與《中庸》的存在，本就是哲學思想多元化發展的最佳證明。因此，研究朱
熹的「中和」思想，必研究其「舊說」與「新說」，因爲這是朱熹建立其理學
思想體系的重要轉折關鍵。

　悟得「中和新說」以後之次年，也就是乾道六年（四十一歲），朱熹完
成了《中庸首章說》。乾道八年，《語孟精義》成，並鋟版於建陽，同年，又
編定《中和舊說》以深戒舊日之病，同時，亦草成了《大學章句》與《中庸
章句》。因此，其《大學章句》與《中庸章句》實是在悟得「中和新說」以
後始完成，爲其人生智慧之結晶。而《大學》、《中庸》之分經、傳及復位章
次，卻是在淳熙元年（四十五歲）以後之事。淳熙三年，《論語集注》、《或
問》，《孟子集注》、《或問》，《大學章句》、《或問》與《中庸章句》、《或問》、
《輯略》皆成，並序定之。但當時此四書仍未編爲一冊，其集成《四書集注》
並刊印於婺州，已是淳熙九年（五十三歲）朱熹於浙東提舉任上之時。此後
歲月，朱熹都在不斷地反覆修訂《四書集注》，直至臨終前，可謂終身投入
聖賢的爲己之學。

　惟值得注意的是，朱熹雖完成並序定了《論語或問》、《孟子或問》、《大
學或問》與《中庸或問》，但卻從未將前二書刻版付印，因爲《語孟集注》不
斷地在修訂，內容已日益精密，以至朱熹亦歎曰：「某《語孟集注》，添一字
不得，減一字不得。」（《語類》卷十九）而其《或問》漸漸地也就追不上《語
孟集注》的修訂步伐。因此，朱熹說：「《論孟集注》後來改定處多，遂與《或
問》不甚相應，又無功夫修得《或問》，故不曾傳出。今莫若且就正經上玩味，
有未適處，參考《集注》，更自思索爲佳，不可恃此未定之書，便以爲是也。」
（《文集》卷六十二《答張元德》）時日久了，他索性告訴弟子看《集注》即
可。但是，雖然《四書或問》並非與《集注》內容相應之書，但畢竟可以反
映出他最原始的構思，以及整個演變歷程，因此在思想研究上，仍然有其一
定的價值。因此，雖然當時朱熹不想付印出版，但當時的書商卻因著朱熹響
亮的名聲而偷刻於建陽，傳下了「丁酉本」。（見《文集》卷六十二《答張元

〔註12〕牟宗三：《從陸象山到劉蕺山》，頁77。

德》與《朱子年譜》）這就是《四書或問》被合編並印刻傳世的最早版本，惟因是偷刻本，內容當然未經最後修訂。遺憾的是此最早的版本最後亦告亡佚，目前唯一完整流傳下來的兩套清代以前之《四書或問》是明正德十二年（丁丑）仲冬吳興閔聞重刊本，分別藏於上海辭書出版社圖書館與河北大學圖書館。〔註13〕

　　因此，目前我們看到的版本已確定並非朱熹的手定本，但雖如此，我們通過它還是可以瞭解到朱熹早期的思想發展，因此它的存在價值還是相當高的。

第二節　朱熹理學思想的發展與《四書》詮釋

　　樂愛國在其《朱子格物致知論研究》一書的結語處如此提到：

　　　　由於種種原因，學術界通常認為，朱子理學的出發點在於「理」，其目的在於「存天理、滅人欲」。事實上，這是一個誤解。比朱子早一百年的二程就已經「體貼」出「天理」，並提出「滅私欲則天理明」；而朱子對於二程的關係，主要是繼承並發揮了其格物致知論。〔註14〕

實際上，樂愛國的這一段話也還有值得商榷的地方，主要問題在於他認為朱熹對於二程的關係「主要是繼承並發揮了其格物致知論」。他的這個觀點實際上無法全面展現出朱熹的理學思想體系，這就好比一般朱學研究著作，總是將朱熹的思想分成理氣先後、理一分殊、天命之性氣質之性、格物致知等幾塊來討論，對於一個已成體系的龐大思想來說，這種研究方法就不免流於「支離」，而無法得見其全面。

　　今觀朱熹所集成的《四書章句集注》，再參照其《四書或問》、《語類》和《文集》，隱然有一成型體系貫穿其中，而這體系，既能以「格物致知」之道而通「理一分殊」之理，亦能達孔、曾忠恕一貫之旨，並且尚能解釋天地萬物之生成，以及萬物之理既曰同源而又殊異之問題，正是朱熹所謂的「所以立大本行達道之樞要」（《朱文公文集》卷三十二《答張敬夫書》三）。是故閱者知有天賦之性理，亦知氣之清濁厚薄會造成後天生成之差異，以至人倫有

〔註13〕〔宋〕朱熹撰，黃坤校點：《四書或問》，上海：上海古籍出版社，2001，見校點說明，頁4。

〔註14〕樂愛國：《朱子格物致知論研究》，長沙：嶽麓書社，2010，頁307。

五常，愛有差等，賢愚不肖，無法相等。必欲推其所知之理，究而極之，而又觸類旁通，方能「脫然而貫通焉」。「是以聖人設教，使人默識此心之靈，而存之於端莊靜一之中，以為窮理之本，使人知有眾理之妙，而窮之於學問思辯之際，以致盡心之功。」〔註15〕如此即有窮理盡性至命之功。

今試以朱熹最為關注之數概念來加強說明，以見此貫穿《四書》之思想體系。

一、以「格物致知」之道，通「理一分殊」之理，達忠恕一貫之旨

朱熹自紹興二十三年癸酉（二十四歲）初次向李侗問學以來，至孝宗隆興元年癸未（三十四歲）李侗卒為止，中間曾多次向李侗請教忠恕一貫之旨，顯見忠恕一貫之旨是他一直以來的思考重點。

朱熹第一次向李侗求教是在紹興二十八年戊寅春正月（二十九歲），朱熹徒步往延平見李侗。《與范直閣書》一記曰：

　　熹頃至延平，見李愿中丈，問以一貫忠恕之說，見謂：「忠恕正曾子見處，及門人有問，則亦以其所見諭之而已，豈有二言哉。」

　　熹復問以近世儒者之說如何，曰：「如此，則道有二致矣，非也。」

　　其言適與卑意不約而同，謾以布聞。（《朱文公文集》卷三十七）

此次見李侗，朱熹喜聞忠恕一貫之道只有一個，而別無二致，正與其意相符，因此喜出望外。

同年，朱熹尚與胡憲、范如圭（直閣）有書信討論忠恕一貫之旨，范書一已見上引，該函曾提及「胡丈（憲）書中復主前日一貫之說甚力，但云：『若理會得向上一著，則無有內外、上下、遠近、邊際，廓然四通八達矣。』」可見胡憲亦曾與朱熹書信討論過此課題。而《與范直閣書》書三也提及了胡憲，並向范如圭說明了自己對忠恕一貫之旨的看法：

　　熹所謂「忠恕」者，乃曾子於「一貫」之語默有所契，因門人之問，故於所見道體之中，指此二事日用最切者，以明道之無所不在；所謂「已矣」者，又以見隨寓各足，無非全體也。「忠恕」兩字，在聖人有聖人之用，在學者有學者之用，如曾子所言，則聖人之忠恕也。（《朱文公文集》卷三十七）

<hr>

〔註15〕〔宋〕朱熹撰，黃坤校點：《四書或問》，頁24。

在這一封書信中，朱熹已明確地以「理一分殊」的思想來詮釋「忠恕一貫」。在給范如圭的第二封信中〔註16〕，這種以「理一分殊」的思想來詮釋「忠恕一貫」之旨的特色就更明顯了：

> 熹前書所論忠恕則一，而在聖人、在學者則不能無異……蓋曾子專爲發明聖人「一貫」之旨，所謂「由忠恕行」者也；子思專爲指示學者入德之方，所謂「行忠恕」者也。所指既殊，安得不以爲二？然覈其所以爲忠恕者，則其本體蓋未嘗不同也。……蓋「忠恕」二字，自眾人觀之，於聖人分上極爲小事，然聖人分上無非極致。蓋既曰一貫，則無小大之殊故也。猶天道至教，四時行，百物生，莫非造化之神，不可專以太虛無性爲道體，而判形而下者爲粗迹也。

「在聖人」、「在學者」所行忠恕之異，是「分殊」之實，而「覈其所以爲忠恕者，則其本體蓋未嘗不同」則是「理一」之實。朱熹於《論語・里仁》篇這一章中注曰：「蓋至誠無息者，道之體也，萬殊之所以一本也；萬物各得其所者，道之用也，一本之所以萬殊也。以此觀之，一以貫之之實可見矣。」

由此觀之，朱熹一直以來對《論語》窮思極索的，就是孔子思想究竟是如何「一以貫之」的，而這「一以貫之」，又是如何得以與李侗所教之「理一分殊」思想相關聯，也就是說，如何可能運用「格物致知」的方法，去貫通「理一分殊」和「忠恕一貫」的關係。

對「忠恕一貫」是一體或二分的思考，無疑讓朱熹得以貫通其整個的思想體系。這就是朱熹在《朱子語類》卷一百二十所說的：「某自二十時看道理，便要看那裡面。」用其理學思想將《四書》的學問融會貫通，就是他所謂的「看那裡面」的學問了。朱熹後來在《李延平集》卷三中也回憶到：「昔聞延平先生之教，以爲爲學之初，且當常存此心，勿爲他事所勝。凡遇一事，即當且就此事反覆推尋，以究其理。待此一事融釋脫落，然後循序少進，而別窮一事。如此既久，積累之多，胸中自當有灑然處，非文字言語之所及也。」似此般「格物致知」下去，結果自然也就見得「這裡面」的學問了。朱熹領悟得這其中的道理，就是全賴他這種不斷「格物致知」的精神。

我們從現有的資料中就可以發現，朱熹對於「忠恕一貫」的思考，是相當努力不懈的。就在同一年的十一月，朱熹又寫信與李侗討論「忠恕一貫」

〔註16〕按束景南的看法，在《與范直閣》四書中，「其中書三與書二順序顛倒，一望可知。」見《朱熹年譜長編》，頁231。

之旨。後又與劉坪、吳耕老討論「忠恕一貫」之旨，在《答劉平甫》書八中，朱熹批評吳耕老把「一貫之道」說成「兩貫之道」，而在《答吳耕老》書中，他又批評胡憲之說「一貫」爲「誠」，說「忠恕」爲「思誠」，而認爲曾子說的「忠恕」即「誠」的意思。

　　紹興三十二年壬午六月（三十三歲），朱熹又與李侗書信討論「仁」之概念與「理一分殊」。信中提到「蓋天地中所生物本源則一，雖禽獸草木生理亦無頃刻停息間斷者。但人得其而最靈，五常中和之氣所聚，禽獸得其偏而已。」（《延平答問》上）這其中所涉及的仍是「理一分殊」的概念，而且還帶出了他的「理氣」造化發育萬物的宇宙論思想，與《中庸章句》首章所詮解的「天以陰陽五行化生萬物，氣以成形，而理亦賦焉……性道雖同，而氣稟或異，故不能無過不及之差」〔註17〕的觀念契合，亦與其《大學或問下》所云：「但其氣質有清濁偏正之殊，物欲有淺深厚薄之異，是以人之與物，賢之與愚，相與懸絕而不能同耳」〔註18〕的觀念吻合。在此信中，朱熹更引用了楊時的話「知其理一，所以爲仁；知其分殊，所以爲義」，而李侗亦強調「在知上著力」的功夫，認爲「此正是本源體用兼舉處」。

　　觀此一封信，則已近乎可以囊括朱熹的整個思想體系之精華，足見其時朱熹的思想體系已經成形。

　　同年同一月份，朱熹又再次通過書信與李侗討論「仁義」之道與「理一分殊」，反省自己上一封給李侗的信中所提到的以爲「仁」之一字是人所以異於禽獸之處，並剖析道：

　　　　熹竊謂天地生萬物，本乎一源，人與禽獸草木之生莫不具有此理，其一體之中即無絲毫欠剩，其一氣之運亦無頃刻停息，所謂仁也。（《延平答問上》）

因此，朱熹以爲天地萬物包括枯槁無息者皆有「仁」，只是因爲「物得其偏，故雖具此理而不自知，而無以見其爲仁。」（《延平答問上》）並且認爲此處所謂的「理一分殊」，應該是從「性分之內本體未發時看」（《延平答問上》），也就是說，他所關注的是未發時的本體「仁」，而無視其已發的狀態。這也是朱熹企圖結合「理一分殊」與《中庸》已發、未發思想所形成的早期思想矛盾，我們將在下一節另闢專章討論。當時，李侗給朱熹的勸告是應該考慮「有有

〔註17〕〔宋〕朱熹：《四書章句集注》，北京：中華書局，1983，頁17。
〔註18〕〔宋〕朱熹撰，黃坤點校：《四書或問》，頁23。

血氣者，有無血氣者，更體究此處。」(《延平答問上》)

後來，朱熹在這整個的反覆推敲過程中發現：

> 仁字正是天理流動之機，以其包容和粹，涵育融漾，不可名貌，故特謂之仁；其中自然文理密察，各有定體處，便是義。只此二字，包括人道已盡。義固不能出乎仁之外，仁亦不離乎義之內也。然則理一而分殊者，乃是本然之仁義」(《延平答問上》)

李侗於此句下批曰：「推測到此一段甚密，爲得之。加以涵養，何患不見道也，甚慰，甚慰！」(《延平答問上》)可見李侗對於朱熹以「理一分殊」之理來詮釋「仁義」，並對其所指的「理一分殊」就是本然的仁義這一結果感到極其欣慰。

後來，同年的十月份朔日，朱熹又去信李侗繼續討論「仁」的概念，表達自己對「仁」之一字的理解仍然是處於「乍喧乍靜，乍明乍暗」(《延平答問上》)的階段。李侗認爲這是因爲他的理解仍然「未熟」之故，但朱熹貴在自己能檢討出自己的毛病，自然不久後就會有進步。他的回覆給了朱熹極大的肯定。

由此看來，錢穆就朱熹之論心之仁「即天德之元，即太極之陽動。天與人，心與理，皆從此仁字上合一。天地間許多道理條件，亦皆從此仁字上生出。此一仁字，乃成爲朱子講學一大總腦」的論點是很值得商榷的，因爲「仁」應該不可能取代「理」的地位而成爲朱熹講學的一大總腦，比較肯定的說法應該是朱熹一直在努力摸索著「理一分殊」與「仁」的關係，而此一後來的體悟對其「中和」思想有著很大的影響。〔註19〕

回頭再看朱熹當時對「仁」的體悟，雖然仍不算十分成熟，但卻已經能將其「理一分殊」的思想與孔子的「忠恕一貫」和「仁義」之道連貫起來，也就是說，《論語》的智慧在朱熹看來其實也就與生化天地萬物、造就萬物氣稟各異的理氣問題或曰「理一分殊」之道是同一種智慧而已。

因此，很快的，第二年，朱熹就完成了《論語要義》和《論語訓蒙口義》。〔註20〕但不幸的是，李侗亦卒於此年十月十五日，從此朱熹就失去了一個可指點他正確思考「理一分殊」和「仁義」之道的「有道者」，這使得對「仁」

〔註19〕詳見下述「中庸與中和」章。

〔註20〕按束景南的說法，此二書是從《論語集注》而來，而《論語集注》則草成於紹興二十九年己卯間，也就是朱熹初次對「理一分殊」和「忠恕一貫」有基本體悟之後。

之一字的思考仍然未臻成熟的朱熹十分傷心，有詩《用西林舊韻二首》可證：

> 一自籃輿去不回，故山空鎖舊池臺。
>
> 傷心觸目經行處，幾度親陪杖屨來？
>
> 上疏歸來空皂囊，未妨隨意宿僧房。
>
> 舊題歲月那堪數，慚愧平生一瓣香。（《朱文公文集》卷二）

由此可見，李侗對他的影響之大，是不僅只於讓他逃禪歸儒而已，還包括給他指點了一條做學問的下工夫處，讓他不再像以往那樣「全無見成規模，這邊也去理會尋討，那邊也去理會尋討。」（《語類》卷一百四）他曾經一而再，再而三地在弟子面前承認從前為學方法之非，甚至認為自己過去就跟公孫丑一樣，不識養氣工夫，也不識得往可著摸處用工，「後來李先生說，令去聖經中求義。某後刻意經學，推見實理，始信前日諸人之誤也。」（《語類》卷一百四）這些話，若大家仔細地加以審視，便可知其實對朱熹整個人生觀起到最大影響力的人是李侗，而非禪學。李侗之死，就猶如朱熹生命中一盞指路明燈之熄滅，慶幸的是那時候朱熹的思想體系已大體成型，雖未臻極致理想，對《孟子》的體悟亦且尚招人非議，但已堪稱「大家」。

二、「知言養氣」之悟與「格物致知」

上一節提到朱熹對《孟子》的體悟與注解頗有招人非議之處，而抨擊最力者即牟宗三。牟宗三曾經說過：「瞭解一個東西一定要相應，假如你要瞭解科學，那麼你要對科學的本性有相應的體會，假如你要瞭解哲學，那麼你要對哲學的本性有相應的體會。不相應就是外行，一說話就錯。」〔註21〕「就像朱子注四書，因為不相應，很多地方出錯。朱子的頭腦裏不能理解孟子。」〔註22〕又說：

> 朱子的文字程度很高，但這也沒有用，他還是不能瞭解孟子，他注孟子重要的地方注得統統不對。也不是說朱子注完全錯，一般的地方，朱子注還是對的，就是重要的地方，代表孟子精神的地方，他的注就出錯。……朱子的頭腦能夠瞭解《大學》，瞭解《大學》，他的頭腦很容易湊泊上去。但瞭解《論語》、《孟子》、《中庸》，朱子大體都不成的。這麼簡單的四書，朱子那麼了不起的人物，瞭解

〔註21〕牟宗三主講，盧雪崑錄音整理：《周易哲學演講錄》，頁3。
〔註22〕牟宗三主講，盧雪崑錄音整理：《周易哲學演講錄》，頁8。

孔夫子都出問題，最嚴重的是錯解孟子，注《孟子》根本不相應。
〔註23〕

牟宗三這評語頗有聳人聽聞的功效，乍看之下，大家都會被朱子完全錯解《四書》給嚇一跳，至於爲何完全不對，牟宗三並沒有在這一次的演講裏提到，徒留疑惑。但在他的《心體與性體（三）》，他提到了朱熹「以《大學》爲初入手處亦並無不可，但問題在對於《論語》之仁、《孟子》之本心，以及《中庸》、《易傳》所說之『於穆不已』之實體契悟有不足。」〔註24〕

對於「仁」的體悟，朱熹本身已經向李侗坦承過他的理解仍處於「乍喧乍靜，乍明乍暗」（《延平答問上》）的階段，可惜李侗驟逝，無法再給他指點迷津，關於這一點，我們在上一節已經提到過。換句話說，朱熹覺得自己對「仁」的體悟還不十分有把握，這一點對他注解《四書》或多或少會產生一些影響，因爲「仁」爲儒家學說之根本，本之不立，必將影響對後來的《孟子》之理解。因此，牟宗三認爲，「對於《論語》之爲『根本』既提不住，則對於《孟子》之本心亦不能有相應之契悟。」〔註25〕

此外，在《宋明儒學的問題與發展》裏，牟宗三也提到：

> 程伊川晚年講中和問題，朱夫子就是根據伊川講的中和問題自己用工夫，把其中相關的觀念都弄清楚了，成了一個系統。在這系統裏本體方面只存有而不活動；工夫方面是格物窮理，順取之路；於孟子本心即性講成心性情三分，亦即理氣二分。朱夫子講中和問題有「中和舊說」與「中和新說」。「中和舊說」同於一般人的講法，還合孟子的義理。有一天，朱子與其弟子〔註26〕蔡季通對話，忽然推翻以前所說，馬上定下「中和新說」。所以，你要瞭解朱子，首先從他的中和說開始，然後再瞭解他的「仁說」。朱子中和說、仁說都是很有系統的，而且已經成了定本。〔註27〕

在這一大段話裏，提到了幾個重要的看法，一是朱熹的工夫不走孟子的「逆

〔註23〕牟宗三主講，盧雪崑錄音整理：《周易哲學演講錄》，頁8。
〔註24〕牟宗三：《心體與性體（三）》，頁49。
〔註25〕牟宗三：《心體與性體（三）》，頁53。
〔註26〕案朱熹《中和舊說序》之說，蔡季通是其友人而非弟子。見《朱文公文集》卷七十五。
〔註27〕牟宗三主編：《宋明儒學的問題與發展》，上海：華東師範大學出版社，2004，頁114。

取」方向，二是朱熹所理解的實體性理「只存有而不活動」，三是朱熹的道德形態不是中國先秦原始儒家的方向道德，而轉出爲西方大傳統的本質道德，因此他認爲朱熹是別子爲宗。〔註28〕同時，他也指出朱熹把孟子之「性」所指的人內在的道德性講成「本然」，變成「性即理」的一個「泛存有論概念」，而從來不講「心即理」，「可見朱夫子的思想完全接不上孟子，完全不能理解孟子，他對孟子的注完全不對。孟子言『惻隱之心，仁也』，就是『心即理』的意思。朱夫子對這句話的注就不對，照朱夫子的注，仁才是性，性才是理，屬形而上；心是氣之靈，心之靈還是氣，氣屬形而下。但孟子說惻隱之心就是仁，心就是性〔註29〕。」〔註30〕因此他批評朱熹的思想是告子的「義外說」，對於合乎孔孟道德正統的陸、王一系之被歷史錯置非正宗地位感到憤憤不平。

按照牟宗三的說法，朱熹對《孟子》的注解在大方向上都是錯的，因爲其對孟子「本心」的理解並無法銜接孔子之「仁」的概念，因此其注解中，對的只是那些無關痛癢之處。那麼，實際上是否如此呢？朱熹對《孟子》的體悟是否在開始時就是錯的呢？且讓我們先看看他的思想進程。

根據《朱子語類》卷一百四所述，我們得知朱熹對《孟子》全書思想的融會貫通，是在紹興二十六年丙子（二十七歲）。他回憶說，一次他在同安任時，因夜寒無法成眠而悟得「子夏之門人小子章」，所悟者亦是「理一分殊」之理。後來官滿在泉州等候批書時，又因行李已遣送出去，無書可讀，而向館人借得《孟子》一冊熟讀，因此機緣，他又領悟到了孟子所謂的「養氣」說，而且還發現了孟子思想的系統性，而開始著手把心得記錄下來。因此，他可說是在同安主簿任內和任滿期間，先後以「理一分殊」的智慧將《論語》和《孟子》融貫了起來。

在此前，他一直都孜孜於苦讀《論語》、《孟子》。《朱子語類》卷一百四就記述道：「某自艸讀《四書》，甚辛苦。」又說：「某自艸角讀《論》、《孟》，自後欲一本書字高似《論》、《孟》者，竟無之。」也就是說，他在兒童時期就開始讀《論語》、《孟子》。十五歲時，他讀呂大臨的《中庸解》與《孟子》「自暴自棄」章，警屬奮發，作《不自棄文》。後來，在《跋徐誠叟詩》中，

〔註28〕 牟宗三主編：《宋明儒學的問題與發展》，頁114。
〔註29〕 案牟宗三此言差矣，朱熹亦認爲「心性本不可分」，見《朱子語類》卷六十《孟子十·盡心上》之「盡其心者章」。
〔註30〕 牟宗三主編：《宋明儒學的問題與發展》，頁115。

他也提到：「熹年十八九時，得拜徐先生於清湖之上，便蒙告以『克己歸仁』『知言養氣』之說。時蓋未達其言，久而後知其為不易之論也。」《朱文公文集》卷四十六《答李濱老》也說：「熹少好讀程氏書，年二十許時，始得西山先生所著《論》、《孟》諸說讀之，又知龜山之學橫出此枝，而恨不及見也。」惟在狂讀其他學者的論孟著作之後，他明顯仍沒辦法融會貫通所讀，直至二十歲時，其思想才開始發生重大的轉折，自此以後，他讀書都堅持要「看那裡面」，《語錄》亦云：「某從十七八歲讀《孟子》，至二十歲，只逐句去理會，更不通透。二十歲已後，方知不可恁地讀。元來許多長段，都自首尾相照管，脈絡相貫串，只恁地熟讀，自見得意思。從此看《孟子》，覺得意思極通快。」（《朱子語類》卷一百五）後來從學於李侗之後，他就一直秉持以「格物致知」之道，通「理一分殊」之理，達忠恕一貫之旨的方法，來研究學問。對於《論語》和《孟子》的研讀也都是如此。

也就是說，朱熹在二十七歲以前讀《論語》、《孟子》，是相當大量地啃讀了不少學者的著作的，但卻一時無法融會貫通。直至他的同安主簿任期屆滿後，他才恍然發現《孟子》書的思想系統所在，並對孟子的「知言養氣」說有了新的體悟。那時候，他已經初次拜見過李侗，李侗也已叫他擱下禪學專務聖經，大概也跟他說過「理一分殊」之道，讓他明白到「理一分殊」是儒釋最大的分別之處。

紹興三十年庚辰（三十一歲）時，朱熹就輯錄了程門諸公之說為《孟子集解》〔註31〕，後來在《答程允夫》書一中，他也提到：「『孟子集解，先錄要切處一二事，如論養氣、論性之類。』《孟子集解》雖已具稿，然尚多所疑，無人商榷。此二義尤難明，豈敢輕為之說而妄以示人乎？」（《朱文公文集》卷四十一）

從這一段記錄裡，我們知道朱熹本身也認為孟子論「性」和「養氣」之處是最難詮釋的，而朱熹「因讀《孟子》，見其所說到緊要處，便差了『養氣』一章，尤無倫理。觀此，想淵源來歷不甚深也。……且熟讀《語》、《孟》，以程門諸公之說求之，涵泳其間，當自有得。」（《朱文公文集》卷四十一）因此，觀朱熹之意，實是對孟子的性善論和知言養氣章看得非常重，他甚至常勸學者要多看，並認為要多涵泳於程門諸公之說中，以進一步瞭解《孟子》。在《孟子序說》裡，他又引伊川之話再次強調：「孟子性善、養氣之論，

〔註31〕見《朱文公文集》之《別集》卷三《答程欽國書》。

皆前聖所未發」〔註32〕，由此可知其重要性。因此，由此看來，朱熹所做的一切努力，也不過是企圖貫通伊川與程門高弟之間的想法，並成就一完滿的體系，以之注解《四書》而已。

自《孟子集解》於朱熹三十一歲時完稿後，朱熹與李侗之間的學問討論就多集中於「仁」和「理一分殊」，後來李侗卒於朱熹三十四歲時，自此以後，朱熹就再也沒有拜他人爲師，只是在友儕間相互討論、爭辯而已。事實上，他與李侗之間對《孟子》的討論也不及《論語》多，再加上他對《論語》的「仁」一概念尚未及徹底把握住，更何況是《孟子》呢？在李侗卒後的第二年四月，朱熹與魏掞之書信討論《孟子集解》時又再一次提到：「《孟子》說〔註33〕向嘗編集，雖已終篇，但苦無人商量。間因人或來問，檢視之，輒有不滿意處，未欲傳出，以誤後生也。」（《朱文公文集》之《別集》卷一《答魏元履》書五）由此可知，朱熹亦對其所編集的《孟子集解》多有不滿，只是苦於李侗已卒，無人可資商量，只好等人議論時再檢出可疑處來討論而已。

後來，朱熹在乾道二年丙戌（三十七歲）與張栻討論已發、未發，初步建立了他的「中和舊說」。此舊說大致認爲吾人性體之寂然不動者爲未發，感而遂通者爲已發、爲人心，二者「了無間斷隔截處」（《中和舊說》第二書），也就是說「已發未發，渾然一致，更無別物。由是而克己居敬，以終其業，則日用之間，亦無適而非此事矣。」（《答何叔京書》）若依李侗所說，就是「於未發已發之幾，默識而心契焉，然後文義事理，莫非此理之所出」（《答何叔京書》），也就是他常強調的當於靜中體認大本未發時之氣象。

在《孟子或問》卷一里，朱熹對於有人就齊王愛牛之事所引發出來的疑問「此心之發，在人不同，能察識存養而擴充之，則可以至於仁」，他的回答是：「此心之發，固當密察存養而擴充之矣，然其明暗通塞之幾，乃存乎平日所以涵養之厚薄，若曰必待其發見之已然，而後始用力焉，則喜怒哀樂未發之時，學者爲無所用其力可乎？」〔註34〕也就是說，他所秉承的還是李侗那套「在靜中體認大本未發時之氣象」的教誨。而在此前，我們亦曾提過，朱熹在同安主簿任滿後讀《孟子》「知言養氣」章而有所體悟，這體悟主要是讓他將「知言養氣」與「格物致知」聯繫起來了。

〔註32〕〔宋〕朱熹：《四書章句集注》，頁199。
〔註33〕此處之《孟子》說指《孟子集解》。
〔註34〕〔宋〕朱熹撰，黃坤校點：《四書或問》，頁422。

　　《語類》裏就有一段話記錄了朱熹的體悟：「孟子論浩然之氣一段，緊要全在『知言』上。所以《大學》許多工夫，全在格物、致知。」（《朱子語類》卷第五十二《孟子二·公孫丑上之上》）而所謂「知言」，就是知理，就是要「先知得許多說話，是非邪正。都無疑後，方能養此氣也」（《朱子語類》卷第五十二《孟子二·公孫丑上之上》），再說，「知言便是窮理。不先窮理見得是非，如何養得氣。須是道理一一審處得是，其氣方充大。」（《朱子語類》卷第五十二《孟子二·公孫丑上之上》）因此，嚴格來說，「知言」就是格物致知的工夫，能夠知言，才能養氣，而所養之浩然之氣，也就是人所受於天地之正氣，亦與血氣相同，此三者所不同的是，浩然之氣有義理附於其中，若不由義而發，就只是普通血氣。雖然說此三者皆為同一物，但卻因所秉之氣的盛衰不同，而各有強弱分殊，因此，這裡就有「理一分殊」的觀念存在。用朱熹的話說，就是「只是此一個道理，說來說去，自相湊著。」（《朱子語類》卷第五十二《孟子二·公孫丑上之上》）

　　這一句話正應合了朱熹的知識體系，無非亦是以「格物致知」之道，通「理一分殊」之理，達忠恕一貫之旨。他說過：「大凡觀書從東頭直築著西頭，南頭直築著北頭，七穿八透，皆是一理，方是貫通。古人所以貴一貫也。」（《朱子語類》卷第五十二《孟子二·公孫丑上之上》）可知他注解《四書》，亦是秉持這個原則去進行的。

　　上述這些論「知言正是格物、致知」（《朱子語類》卷第五十二《孟子二·公孫丑上之上》）的話，雖然在《孟子集注》「知言養氣」章裏沒有特別被突顯出來，但在《語類·孟子》卷裏卻有廣泛的討論，形成了其詮釋《孟子》的一大特色。

三、格物致知與《大學》「移文補傳」

（一）「格物致知」的新創發

　　我們在上一節提到過，朱熹在同安主簿任滿後讀《孟子》「知言養氣」章而有所體悟，這體悟主要是讓他將「知言養氣」與「格物致知」聯繫了起來，並逐步建立起一個可以「以『格物致知』之道，通『理一分殊』之理，達忠恕一貫之旨」的思想體系，而此體系，正是朱熹用以詮釋《四書章句集注》的準則。因此，「格物致知」思想是朱熹非常重要的一個「為己」工夫。

　　朱熹在詮釋《大學》時，曾據此「格物致知」對原文作了一個非常重大

的移文補傳動作，說是承伊川之緒而作。此舉引起了後世頗為激烈的爭議。

在《四書或問》中，就有一條門人請教朱熹的記載，曰：「此經之序，自誠意以下，其義明而傳悉矣。獨其所謂格物致知者，字義不明，而傳復闕焉，且最為初用力之地，而無復上文語緒之可尋也。子乃自謂取程子之意以補之，則程子之言，何以見其必合於經意，而子之言，又似不盡出於程子，何耶？」〔註35〕可見當時朱熹曾告知門人，其釋「格物致知」，是啓發自伊川之說。但門人不明白何以見得伊川之說就必然合於經文本意，而且朱熹對「格物致知」的解釋又似不全然同於伊川，故有此問。

朱熹當下引了伊川的兩段話作說明：「學莫先於致知，能致其知，則思日益明，至於久而後有覺爾。」〔註36〕又曰：「誠敬固不可以不勉，然天下之理不先知之，亦未有能勉以行之者也。故《大學》之序，先致知而後誠意，其等有不可躐者。」〔註37〕伊川的這兩段話，重點都在說明「致知」的重要性以及「致知」必須當先而不能後之的原因。朱熹認為，不先「致知」，則無以明天下之理，不明此理，則無法循理而行，以復其性，「復其性」即是「明明德」的過程，「明德」則是指「仁義禮智之性」〔註38〕，是「人之所得乎天，而虛靈不昧，以具眾理而應萬事者也。」〔註39〕

王夫之《讀四書大全說》以為「緣德上著一『明』字，所以朱子直指為心。」（卷一，大學）〔註40〕此說顯然與《語類》所錄者不同。牟宗三則認為，朱熹因為將「心、性、情三分，而心又只限定為心之明之認知作用，『明德』一詞遂弄成極為複雜，而難確定：明德究竟是指心說，抑是指性說，抑是指心關聯著性、性關聯著心說？又心只限於心知之明之認知作用，則明明德『明』字之工夫又復歧出而為致知格物，此則尤不順適。」〔註41〕無疑的，牟宗三此語，確實代表了許多朱學研究者的疑惑。

其實今觀《語類》所錄，朱熹似乎也意識到這個心性難分、難說的問題，他的解釋是「此兩個說著一個，則一個隨到，元不可相離，亦自難與分別。

〔註35〕〔宋〕朱熹撰，黃珅點校：《四書或問》，頁20。
〔註36〕〔宋〕朱熹撰，黃珅點校：《四書或問》，頁20。
〔註37〕〔宋〕朱熹撰，黃珅點校：《四書或問》，頁20。
〔註38〕《朱子語類》，《朱子全書》卷十四「大學一」，頁433：「或問：『明德便是仁義禮智之性否？』曰：『便是。』」
〔註39〕〔宋〕朱熹：《四書章句集注》，頁3。
〔註40〕〔清〕王夫之：《讀四書大全說》，北京：中華書局，1975，頁2。
〔註41〕牟宗三：《心體與性體三》，頁369。

捨心則無以見性，捨性又無以見心，故孟子言心性，每每相隨說。」〔註 42〕
（《語類》卷第五《性理二》）此外，《語類》還有數條關於心性之別的問題，
但朱熹都沒有對此給予一個正面的答覆，只是反覆強調「格物致知」的重要
性，而在面對門人提出的問題「靈處是心，抑是性」時，他卻很直截了當的
便指出「靈處只是心，不是性。性只是理。」（《語類》卷第五《性理二》）這
就形成了一個矛盾，因為誠如牟宗三所說，「明德」既是「人之所得乎天，而
虛靈不昧，以具眾理而應萬事者也」，則此「虛靈不昧」處說的便應當是「心」
而非「性」，因為「虛靈不昧」是「心」的特質，這一點也是朱熹很清楚的。
那麼，朱熹以「人之所得乎天，而虛靈不昧，以具眾理而應萬事者也」來解
釋「明德」又是什麼意思呢？他所指的「明德」究竟是「心」還是「性」呢？

　　我們看《語類》卷十四《大學一‧經上》，裏頭記錄了一段話，說的是「明
德者，人之所得乎天，而虛靈不昧者，以具眾理而應萬事者也。禪家則但以
虛靈不昧者為性，而無以具眾理以下之事。」言下之意，其說和禪家的不同
之處只在於禪家「無以具眾理以下之事」。因此，朱熹以「人之所得乎天，而
虛靈不昧，以具眾理而應萬事者也」來注解「明德」，顯然是對禪家觀點的一
種轉化，是對「明德」的一種重新詮釋手法，它實際上講的就是「性」。

　　因此，在朱熹回答門人的另一提問「明德便是仁義禮智之性否」時，朱
熹很直接的就答說「便是。」（《語類》卷第十四《大學一‧經上》）而對於「仁
義禮智是性，明德是否主於心」的提問，他卻如此回答：「這個道理在心裏光
明照徹，無一毫不明。」（《語類》卷第十四《大學一‧經上》）說的顯然是「心
具理」。因此，牟宗三的疑惑至此便有了一個明確的答案。而我們由此一惑一
解，也可明顯看出朱熹實是意圖通過知識化的途徑建立一個以「格物致知」
為主要「知得分明」的「明明德」之道，以貫通其思想體系。即如《語類》
卷第十四《大學一‧經上》所記：

　　　　問「明明德。」曰：「人皆有個明處，但為物欲所蔽，剔撥去
　　了。只就明處漸明將去。然須致知、格物，方有進步處，識得本來
　　是什麼物。」

又說：

　　　　如格物、致知、誠意、正心、修身五者，皆「明明德」事。格

〔註42〕〔宋〕黎靖德編：王星賢點校：《朱子語類》卷五「性理二：性情心意等名義」，
　　　　頁 88。

> 物、致知，便是要知得分明；誠意、正心、修身，便是要行得分明。
> 若是格物、致知有所未盡，便是知得這明德未分明；意未盡誠，便
> 是這德有所未明；心有不正，則德有所未明；身有不修，則德有所
> 未明。須是意不可有頃刻之不誠，心不可有頃刻之不正，身不可有
> 頃刻之不修，這明德方常明。

按朱熹的意思，「格物致知」便是「明明德」之事，同時也是「知得分明」的
管道。「知得分明」，方能「行得分明」，如此「德方常明」。因此，朱熹的「格
物致知」實包含了「窮至」事物之理的意思，而「窮至」事物之理，又是為
了使「其極處無不到」，也就是使其「止於至善」，唯有通過「格物致知」以
「明明德」，才能回覆到最初的「天理之極」——「無一毫人欲之私」的境界，
並最終通過自明之道而推己及人，使人人皆能自明。此一「明明德」之過程，
是可以通過「格物致知」以獲取的。

　　因此，對朱熹而言，「明明德」是一個道德自覺的過程，是在格物致知後
識得本我的「仁義禮智之性」與被物欲蒙蔽的問題之後，所產生的一種自發
性的醒覺，這種自我醒覺是一種「為己的功夫」，也是本心發見的過程。由此
本心之發見，再推而及於人，便是「新民」的功夫，因為人在自明「明德」
後，見「彼眾人之同得乎此而不能自明者，方且甘心迷惑沒溺於卑污苟賤之
中而不自知也，豈不為之惻然而思有以救之哉！故必推吾之所自明者以及之」
〔註43〕，也就是說，在同情心使然下，人往往出於自覺地想要拯救因被人欲
蒙蔽而不能自明者，推己之自明以使人人皆能自明。這就是「去人欲而復天
理」的人性化意涵，也是朱熹所體會的「聖人之意」，是一種奠基於「憐憫心」
之上的推己及人之道。這個由個人始，然後及於「家」，再至「治國」，而終
於「平天下」的過程，就是「新民」。

　　即如《大學》所云：

> 古之欲明明德於天下者，先治其國；欲治其國者，先齊其家；
> 欲齊其家者，先修其身；欲修其身者，先正其心；欲正其心者，先
> 誠其意；欲誠其意者，先致其知；致知在格物。

這是自明者在自明後推己及人以使他人亦自明的過程，此過程重在格物，物
格後才會知至，知至然後能意誠、心正、身修，然後方能家齊、國治而天下
平。而格物的最終目的，即如上言，是為了「知止」，即知止於此至善之地。

〔註43〕〔宋〕朱熹撰，黃珅點校：《四書或問》，頁4。

朱子認為，「知止而後有定，定而後能靜，靜而後能安，安而後能慮，慮而後能得」一句，就是解釋「明德新民所以止於至善之由」〔註44〕的，按其原意：

> 能知所止，則方寸之間，事事物物，皆有定理矣；理既有定，則無以動其心而能靜矣；心既能靜，則無所擇於地而能安矣；能安，則日用之間，從容閒暇，事至物來，有以揆之而能慮矣；能慮，則隨事觀理，極深研幾，無不各得其所止之地而止之矣。〔註45〕

據此說法，人既知止，則知世間萬事萬物當各有定理，通曉此理後，心就不會為物欲所蔽而能靜，心靜則能安，安則能揣度、思慮事物之理，然後能隨事觀理，而知萬事萬物之所當止處。此處之「心」，是朱熹十分強調的概念，他認為：「人之所以為學，心與理而已矣。心雖主乎一身，而其體之虛靈，足以管乎天下之理；理雖散在萬物，而其用之微妙，實不外乎一人之心」〔註46〕，換言之，朱熹認為自己的「理」，不是向外求的，其主宰權全在於「心」，「心」可以統管天下之「理」，因此，如若不知此「心」之靈，就無以知眾理之妙，而必通過「格物致知」，方能彰顯此「心」之靈，然後知理之妙處。此實為朱熹所以體聖人之意而推極其意者。

（二）移文補傳

　　根據我們所編製的簡單年表，可知朱熹重新編定《中庸》，並復位《大學》章次，分為經、傳，隨後印刻於建陽之事，是在淳熙元年甲午（四十五歲）時。〔註47〕此事見載於《答呂伯恭書》：「《中庸章句》一本上納，此是草本，幸勿示人，更有《詳說》一書。……《大學章句》並往，亦有《詳說》，後便寄也。」〔註48〕（《文集》卷三十三）可見已分經、傳之新本《大學章句》、《或問》與《中庸章句》、《或問》乃印刻於此年，故其實際完成年份應早於此年，而其「格物致知」思想至此亦應已臻成熟。在目前可見的《四書或問》傳本裏，《大學或問上》起首數問：「子謂正經蓋夫子之言，而曾子述之，其傳則曾子之意，而門人記之。何以知其然也？」已一語道破此現傳本

〔註44〕〔宋〕朱熹撰，黃珅點校：《四書或問》，頁6。
〔註45〕〔宋〕朱熹撰，黃珅點校：《四書或問》，頁6。
〔註46〕〔宋〕朱熹撰，黃珅點校：《四書或問》，頁24。
〔註47〕見《朱文公文集》卷八十一《記大學後》與《書中庸後》。
〔註48〕案陳來之考證，亦謂此書云：「昨附去《中庸》《大學》等書，如何？」當是承前書而言，另，書中又云：「比日冬溫」，又有尾註「十月十四日」，故知此書作於甲午十月。見陳來：《朱子書信編年考證：增訂本》，北京：生活·讀書·新知三聯書店，頁122。

《大學或問》，是根據已經重訂章次並分爲經、傳之本子而撰輯，其後來之疑問也大多可看出是針對新定本而提出的。惟朱熹究竟爲何要這麼做呢？在回答此問題之前，且讓我們先看看朱熹對《大學》原文的順序到底作了多大幅度的調動：〔註49〕

　　（1）（2）（3）（4）（5）：爲經文部分
　　（9）（10）（11）（8）：（9）爲傳一章，
　　（10）爲傳二章，
　　（11）、（8）爲傳三章
　　（12）：爲傳四章
　　（6）：爲傳五章，並補以己意
　　（7）（13）（14）：爲傳六、七、八章
　　（15）（16）（17）（18）：爲傳九章
　　（19）（20）（21）（22）（23）（24）（25）：爲傳十章

　　從「大學之道，在明明德」起，至「其所厚者薄，而其所薄者厚，未之有也」，朱子劃爲「經」的部分，其下一句「此謂知本，此謂知之至也」，被伊川視爲衍文，而朱子則認爲其上有闕文，因此把它給移到第十二段「無情者不得盡其辭。大畏民志，此謂知本」之後，而於其下補上一傳：

　　　　所謂致知在格物者，言欲致吾之知，在即物而窮其理也。蓋人
　　　　心之靈莫不有知，而天下之物莫不有理，惟於理有未窮，故其知有
　　　　不盡也。是以《大學》始教，必使學者即凡天下之物，莫不因其已
　　　　知之理而益窮之，以求至乎其極。至於用力之久，而一旦豁然貫通
　　　　焉，則眾物之表裏精粗無不到，而吾心之全體大用無不明矣。此謂
　　　　物格，此謂知之至也。

由此看來，朱熹對《大學》章次的調動，不可謂小，據其意，其所以如此大幅度的移動原文，是爲了要對應經傳的每一個概念說明，而認爲獨有「格物致知」被遺漏了，因此便略加調動並根據伊川之意來補充論述原文所沒細說的「格物致知」概念。《大學或問》中就有記弟子之問曰：「此經之序，自誠意以下，其義明而傳悉矣。獨其所謂格物致知者，字義不明，字義不明，而傳復闕焉，且爲最初用力之地，而無復上文語緒之可尋也。」〔註50〕足證朱

〔註49〕案《大學》的每一段落，將分別以（1）（2）（3）……等標記來作代指。
〔註50〕〔宋〕朱熹撰，黃珅點校：《四書或問》，頁20。

熹所重者，是對「格物致知」地位之提升，及其內涵之強化，同時，我們也不排除這與我們早前說的企圖建立一個「以『格物致知』之道，通『理一分殊』之理，達忠恕一貫之旨」的思想體系有關。因為我們若將朱熹此舉與黎立武作一比較，便可看出，實際上黎立武通過「以『誠』為中心的《易》、《庸》一貫詮釋法」來帶出《大學》八條之的的「誠」，而認為其書「大旨存乎誠，誠所以盡性，止所以存誠」〔註51〕，並按原來次序一一解說，也自能成其一套說法。〔註52〕因此，朱熹之以「格物致知」為由所作的章次改動，實與其欲貫通一個完善的思想體系大有關係。

即以第十一段「邦畿千里，惟民所止……與國人交，止於信」為例，朱熹與黎立武雖都認同這一段是釋止至善，但朱熹認為作者引此詩是為言聖人之止無非至善，而知止至善則能盡天理之極而無一毫人欲之私。黎立武卻認為此至善處即《中庸》所提及的「誠」，含有本體之意味，止信、止敬、止仁，皆一本於「誠」，誠則能不離其所，也就是艮卦「思不出位」的意思。

至於第十二段「子曰：『聽訟吾猶人也，必也使無訟乎。無情者不得盡其辭，大畏民志，此謂知本。』」此段朱子認為是釋本末，〔註53〕是接第八段「詩云瞻彼淇澳」章而言，此段「大畏民志，此為知本」之後，朱子則以為應該接第六段「此謂知本，此謂知之至也」。而黎立武卻認為從「物有本末」至「修身為本」，已充分說明物格知致之意，所以下一段揭示的是誠意，至於第九段「康誥曰」、第十段「湯之盤銘曰」及第十一段「詩云邦畿千里」，雖是分別釋明明德、新民與止至善，但也都是一本於「誠」。故至第十一段止，釋物格、知致、意誠已盡，第十二段便接著說明「此謂知本，此謂知之至」的意涵。在黎立武看來，「聽訟」、「無訟」都是用以明格物、致知、誠意三條之義，無論是「聽訟」或「無訟」，皆本於誠，誠乃修身之本，知之至者莫過於此，因此說這就是「知本」。這兒的「無情」之「情」，朱子注為「實」，換言之，「無情者」就是「不實者」，「聽訟」、「無訟、「不實者不得盡其辭」，說的都是誠中形外之效應。因此，此段實際可看作是繼承第八段反覆說明菉竹、瑟僩、恂慄和威儀之誠中形外的意義。〔註54〕

〔註51〕〔宋〕黎立武：《大學發微（及其它四種）》，北京：中華書局，1991，頁1。
〔註52〕案詳見後說。
〔註53〕按朱子之本為明德，末為新民。
〔註54〕〔宋〕黎立武：《大學發微（及其它四種）》，頁6：「竹之為物，中虛外直，喻

通過與黎立武的比較，明顯可見其實在朱熹的解說之外，以「誠」為本而對《大學》展開全面解說的途徑，亦能自成一個體系，也可能無違於《大學》原作者的本意，因此，朱熹雖說是因襲伊川之意，但其藉以建立一己體系的意圖仍然是相當明顯的。

四、「中庸」與「中和」

「中庸」一詞，諸家解說不同。朱熹本伊川之說，於《中庸章句》起首處注謂「不偏之謂中，不易之謂庸。」〔註55〕曰「中」為「天下之正道」，謂「庸」為「天下之定理」，同時又列呂大臨之說而謂「中者，不偏不倚、無過不及之名。庸，平常也。」〔註56〕顯見他對此二條注解有所保留。上述說法蓋與伊川晚年弟子郭忠孝所傳者不同，郭忠孝釋「中」為「性」，「庸」為「道」，說此是伊川晚年的定論，但今已無從考證。郭忠孝的說法，為朱熹所批判，認為其說「骸人」。

在《四書或問》中，也記載了朱熹門人詢問何以朱熹將伊川的「不偏之謂中」和呂大臨的「無過不及」之說合而言之。我們由此一問，便知朱熹實際上是調和了伊川與呂大臨對「中和」之辯的看法，將伊川的「不偏之謂中」和呂大臨的「中」為「無過不及」二說，通過「已發」和「未發」的觀念加以聯繫起來了。朱熹所本的，仍然是伊川的說法，他認為，「中」之一字，含有二義，此為「程子固有之」，而他所列舉的證據則是：

> 不偏不倚云者，程子所謂在中之義，未發之前無所偏倚之名也；無過不及者，程子所謂中之道也，見諸行事各得其中之名也。蓋不偏不倚，猶立而不近四旁，心之體、地之中也。無過不及，猶行而不先不後，理之當、事之中也。故於未發之大本，則取不偏不倚之大名；於已發而時中，則取無過不及之義，語固各有當也。〔註57〕

這是從伊川「中之義」和「中之道」的解釋出發的，朱熹認為，伊川的「不偏不倚」是「中之義」，是未發之前的一種不偏不倚的狀態；而「無過不及」

君子之誠中形外也。切磋以學言，琢磨以自修言，誠於中也；瑟僩之著於恂慄，赫喧之見於威儀，形於外也。」

〔註55〕〔宋〕朱熹：《四書章句集注》，頁 17。
〔註56〕〔宋〕朱熹：《四書章句集注》，頁 17。
〔註57〕〔宋〕朱熹：《四書或問》，頁 44。

則是伊川所謂的「中之道」，是已發之後的狀態，就如行事的不先不後。因此，在形容「未發」之「中」時，就用「不偏不倚」一說，形容「已發」而得「中」時，則用「無過不及」，兩者並不矛盾，況且，呂大臨亦認同在未發時，心是處於至虛的狀態，因此是無所偏倚的，這種狀態就稱爲「中」。

朱熹本呂大臨此說，而以「已發」、「未發」來釋「中」，「中」因此便有了二義，一爲本體（體）上之意義，一爲作用（用）上之意義。而且，「中和」之「中」，與「中庸」之「中」，對朱熹而言，又有不同之意涵，「中庸」之「中」，「實兼體用」，其義較之「中和」之「中」更精、更廣，而「庸」字，又有平常之意，「惟其平常，故可常而不可易。」〔註 58〕這是朱熹調和自家和伊川之釋「庸」說的方法。伊川的說法是「不易之謂庸」，而朱熹卻認爲以「平常」釋「庸」更爲貼切，因爲「謂之不易，則必要於久而後見，不若謂之平常，則直驗於今之無所詭異，而其常久而不可易者可兼舉也。況中庸之云，上與高明爲對，而下與無忌憚者相反，其曰庸德之行，庸言之謹，又以見夫雖細微而不敢忽，則其名篇之義，以不易而爲言者，又孰若平常之爲切乎！」〔註 59〕

朱熹這番話，看起來似乎沒有多少訓詁學上的依據，僅僅是根據哲學上的自覺作判斷。其實將「庸」釋爲「不易」或「平常」，是兩種不同的說法。釋爲「不易」，要說的是此不偏不倚且不容更易之理，乃天命之所當然，所謂「不可須臾離」和「庸德之行」、「庸德之言」，皆是對此不容更易之理而言，也就是說，在這種解釋下，「庸」就帶有「不變之眞理」的含義。當然，用朱熹的「平常」義來解釋，也行得通，但朱熹說的是落實於日常生活中的平常道理，含義就有別於伊川，兩者的說法明顯是屬於兩個不同的層面。

按照朱熹的理解，「中庸」一詞，就是「不偏不倚、無過不及，而平常之理，乃天命所當然，精微之極致也」〔註 60〕。他認爲，以性情言之，就叫「中和」。「中」者，就是喜、怒、哀、樂未發之「性」的狀態，是用以「狀性之德、道之體」〔註 61〕，而「性」，則是「天命之謂性」也，指「人物之生，因各得其所賦之理，以爲健順五常之德，所謂性也。」〔註 62〕因此「性」乃無

〔註 58〕〔宋〕朱熹：《四書或問》，頁 45。
〔註 59〕〔宋〕朱熹：《四書或問》，頁 45。
〔註 60〕〔宋〕朱熹：《四書章句集注》，頁 18。
〔註 61〕〔宋〕朱熹：《四書或問》，頁 54。
〔註 62〕〔宋〕朱熹：《四書章句集注》，頁 17。

所偏倚而謂之「中」；此「性」一旦發而皆中節，即是情之正，因無所乖戾，故謂之「和」。但若以德行言之，則曰「中庸」，「然中庸之中，實兼中和之義。」〔註63〕一個君了之所以爲中庸者，「以其有君子之德，而又能隨時以處中也。」〔註64〕換言之，「中庸」的涵義比「中和」更廣而精。

因此，這中間實際還牽涉到許多其他的重要概念，如：「中和」、「已發」、「未發」，以及「天命之性」與「喜怒哀樂之情」的情性命題等，這些命題，皆爲後世所爭論不休者。朱熹以其格物致知之道而通「理一分殊」之理的思想體系，通貫「天命之謂性，率性之謂道，修道之謂教」的說法，認爲「性即理也」，而「性道雖同，而氣稟或異，故不能無過不及之差，聖人因人物之所當行者而品節之，以爲法於天下，則謂之教，若禮、樂、刑、政之屬是也。」〔註65〕如此一來，就從「理一分殊」的觀點點明了天命所賦予人之「性」，會因氣稟各異而無法達到無過不及，也就是無法達到中庸，必須教之以「禮、樂、刑、政」之法。由此而展開了通過存養省察工夫以「致中和」、擴充本然之善的主旨，並提出了達中庸之道的「君子」人格境界。

此「致中和」，便是朱熹在《論中和第三箚》中所坦白承認的「全不曾入思議」（《朱文公文集》卷三十二《答張敬夫書》）的關鍵處，致有中和舊說之產生。因此，我們必須對其「中和」觀念有清楚的瞭解，因爲眾所周知，「中和舊說」與「中和新說」是朱熹思想體系徹底轉向的關鍵所在，亦即朱熹由傳統孟學之路轉向《中庸》體系的關鍵點。

牟宗三亦嘗據此批評朱熹由早年（三十九歲前）「中和舊說」之「肯認天命流行之體爲吾人之性體」，而「此天命流行之體，其具體意義即是生生不已之寂感眞幾。寂然不動即是未發，感而遂通即是已發。寂感不二，即是未發已發不二」，「故雖汩於物欲流蕩之中，而其良心萌蘗亦未嘗不因事而發見」的「良心論」，〔註66〕轉爲後期之將天命流行之體分解爲理氣，又將「良心萌蘗之發見，致察而操存之」的「致察」功夫「專限於《中庸》之已發，而此『已發』顯與孟子良心萌蘗之發見不同」〔註67〕，認爲他是「不自覺將孟子良心發見混同《中庸》之『已發』。不知《中庸》之『已發』不必是本心之發

〔註63〕〔宋〕朱熹：《四書章句集注》，頁 19。
〔註64〕〔宋〕朱熹：《四書章句集注》，頁 19。
〔註65〕〔宋〕朱熹：《四書章句集注》，頁 17。
〔註66〕牟宗三：《從陸象山到劉蕺山》，頁 71。
〔註67〕牟宗三：《從陸象山到劉蕺山》，頁 77。

見也。」〔註68〕

　　牟宗三此說固極得當，但卻不知朱熹此一大轉向並非「不自覺」混同之舉，而是朱熹在悟得「中和舊說」之後，又發現自己從前對「凡言心者，皆指已發」及「以性爲未發之中」的「此心流行之體」的認識，實與程子《文集》、《遺書》等所論多有不合之處。後來，他與朋友們多番討論此一疑惑，大家依然堅持舊說，認爲「思慮未萌、事物未至之時，爲喜、怒、哀、樂之未發，當此之時，即是心體流行，寂然不動之處。而天命之性，體段具焉，以其過無不及，不偏不倚，故謂之『中』，然已是就心體流行處見，故直謂之『性』則不可。」這其實也是朱熹從前對「中和」一概念的認識。

　　朱熹在三十七歲時所體悟到的「已發」和「未發」，就他的體悟而言其實並非二物，因爲他曾經嘗試體驗此「未發」境界，卻只發現「泯然無覺之中，邪暗鬱塞，似非虛明應物之體。而幾微之際，一有覺焉，則又便爲已發而非寂然之謂。」（《朱文公文集》卷三十《與張敬夫書》（三））他認爲這就是「天命流行，生生不已之機」，因此在理論上並不存在一個可以暫時休息而不與事接的「未發」，因爲人的心念是了無間斷隔截處的，「發者方往，而未發者方來」（《朱文公文集》卷三十《與張敬夫書》（三）），也就是說此本體在萬起萬滅之中，是未嘗寂然，也未嘗不寂然的，同時也是體用兼備的，只要致察而操存之，那麼此吾人之「良心」就不會迷失於物欲流蕩之中。在此意義上，已發者即爲人心，而凡未發者皆爲其性，但此說之前提是此本體並非二物。

　　後來，張栻來信勸告朱熹應該「以求仁之爲急」（《朱文公文集》卷三十《與張敬夫書》（三）），朱熹對其勸告雖深有所感，卻不知立腳下工夫處，這就如我們在前幾節所提到的，是因爲李侗在朱熹尚未確實體悟到「仁」的意涵時就逝世了，痛失恩師的朱熹此後就只好憑仗自己的努力去揣摩體會。因此，當張栻勸他當以「求仁」爲急務時，他也沒有辦法馬上找到下手處。後來他自家體會出來的「仁」卻是本體意義上之「仁」，而非道德良知意義之「仁」，思路已明顯由《孟子》轉爲傾向於《中庸》，這就是他由「中和舊說」轉到「中和新說」的思路變化。

　　在其「中和新說」裏，朱熹也把他過去所認爲的舊說中欠缺之日用本領工夫給補上了，因爲過去他與眾人一樣，都認爲心爲已發，應該在已發之後致察而操存之，但未發的那一段卻沒有一個具體的工夫去存養它，使之不流

〔註68〕牟宗三：《從陸象山到劉蕺山》，頁77。

失，以至「胸中擾擾，無深潛純一之味，而其發之言語事爲之間，亦嘗急迫浮露，無復雍容深厚之風。」(《朱文公文集》卷六十四《與湖南諸公論中和第一書》)此一缺點，在他的新說裏已糾正過來，他說：「未發之中，本體自然，不須窮索，但當此之時，敬以持之，使此氣象常存而不失，則自此而發者，其必中節矣。此日用之際本領工夫。」(《朱文公文集》卷六十七《已發未發說》)也就是說，已發後須察識之，未發前則須存養之，因爲伊川雖凡言心者皆指已發，但朱熹卻認爲「此卻指心體流行而言，非謂事物思慮之交也。」(《朱文公文集》卷六十七《已發未發說》)

此時，朱熹所謂之心體的道德意義已大爲減弱，而轉爲強調「方其靜也，事物未至，思慮未萌，而一性渾然，道義全具。其所謂『中』，是乃心之所以爲體，而寂然不動者也。及其動也，事物交至，思慮萌焉，則七情迭用，各有攸主。其所謂『和』，是乃心之所以爲用，感而遂通者也。」(《答張欽夫書》)換言之，他是把未發之心體視爲一個道義全具之性，「中」就是它寂然不動時的本體狀態，而「和」則是它動而發爲七情時的心體協和之用的狀態。因此，未發時即當存養它，已發後則當省察它。唯有通過此種格物致知的工夫，我們才可以認識到其寂而常感、感而常寂，也就是「此心之所以周流貫徹而無一息之不仁」的特徵，並深刻感受到君子致中和，而天地位、萬物育的偉大。因此，朱熹此處之「仁」，實指天地生化萬物之心，其道德良知之意味已被削減。

錢穆於此亦認爲：「朱子論仁，大體可分兩部分。一曰仁者天地生物之心，賦予人而爲仁之性。此已詳於理氣編之論仁篇。一則人心之仁，此乃相傳仁之本義」〔註 69〕，而此二者其實「本無嚴格可分。讀者當會合觀之，乃見朱子論仁之全貌。」〔註 70〕也就是說，在朱熹而言，人之仁心實爲天所賦予之仁心，朱熹說：「且如惻隱之端，從此推上，則是此心之仁；仁即所謂天德之元；元即太極之陽動。」〔註 71〕又舉伊川之言說「仁者，天地生物之心。」〔註 72〕此二說更已明言仁就是天德之元，亦是天地生物之心，

〔註 69〕 錢穆：《朱子新學案（二）》，臺北：三民書局，民國六十年（公元 1971）九月初版，民國七十一年（公元 1982）四月再版，頁 39。
〔註 70〕 錢穆：《朱子新學案（二）》，頁 39。
〔註 71〕 〔宋〕黎靖德編；王星賢點校：《朱子語類》卷九「學三：論知行」，頁 156。
〔註 72〕 〔宋〕黎靖德編；王星賢點校：《朱子語類》卷五「性理二：性情心意等名義」，頁 85。

其形上意味極濃，實已爲其「性即理」思想奠定了基礎。

因此，很明顯的，朱熹此時已經將「仁」提升至一個本體的地位，而其「心」，亦已提升爲「心體」，良心萌蘖之說則已不復見。所以，牟宗三說他自此「中和新說」以後，就不再提及心即理，也不再提良心萌蘖，此一批評確實是沒錯的，但其主因卻是因爲牟宗三走《孟子》路線，而朱熹卻選擇了奉持《中庸》路線，二人之路向不同，自然會開出不同的理論體系，即如《孟子》與《中庸》的存在，本就是哲學思想多元化發展的最佳證明。因此，吾人若欲瞭解朱熹之思想體系，必先研究其「舊說」與「新說」，因爲這正是朱熹建立其理學思想體系的重要轉折關鍵，而且也是他如牟宗三所批評的「歧出」於儒家傳統體系之處。但是，我們對於這種「歧出」，到底應該抱持什麼觀念？是「對傳統儒學的誤解」？抑或是一種「對傳統的繼承與創發」？這就是見仁見智之事了。但毋庸置疑的一點就是我們由此亦可看出，朱熹對《四書》的注解，其實已經不盡然是一種經典詮釋活動，而更像是一種生命與智慧的託付，亦是其學問思想的全部體現。這就是朱熹四書詮釋所以能永恒帶給後代以震撼力的原因所在了。

第三節　朱熹理學思想發展的內在矛盾

上一節提到朱熹是以其龐大的理學思想體系去詮釋《四書》，而另一方面他也可以說是在此過程中完成了畢生知識體系的建構，不過值得注意的是，此一龐大的思想體系似乎仍未臻完善而明顯的存在本身的內部矛盾，這些內部矛盾，是可以通過《語類》或《文集》去發掘出來的。我們說這是內部矛盾，是因爲經過嚴密的審視之後，我們發現這應該是朱熹的思想體系在醞釀、成型的一個必經過程，是通過他和當時的學術界或他和學生們之間的爭辯、討論而表現出來的個人思想矛盾。最引人注目的例子就是「枯槁之物有無性」，以及他的理氣關係表述方式的問題。這些問題都是我們在對朱熹思想做辨章學術、考鏡源流的工作時所不可忽略的，這當中也關係到我們對朱熹的「性理」和「理氣」概念的理解。

一、枯槁之物有無性？

枯槁之物有無性，是朱熹哲學裏極爲著名的爭議性課題，從《朱子語類》裏便可知朱熹門下弟子與當時學界對此課題有許多議論。此議題在歷經數百

年後，又再度獲得了牟宗三的高度關注，他的《心體與性體（三）》對此不僅有詳細的分析，並且還認為這是完成朱熹形上哲學的關鍵，而牟宗三本身也亟欲藉此「確定地表示出朱子之本義，並恢復《孟子》、《中庸》、《易傳》之本義以及濂溪、橫渠、明道之本義，灑然覺得此是兩系統之異而廓然甚清楚也。」〔註73〕顯見朱、牟二人對枯槁之性是各有詮解，難得的是二人都能藉以建立起自己的哲學觀，並各自創造出了對應本身時代的話語體系，單就哲學的創發性而言，已足為吾輩之楷模。但牟宗三所著力的是朱熹的形上哲學層面，而實際上，朱熹的枯槁有性論還含有與生活接軌的現實層面，因此才會引發枯槁、瓦礫、階磚、竹椅等如何有理的議論。正因為不僅是哲學理論的層面，所以才會引起與現實之間的矛盾和衝突。

在朱熹而言，萬物皆有理，而理便是仁、義、禮、智，這是朱熹回答弟子之問「民受天地之中以生」之「中」是氣否的答覆，他的原話是：「中是理，理便是仁義禮智，何嘗有形象來！凡無形者謂之理；若氣，則謂之生也。」（《語類》鬼神篇，林賜錄於乙卯公元1195年以後，頁37）因此，作為現代人，我們應該如何看待朱熹的萬物（包括枯槁瓦礫等之物）皆有仁義禮智之性的觀念？仁義禮智本為五常之德性，若枯槁瓦礫等無生命力之物皆有之並以為性，那麼又待如何解釋其道德意涵？此實為朱熹形上哲學的一大難題。

（一）牟宗三的「枯槁有性：理氣不離不雜形上學之完成」

對牟宗三而言，朱熹對枯槁有性無性的討論重點，其實「就『存有論的解析』中之本然之性說，問題只成理氣的問題。」並認為此議論所推導出來的實際上就是其理氣不離不雜的形上學系統，而此形上學系統是奠基於一「順權說」〔註74〕之上完成的。在此一「順權說」基礎上談「理一」或「太極含眾理」，則理只是「一整全之理」〔註75〕，並「無所謂眾理皆自太極出」〔註76〕，而且，太極本身「便即是動之理，靜之理，而不是太極有動之理，靜之理」〔註77〕，所謂的分殊也只不過是「因『存在之然』之多而權說為多」〔註78〕而已，「理先氣後」與「理生氣」之說亦然。「理先氣後」是邏輯上與

〔註73〕牟宗三：《心體與性體（三）》，頁485。
〔註74〕牟宗三：《心體與性體（三）》，頁506。
〔註75〕牟宗三：《心體與性體（三）》，頁505。
〔註76〕牟宗三：《心體與性體（三）》，頁506。
〔註77〕牟宗三：《心體與性體（三）》，頁507。
〔註78〕牟宗三：《心體與性體（三）》，頁505。

形而上之先在，而「理生氣」也「不是從理中生出氣來，只是依傍這理而氣始有合度之生化。」〔註79〕因此認為「在朱子之『存有論的解析』中，理只為存有而不活動，其道德意義即減殺，而心氣依理而行所成之道德即為他律道德。」〔註80〕

牟宗三據此而作出的結論是：「朱子之學終於是：主觀地說為靜涵靜攝之系統，客觀地說為本體論的存有之系統，而依此系統所造成之道德亦終於為他律道德。」〔註81〕並批評朱熹因不從「孔子踐仁知天，孟子盡心知性知天之道德的逆覺之路」來推證存在之理，而是「由『存有論的解析』之順取之路來契接來推證」，故其說太極便只是理，只存有而不活動，因此其系統中的太極性理之道德意義便被減殺而弄成虛弱。〔註82〕此是牟宗三《心體與性體》書中所反覆印證的異於《孟子》、《中庸》、《易傳》心性之學而橫攝之朱熹思想系統。

《心體與性體》此一論朱熹章，主要從參究中和、仁說與枯槁有無性三部分開展而談，可見枯槁之物有無性的論辯在牟宗三心目中有多重要的地位。從牟宗三給這一章節所取的題名「枯槁有性：理氣不離不雜形上學之完成」來看，可以想見牟氏是把枯槁有無性之議論部分歸納為促成朱熹理氣形上學之完成的關鍵。

問題是枯槁之物有無性的議論部分究竟是不是這麼重要呢？我們若單從《朱子語類》卷第四「性理一」來看，其實是看不出來的，因為它所佔的比重並不高，是與「人物之性氣質之性」的部分放在一起，由談人、物之性的差異開始，而觸及草木的有無知覺，再進而引申出《答黃商伯》的「論萬物之一原，則理同而氣異；觀萬物之異體，則氣猶相近，而理絕不同」（《朱子語類》卷第四「性理一」，沈僩錄於戊午1198年，頁57）、徐子融的「枯槁之中有性有氣」的氣質之性與本然之性的辯論，以及關於《答余方叔》的「以為枯槁有理」的提問，總共算來也不過數十條。可見這只是朱門子弟或當時學界在思考人物之性與氣質之性的相關問題時連帶引發出來的一個子課題。如此的議題，我們是不是可以將之反過來當做是促成朱熹理氣形上學之完成的關鍵呢？再者，《朱子語類》裏面的語錄順序是經後人編排的，不能百分百

〔註79〕牟宗三：《心體與性體（三）》，頁507。
〔註80〕牟宗三：《心體與性體（三）》，頁508。
〔註81〕牟宗三：《心體與性體（三）》，頁508。
〔註82〕牟宗三：《心體與性體（三）》，頁509。

把它看作是朱熹當時的思考流程，除非我們按年代重新分類，才能看出朱熹思想的形成過程，而且，此中還須考慮到弟子筆錄的錯誤或個人理解力之差異，以及牟氏對材料選擇之客觀性等問題，諸如此類的外力因素很多，都會影響到其結果。因此，牟氏之結論亦只能看作是其個人對《朱子語類》的解讀。若要證實枯槁有無性之議論是否促成朱熹理氣形上學之完成的關鍵，則對相關語錄作歷史性的考察與分類，恐怕還是有其必要性的。

（二）枯槁有無性論辯的關鍵人物

從《朱子語類》，可知余方叔和徐子融都曾經對枯槁有無性之說與朱熹有過書信上的往來辯論，而黃商伯和陳才卿似亦曾與朱熹討論過相關的課題。

徐子融是鉛山人，據陳來《朱子書信編年考證》的《答徐子融》第二書之考證結果，可見徐子融是「朱子赴任南康候命鉛山時始從學」〔註83〕，這估計約為公元1178～1179年間之事。徐子融雖問學於朱熹，但卻不知何故對朱熹的枯槁亦有性論產生質疑，並與之展開書信辯論，引起朱熹極端的不滿。朱熹認為子融性格「微有向外欲速意思，便做出許多病痛。」〔註84〕而且，也曾在答陳才卿書信中提到：「方叔看得道理盡自穩實，卻是子融去歲在此講論，多不合處，中間蓋嘗苦口言之，後來一向不得書。」〔註85〕顯是子融曾在朱熹面前議論過相關課題，而與朱熹有嚴重的意見分歧，過後便鮮有書信往來，因此朱熹在與陳才卿通信時，也曾關心問道：「子融相聚，有何講論？因筆及之，所願聞也。」〔註86〕一語道盡二人之間的關係。

黃商伯則是朱熹之後的南康守，和朱熹之間的往來書信共48封，可見二人私交甚篤。根據牟宗三的《心體與性體》，朱熹《答黃商伯》第四書的第五段：「《中庸章句》謂：『人物之生各得其賦之理以為健順五常之德。』《或問》亦言：『人物雖有氣稟之異，而理則未嘗不同。』《孟子集注》謂：『以氣言之，則知覺運動人與物若不異；以理言之，則仁義禮智之稟，豈物之所得而全哉？』

〔註83〕陳來：《朱自書信編年考證：增訂本》，北京：生活・讀書・新知三聯書店，2007，頁171。

〔註84〕《答陳才卿》四，朱熹撰，朱傑人、嚴佐之、劉永翔主編：《朱子全書》卷59，上海古籍出版社，安徽教育出版社，2002，頁2847。

〔註85〕《答陳才卿》四，朱熹撰，朱傑人、嚴佐之、劉永翔主編：《朱子全書》卷59，頁2847。

〔註86〕《答陳才卿》十，朱熹撰，朱傑人、嚴佐之、劉永翔主編：《朱子全書》卷59，頁2849。

二說似不同，豈氣既不齊，則所賦之理亦隨之以異歟？」〔註87〕這一大段問話，牟宗三列爲黃商伯之提問，但今觀全書卻似純是朱熹對黃商伯之學問指點，這一段話應是朱熹本身的設問。至於《朱子語錄》性理一「人物之性氣質之性」章第九條「先生《答黃商伯書》有云」，則是弟子從《答黃商伯》書引申出相關問題。因此，目前所有的證據都無法證明黃商伯曾經對朱熹的枯槁有性論提出過疑問或不滿，惟因該書錄有一條非常重要的朱熹答語，並且也曾引發朱門子弟對相關課題的提問，故亦將其列入關鍵人物。

至於余方叔則背景不詳，惟據朱熹的《答陳才卿》書中，可知方叔曾向朱熹問學，但二人往來書信只有一封，交往不多。徐子融和余方叔都愛好寫詩，曾有詩作相贈，這從陳才卿的詩作中可見。陳才卿有一詩題名《徐子融以詩送余方叔吳介甫二書見示和韻以謝》，可見徐子融與余方叔有私交，而陳才卿和余方叔、徐子融皆有往來，其詩作《和余方叔病中見寄》與《同余方叔龔南才納涼於筠谷竹間題五十六字》二首，更充分表明了他和余方叔私交甚篤。除了《答余方叔》書之外，《朱子語類》「性理一」裏也有一條弟子根據《答余方叔》書之「以爲枯槁有理」而據以提問：「不知枯槁瓦礫如何有理？」〔註88〕的記錄，可知余方叔之問在朱門子弟之中也曾獲得一些回響。

在余方叔、徐子融和陳才卿三人之中，數陳才卿與朱熹的關係較好。《陳克齋先生集・書徐子融遺事寄趙昌甫趙許誌銘》中曾提到，才卿本身曾於甲寅1194年冬侍學於朱熹，爲期一個多月，當時枯槁瓦礫之物如何有理的議題已經被廣泛討論。而子融也是在同一年問學於朱熹，但未幾便拂袖而去。陳才卿如此記道：「先生有朝命過鉛山，因見之永平驛，語不合，拂衣而去，人謂其不復來矣。」〔註89〕因此，朱熹書信中批評子融不該動輒咆哮之事，便應是指此事，當時陳才卿也在場目睹了整個的過程。

惟目前尚不清楚徐、余二人算不算是朱熹的入室弟子，抑或只是問學於朱熹的關係，因爲《宋元學案》朱熹門人名單中不知何故並未出現此二人的名字，只有陳來的《朱子書信編年考證》略爲提到了徐子融從學於朱子之事，

〔註87〕《答黃商伯》四，朱熹撰，朱傑人、嚴佐之、劉永翔主編：《朱子全書》卷46，頁2129。

〔註88〕〔宋〕黎靖德編，王星賢點校：《朱子語類》卷第四「性理一」，北京：中華書局，1986，頁61。

〔註89〕陳文蔚：《陳克齋先生集・書徐子融遺事寄趙昌甫趙許誌銘》，嚴一萍選輯：《原刻景印百部叢書集成・正誼堂全書》，臺北：藝文印書館，1966，頁3。

而《宋史翼》則記載了陳才卿「著書立說，深得旨趣，朱子與手書，往復互論，正所作，州學修禮器記亦推尊朱子儀式而損益焉。」〔註90〕後人謂才卿甚得朱熹喜愛，由《陳克齋先生集‧紀述》所說「著書立言俱得朱子旨趣，如論中庸戒懼慎獨二事，乃大學誠意之說，甚為朱子稱服，後朱子注儀禮諸書，又謂想去之遠，以不得賢者之助為憾」〔註91〕看來，才卿或是朱熹的「愛徒」。雖然如此，我們卻從《答陳才卿》第一書：「（才卿）又謂微細之物亦皆有性，不可以仁、義、禮、智而言。微物之性，因無以見其為仁、義、禮、智，然亦何緣見得不是仁、義、禮、智？此類亦是察之未精，當更思之」〔註92〕一語中得悉才卿亦曾對朱熹的枯槁有性論有所質疑，但二人關係未至於因此而有所變化。

（三）爭論的開端

據朱熹《答余方叔》書所轉述的余氏之說，可知余方叔是以為「天下之物有生氣，則五者〔註93〕自然完具。無生氣，則五者一不存焉，只是說及本然之性。」〔註94〕觀余方叔此說似是強調枯槁之物有無生氣是關乎本然之性〔註95〕的問題，有生氣者，自然有五常之性，而無生氣者，則其五常之性皆不存，並認為朱熹之以為枯槁之物有性有氣，「是以氣質之性廣而備之。」〔註96〕顯見此處余方叔所針對的是朱熹的枯槁瓦礫之物皆有性的說法。雖然《朱子語類》和《答余方叔》書中都未明言這一點，但我們還是可以從《朱子語類》裏找到其中端倪。

通過《朱子語類》，我們發現朱門子弟對枯槁瓦礫如何有理的問題相當感興趣。對於這些疑問，朱熹如此回答：「且如大黃附子，亦是枯槁。然大黃不可為附子，附子不可為大黃。」（《語類》卷第四：性理一，甘節錄於癸丑1193

〔註90〕〔清〕陸心源輯撰：《宋史翼》卷25列傳第25「儒林三」，北京：中華書局，1991，頁264。
〔註91〕嚴一萍選輯：《陳克齋先生集‧紀述》，《原刻景印百部叢書集成‧正誼堂全書》，頁1。
〔註92〕《答陳才卿》四，朱熹撰，朱傑人、嚴佐之、劉永翔主編：《朱子全書》卷59，頁2845。
〔註93〕案：此「五者」當指仁義禮智信。
〔註94〕《答余方叔》，朱熹撰，朱傑人、嚴佐之、劉永翔主編：《朱子全書》卷59，頁2853。
〔註95〕案：此「本然之性」似是指五常之性。
〔註96〕《答余方叔》，朱熹撰，朱傑人、嚴佐之、劉永翔主編：《朱子全書》卷59，頁2854。

年後，頁 61）以此推論，便可證明枯槁瓦礫之物皆有理。對於其他相關的枯槁之物如何有性的疑問，他也有其他類似的答案，如：「階磚便有階磚之理。竹椅便有竹椅之理。枯槁之物，謂之無生意，則可；謂之無生理，則不可。」（《語類》卷第四：性理一，葉賀孫錄於辛亥 1191 年後，頁 61）又或：「才有物，便有理」（《語類》卷第四：性理一，甘節錄於癸丑 1193 年後，頁 61）、「如舟只可行之於水，車只可行之於陸。」（《語類》卷第四：性理一，曾祖道錄於丁巳 1197 年，頁 61）

　　類此說法本不成問題，但問題是在朱熹論草藥之性時，卻說草藥之性便在於它們的性寒、性熱上，人們服用了草藥之後會「做得冷做得熱底，便是性，便只是仁義禮智」。（《語類》卷第四：性理一，萬人傑、吳必大和黃薈錄，記錄年份見於下，頁 64）換言之，凡枯槁瓦礫皆有仁義禮智之性。如此說法便大有問題。枯槁瓦礫之物如何可能有仁義禮智之道德性呢？

　　此處的仁義禮智，我們只能理解為五常中之仁義禮智，而非金木水火土，因為據《答余方叔》書，余方叔之問是：「竊謂仁義禮智信元是一本，而仁為統體。故天下之物有生氣，則五者自然完具。無生氣，則五者一不存焉。」而朱熹之回言是：「故人為最靈，而備有五常之性。禽獸則昏而不能備。草木枯槁則又並與其知覺而亡焉。但其所以為是物之理則未嘗不具爾。」由此可知，他們所討論的五常即是仁義禮智信五者，而非金木水火土。如果朱熹此仁義禮智是指五常中之仁義禮智，那麼又如何解釋沒有生意如枯槁瓦礫者之有仁義禮智之性呢？我們從《朱子語類》中是無法找到明確答案的，因為朱熹沒有解釋。牟宗三的《心體與性體》也沒有提到這一條關鍵材料，只是單從《答余方叔》書中推論余方叔之心意：「其意似乎是如此：於無生氣之物，以仁為統體之仁義禮智之性皆不存在；在此，吾人如說性體，『只是說及』那性體之自己，性體之自己即所謂『本然之性』；但此『本然之性』並不是枯槁之物之『本然之性』，它不能具有之」〔註97〕。這說明了他覺得余方叔對性的看法可能是以仁義禮智為性，而朱熹則是「由存有論的解析，就然推證其所以然之理以為性。枯槁之物有其所以然之理，自然亦有性。」〔註98〕至於枯槁瓦礫如何有仁義禮智之性的問題，並不是他的關注焦點。

　　同樣的，對於《答黃商伯》第四書，牟宗三也只是解釋為「『理同』是

〔註97〕牟宗三：《心體與性體（三）》，頁 487。
〔註98〕牟宗三：《心體與性體（三）》，頁 487。

普遍地皆有性，而且其所有之性是一是同。『氣異』是言每一個體所稟之氣有『純駁之不齊』。因所稟之氣有不齊，故理之表現亦有『偏全之異』，甚至有有能表現、有根本不能表現之異。」〔註99〕明顯的，其詮釋重點是「氣異是理之表現所以會有不同的原因」，換言之，牟氏是認為「仁義禮智之稟豈物之所得而全哉」說的是理之表現的問題，而非理有不同的問題。也就是說，仁義禮智是理的一種表現，而不是理的內涵或特質。

這說法並不同於朱熹，朱熹說的是：「本無先後之可言。然必欲推其所從來，則須說先有是理。然理又非別為一物，即存乎是氣之中；無是氣，則是理亦無掛搭處。氣則為金木水火，理則為仁義禮智。」（《語類》理氣上，萬人傑錄於庚子 1180 年後，頁 3）」，又說：「中是理，理便是仁義禮智，何嘗有形象來！凡無形者謂之理；若氣，則謂之生也。」（《語類》鬼神篇，林賜錄於乙卯 1195 年後，頁 37）可見在朱子的觀念裏，理便是仁義禮智，而非一種表現。理既是仁義禮智，而性又即是理，那麼性是仁義禮智便可以類知了，因此，牟氏之說實際上並沒有解決萬物究竟是否同有「仁義禮智之性」的問題。

同年，除余方叔之外，徐子融也進了一書問難朱熹：「枯槁之中，有性有氣，故附子熱，大黃寒，此性是氣質之性？」其問題與余方叔書的內容亦有關聯之處，都提及了氣質之性。朱熹在回信給徐子融時，指責徐子融不該咆哮無禮，同時也痛罵了余方叔一頓，說他極為狂妄，應該先仔細熟讀聖賢書，好好學做功夫，並說明話頭既已開始就不能不結束，希望能借著回徐子融之書信來作個了結。可見徐、余二書的內容是有關聯性的，或是二人閒時討論的心得，進而詰難朱熹。朱熹在回書中說：

> 蓋天之生物，其理固無差別。但人物所稟形氣不同，故其心有明暗之殊，而性有全不全之異耳。……然惟人心至靈，故能全此四德，而發為四端。物則氣偏駁、而心昏蔽，固有所不能全矣。……然不可謂無是性也。若生物之無知覺者，則又其形氣偏中之偏者。故理之在是物者，亦隨其氣形而自為一物之理。雖若不復可論仁義禮智之彷彿，然亦不可謂無是性也。此理甚明，無難曉者。自是方叔暗珠膠固，不足深責，不謂子融亦不曉也。（《答徐子融書》）

也就是說，朱熹認為即使有一物因氣稟所限，無法全此仁義禮智四德，甚至

〔註99〕牟宗三：《心體與性體（三）》，頁 497。

完全沒有仁義禮智之性，也不可以說它沒有這仁義禮智之性，並認為這個道理是很容易明白的，沒想到徐子融卻不明白。事實上，這個道理並不容易理解，因為一個完全沒有知覺、形氣偏之又偏、連仁義禮智也無法得全者，為何仍然可以說它有是性，這個推論法恐怕很難令人接受。而且，值得注意的是，朱熹此處說的是無法得全者，也就是說此物可能還可稟得其中一點點仁義禮智，並不是說絕對沒有仁義禮智。然而，枯槁瓦礫又如何可能有一點點仁義禮智之性呢？

因此，余方叔和徐子融的疑問，實際上並沒有獲得關鍵性的解答。而按牟宗三之見，余方叔的觀點實與《孟子》、《中庸》、《易傳》之思路相合，而朱熹之思路，則是由存有論的解析出發，從而推證出其所以然之理以作為其性之基礎。牟氏此說並不差，因為由有知覺之物的仁義禮智之性，到無知覺之枯槁瓦礫之物也有仁義禮智之性，明顯就是朱熹對萬物皆有理的一個推論結果，但由於牟宗三的《心體與性體》並沒有提到朱熹曾說過的服用了草藥之後會「做得冷做得熱底，便是性，便只是仁義禮智」的關鍵性問題，因此他所得的結論其實並不夠全面，對今人而言，可能有作出修正的必要。

上述這一條材料，朱熹門人萬人傑、吳必大和黃薱皆有同一記錄，只是稍有語句上的差別，而記錄年份則分別是庚子 1180 年後（萬人傑）、戊申 1188 年與己酉 1189 年（吳必大），以及戊申 1188 年（黃薱）。三人的記錄清楚地說明了朱熹確實曾經在十二世紀八○年代末期，估計是 1188～1189 年間，說過枯槁之物亦有仁義禮智之性，其他關於枯槁瓦礫皆有性的談話則分別記錄於九○年代初期。而據陳來《朱子書信編年考證》，《答余方叔》、《答徐子融》和《答陳才卿》第一書皆同作於甲寅 1194 年，〔註 100〕至於《答黃商伯》則作於戊午 1198 年。〔註 101〕換言之，枯槁之物有無性的議題一直是十二世紀八○年代末期後的熱門焦點，此議題可說是直至 1198 年，方始在《答黃商伯》第四書中有了一個較為成熟的理論觀點。此點容後敘述。

按徐、余、陳三人的書信內容來看，應是余方叔開的頭，徐子融和陳才卿隨之應和。陳來的《朱子書信編年考證》也認為：「按初余方叔問枯槁有性無性，朱子率而答之，後徐子融、陳才卿皆來問，朱子又答之，參見徐子融第三書考，此辯在甲寅乙卯之交。」〔註 102〕

〔註 100〕陳來：《朱自書信編年考證：增訂本》，頁 374、376 與 377。
〔註 101〕陳來：《朱自書信編年考證：增訂本》，頁 374 與 468。
〔註 102〕陳來：《朱自書信編年考證：增訂本》，頁 377。

　　雖然徐、余、陳三人是這一論辯的核心人物，但若按資料分析，其實枯槁之物如何有仁義禮智之性的課題，在 1188～1189 年間已經開始，而在徐、余、陳三人之前的九 0 年代已經被炒起，只是因爲有許多語錄並未注明提問者的姓名，故未引起注意。

（四）朱熹之辯

　　從目前的資料來看，朱熹始終沒有辦法對此問題的關鍵所在「枯槁之物如何有仁義禮智之性」作正面的解釋，也沒有對仁義禮智作概念上的說明，只是一味以類推法來說服人。他在《答陳才卿》第一書中說道：「（才卿）又謂微細之物亦皆有性，不可以仁、義、禮、智而言。微物之性，因無以見其爲仁、義、禮、智，然亦何緣見得不是仁、義、禮、智？此類亦是察之未精，當更思之」〔註103〕這種說法就與「子非魚，安知魚之樂」類似，實際並沒有提出合理的論證。

　　另一方面，他也反覆強調其早期的說法，認爲人與物〔註104〕皆稟得仁義禮智以爲性，惟「雖尋常昆蟲之類皆有之，只偏而不全，濁氣間隔。」〔註105〕（《語類》卷第四：性理一，廖德明錄於癸巳 1173 年後，頁 56）但是由於這課題涉及到完全無知覺之物，因此，朱子此推論法並無法圓滿解釋他所推導出來的「枯槁瓦礫之物皆有仁義禮智之性」的結論，以至引發學界的許多爭議。

　　針對上述議論，朱熹如此辯說：「且如只說個仁義禮智是性，世間卻有生出來便無狀底，是如何？只是氣稟如此。」（《語類》性理一，潘時舉癸丑 1193 年後所聞，頁 70）十分輕鬆的便帶開了問題。同時，在回答弟子問筆若有理，又如何分仁義時，如此說道：「小小底，不消恁地分仁義。」（《語類》性理一，甘節錄於癸丑 1193 年後，頁 61）明顯的，對於這種尖銳的問題，朱熹選擇了不窮究，因爲如此窮究下去也解決不了他形上哲學中難解的問題的。

　　他依循其「存有論的解析」之途徑所推導出來的枯槁瓦礫皆有理，也就是皆有仁義禮智之性的說法，明顯是他的形上哲學裏的一個難解之結。爲了解決這個問題，他又採用了擬人化的邏輯推論手法來加以解釋。且讓我們看

〔註103〕《答陳才卿》四，朱熹撰，朱傑人、嚴佐之、劉永翔主編：《朱子全書》卷
　　　　　59，頁 2845。
〔註104〕案：此「物」應指有知覺之生物而言。
〔註105〕〔宋〕黎靖德編，王星賢點校：《朱子語類》卷第四「性理一」，頁 56。

看朱熹弟子廖德明於癸巳 1173 年後所記錄的一段話：

> 動物有血氣，故能知。植物雖不可言知，然一般生意亦可默見。若戕賊之，便枯悴不復悅懌。亦似有知者。嘗觀一般花樹，朝日照曜之時，欣欣向榮，有這生意，皮包不住，自迸出來；若枯枝老葉，便覺憔悴，蓋氣行已過也。

這是朱熹在枯槁有無性說之前的說法，強調植物沒有知覺，但若按某程度的表面現象來看，如戕賊使之枯槁便不復悅懌的現象，看起來便像是有知覺似的。這就是擬人化的一種邏輯推論法，牟宗三說朱熹用的是「存有論的推斷辦法」〔註106〕，但其實除了存有論的推斷辦法之外，朱熹的說法裏頭，似乎還帶有一種擬人化的手法。如說：

> 天下之物，至微至細者，亦皆有心，只是有無知覺處爾。且如一草一木，向陽處便生，向陰處便憔悴，他有個好惡在裏。至大而天地，生出許多萬物，運轉流通，不停一息，四時晝夜，恰似有個物事積踏恁地去。天地自有個無心之心。《復卦》一陽生於下，這便是生物之心。又如所謂「惟皇上帝降衷於下民」，「天道福善禍淫」，這便自分明有個人在裏主宰相似。心是他本領，情是他個意思。
>
> 又問：「如何見天地之情？」曰：「人正大，便也見得天地之情正大。天地只是正大，未嘗有些子邪處，未嘗有些子小處。」
>
> 又曰：「且如今言藥性熱，藥何嘗有性，只是他所生恁地。」（《朱子語類》卷第四性理一：人物之性氣質之性，楊道夫己酉 1189 年後所聞，頁 60）

這便是以天地為有心有情之主宰作為假設的前提，來談萬物皆有好惡（情）之性，分別之處只在「有無知覺」。所用的手法便是一種擬人化之後的邏輯推論辦法。

至此，我們便可看出朱熹很費心地用了多種方法去解釋和圓滿他那用邏輯推論建構起來的形上哲學。同時，我們也發現朱熹早期似乎並沒有辦法認清自己一貫強調的「理就是仁義禮智之性」的說法若推及到無情、無知覺之物上，是無法圓滿的，以至在十二世紀九〇年代期間，又陸續有枯槁、瓦礫、階磚、草藥等萬物皆有仁義禮智之性的矛盾說法產生、流傳，一直到 1197 年，還以「如舟只可行之於水，車只可行之於陸」來回應他人對「如物之無

〔註106〕牟宗三：《周易哲學演講錄》，頁 103。

情者，亦有理否」的提問。(《語類》卷第四：性理一，曾祖道錄於丁巳 1197
年，頁 61)

　　所幸的是，他畢竟在經過逾十年的辯論之後，終於看清楚了問題之所在，
而於 1198 年通過《答黃商伯》第四書提出了「論萬物之一原，則理同而氣異。
觀萬物之異體，則氣猶相近，而理絕不同」的看法，部分解決了他的理論架
構的問題。

　　其實若配以十二世紀八○年代提出的「氣就是金木水火、理就是仁義禮
智」，問題就可以基本解決，因為此處說的正是從萬物根源而言，此超越性的
仁義禮智之理〔註 107〕是同一的，而萬物所稟賦的金木水火土五行則各有差
異，因此便有殊相的產生；而若從萬物異體來談，則各別所稟賦的金木水火
土五行之氣自有其相近之處，而所稟賦的仁義禮智之性則絕不可能相同。如
此一來，枯槁瓦礫之物因氣稟不同而「無法」稟賦仁義禮智之性，就是顯而
易見之事了。

　　但可惜的是，朱熹強調的是枯槁瓦礫並不是完全沒有稟賦到仁義禮智之
性，只是不能得全而已，並認為不能因此就說它們沒有仁義禮智之性。因此，
問題在朱熹身上，始終沒有獲得解決，而枯槁之物有性無性的論辯，也因而不
能如牟宗三所說，可以被視為是他的形上哲學之完成點，此誠為一大憾事。

　　此遺憾之所以形成，或許是由於在朱熹的枯槁有性論裏頭，實際含有企
圖與生活接軌的現實層面，因此才會引發這許多的議論與矛盾。牟宗三把這
個層面視為存有論的邏輯推論法，但若換個角度去看，這其實就是朱熹企圖
將形上哲學與生活層面接軌的矛盾處，同時也是朱熹一生所欲解決的最大問
題。這個問題是他在佛學鼎盛的時代氛圍之中，企圖重構對應該時代需求的
儒學體系並將之生活化時，所產生出來的矛盾。這個構建的過程是一個延綿
不絕、不斷成熟圓滿當中的過程，因此我們看朱熹哲學裏變換豐富的話語體
系，便存有理解上的困難。即如牟宗三所言：「吾順其分解而詳察下去，覺其
時時總有不合原義處，而其所用之詞語、因其依附古經典並依附北宋諸儒而
說，遂致大致表面完全相似，雖覺其有不合，而幾乎莫能辨，此是理解朱子
上之最大的困難，最足以令人困惑者也。」〔註 108〕雖然如此，但若我們以尚
未完結的哲學建構過程去理解朱熹哲學，就不會存有這種困惑，而其延續工

〔註 107〕案：此「理」非指創生性之本體。
〔註 108〕牟宗三：《心體與性體（三）》，頁 485。

作，則有待於後人之努力了。

二、理氣觀的發展與演變

　　朱熹的理氣觀，尤其是理、氣孰先孰後的問題，素為哲學界的爭議焦點。有者認為朱熹的理氣觀是一元論，有者認為是二元論，也有學者如牟宗三等提出朱熹的理、氣先後問題是邏輯上的問題，而非時間上的問題，但也有人質疑理生氣的說法。對此，陳來認為朱熹的思想包括理氣觀，其實是處於一種不斷在發展和演變的動態過程，因此對它的研究必須相應地採取時（歷史演變）、空（層次角度）的方法加以考察。〔註109〕陳來這個看法是很值得重視的，而他的《朱子哲學研究》也確實掌握到了這一點，並且也能很好地體現出朱熹理氣觀的整個發展脈絡。我們將黎靖德所編的《朱子語類》略作條理歸納後，亦發現朱熹的理氣觀確實存在一種不斷成形當中的發展矛盾，而且在概念的表述上也多有矛盾之處，以至遺留許多哲學上的迷思。

　　因此，為了更好地去理解他用理氣來解釋《四書》的部分，我們不得不在此提出此一問題，以便作更深入的探討。但必須注意的是，我們看朱熹的《四書》詮釋，不應該只是局限在他對《四書》文本的注解或章句解釋，因為他的講課或以及和門人之間的問答，也是詮釋《四書》的一種方式。因此，《四書章句集注》、《四書或問》和《朱子語類》在此前提下都是本節據以瞭解其理氣觀的重要依據，譬如在《四書或問》裏頭，就有一則記錄朱熹解釋「在明明德，在新民，在止於至善」的說法：「天道流行，發育萬物，其所以為造化者，陰陽五行而已。而所謂陰陽五行者，又必有是理而後有是氣，及其生物，則又必因是氣之聚而後有是形。……」（《大學或問上》）

　　這裡朱熹所強調的就是理先氣後，而在《朱子語類》裏，他除了多次強調這個觀點之外，還說了許多諸如「本無先後」、「理氣不分」、「邏輯上可分先後」以及「無法考究先後」等矛盾話語，讓人無所適從。另一方面，由於瞭解其性理觀是進入其《四書》詮釋的重要切入點之一，因此，理氣觀念的發展脈絡不明，就會導致閱讀困難，同樣的，枯槁之物有無性的問題若不解決，也會影響我們對其詮釋的瞭解，兩者同樣有迫切解決的必要，本節研究即是秉持此一目的而展開。

〔註109〕陳來《朱子哲學研究》，上海：華東師範大學出版社，2000，頁75。

（一）理生氣

朱熹說：「太極只是天地萬物之理。在天地言，則天地中有太極；在萬物言，則萬物中各有太極。未有天地之先，畢竟是先有此理。動而生陽，亦只是理；靜而生陰，亦只是理。」〔註110〕又說：「有此理，便有此天地；若無此理，便亦無天地，無人無物，都無該載了！有理，便有氣流行，發育萬物。」〔註111〕這是陳淳在庚戌和己未所聞，也就是公元 1190 及 1199 年朱熹在世最後十年期間，陳淳所做的筆錄，說的是有理便有氣流行，也就有了天地萬物的生成發育。

在此，我們必須思考一個問題，「有了理便有氣流行」這句話是不是可以表述為「理生氣」呢？還是可以說明理先氣後的原則？

我們再看《語類》同一卷廖德明所錄的話：「有是理後生氣，自『一陰一陽之謂道』推來。此性自有仁義。」〔註112〕這是廖德明於癸巳以後，也就是公元 1173 年所聞，那時朱熹年方 43。這一句話「似乎」可以推論作理生氣，因為「後生氣」的主語不明確，朱熹並沒有很明確的指出氣之所以生是因為理之故，但若從文意上（「一陰一陽之謂道」）推論，一陰一陽所以稱為道，是因為「陰陽只是一氣」〔註113〕，「只是陽氣既升之後，看看欲絕，便有陰生；陰氣將盡，便有陽生，其已升之氣便散矣。所謂消息之理，其來無窮。」〔註114〕這個消息無窮，生生不息的陰陽之氣，是通過「一陰一陽」的循環流行途徑產生的，而這個「一陰一陽」，就是牟宗三所謂的「所以然之故」，「這個故字就是道」〔註115〕，也是朱熹所謂的「理」。所以，我們也可以將「有是理後生氣，自『一陰一陽之謂道』推來」這個句子理解為先有理然後理又生出氣來。因此，從這一點來看，「理生氣」的說法也是沒錯的，因為它說的是一個邏輯推論的關係問題，而實際上「理」並不具有創生萬物的特質。

另外，潘時舉在癸丑以後，即公元 1193 年後，也曾記錄到一段有關理生

〔註110〕黎靖德編，王星賢點校：《朱子語類》卷第一，理氣上之太極天地上，北京：中華書局，1986，頁 1。

〔註111〕黎靖德編，王星賢點校：《朱子語類》卷第一，理氣上，頁 1。

〔註112〕黎靖德編，王星賢點校：《朱子語類》卷第一，理氣上，頁 2。

〔註113〕黎靖德編，王星賢點校：《朱子語類》卷第六十五，易一，頁 1602。

〔註114〕黎靖德編，王星賢點校：《朱子語類》卷第六十五，易一，頁 1603。

〔註115〕牟宗三：《周易的自然哲學與道德函義》，臺北：文津，1988，頁 126。

氣的說法:「氣雖是理之所生,然既生出,則理管他不得。」〔註116〕這段話已經明確指出「理生氣」。

在陳來的《關於程朱理氣學說兩條資料的考證》一文中,也有一條可以作為此說佐證的資料:「太極生陰陽,理生氣也。陰陽既生,太極在其中,理復在氣之內也。」這一條資料,並不見於《朱子語類》或《朱子全書》,據陳來的考證,此一資料可以在《性理大全》、《周子全書》卷一《太極圖說》及〔明〕呂楠所作的《宋四子抄釋》中找到,全句應為「太極理也,動靜氣也,氣行則理亦行,二者常相依而未嘗相離也。太極生陰陽,理生氣也。陰陽既生,則太極在其中,理復在氣之內也。」〔註117〕《性理大全》和《周子全書》都沒有注明這一條資料的出處,只有作於嘉靖年間的《宋四子抄釋》有迹可循,可以追查到其源頭是出自於朱熹弟子楊與立編於嘉定庚辰辛巳間(1220～1221)的《朱子語略》。〔註118〕

可惜《朱子語略》今已散佚,無從考證此「理生氣」一說的年份。但是,我們從上述資料仍然可以得知朱熹確實說過「理生氣」這句話。同時,我們也很清楚地看到在1173年和1193年這20年內,朱熹反反覆覆地提出了「理生氣」和「理氣本無先後」、只是邏輯上理在氣先這兩種矛盾看法。但更為關鍵的是,朱熹也同時認為「蓋氣則能凝結造作,理卻無情意,無計度,無造作。……若理,則只是個淨潔空闊底世界,無形迹,他卻不會造作;氣則能醞釀凝聚生物也。但有此氣,則理便在其中。」〔註119〕這句話,是沈僩在戊午以後,即公元1198年後所記錄的,說明了理的本質是形而上的、靜態的,不會創生萬物,具有創生功能的是氣。問題是既然理不具創生功能,那又何以能夠生氣呢?這個問題,朱熹的弟子並沒有提出,因此我們也就無法看到朱熹的解答。倒是錢穆的《朱子學提綱》為朱熹作了個不太理想的解釋,他說:「今若說,天即是理,而理又是無情意、無計度,因亦不能有造作與作用,則天亦是無情意、無計度、無造作、無作用。如此則宇宙萬物究從何來,此處朱子把來截斷了,不再向上推。只說有此宇宙萬物,則必見有理。苟不然,也不能有此宇宙萬物。如此而止。」〔註120〕也就是說,有些問題,朱熹似乎

〔註116〕黎靖德編,王星賢點校:《朱子語類》卷第四,性理一,頁71。
〔註117〕〔明〕呂楠:《宋四子抄釋》,上海:商務印書館,1936,頁361。
〔註118〕陳來:《關於程朱理氣學說兩條資料的考證》,《中國哲學史研究》1983年第二期,頁85～86。
〔註119〕黎靖德編,王星賢點校:《朱子語類》卷第一,理氣上,頁3。
〔註120〕錢穆:《朱子學提綱》,北京:生活·讀書·新知三聯書店,2002,頁40。

刻意不去面對，而是「把來截斷」。因此，對於理生氣的理論背景，也就無法
有一個圓滿的解釋。

　　針對這一點，牟宗三的立場和錢穆的立場是相反的，錢穆極爲推崇朱熹
承傳創造的偉大之處，而牟宗三則索性明言「朱子瞭解的太極（理）都是用
這個存有論的推斷的辦法。這種分析方法用在朱子的系統，道只是理，太極
只是理，這就是偏差了，變成只是理，這就不對了。……他對『道』本身的
分析有偏差，因爲他理解成『只是理』。『天命不已』明明不只是個理，理不
會動，不會動怎麼能表現它的創造性呢？」〔註 121〕也就是說，沒有創生功能
的「理」是否足以解釋「天命不已」那生生不息的狀態，是很值得懷疑的，
由此看來，理是否能夠生氣，恐怕不是那麼容易解釋得通的問題。

（二）邏輯上理先氣後

　　公元 1180 年後，也就是庚子後，萬人傑記錄了一條朱熹言理先於氣的
話，說理氣「本無先後之可言。然必欲推其所從來，則須說先有是理。然理
又非別爲一物，即存乎是氣之中；無是氣，則是理亦無掛搭處。氣則爲金木
水火，理則爲仁義禮智。」〔註 122〕這句話說明了理氣本無先後之分，但若
要強分先後，則理必須在氣先。很明顯的，若按照邏輯判斷，理氣若無先後
之分，就表示理不可能生出氣來，但朱熹這兒強調的是理本來就存在於氣之
中，不是別有一物。因此，在這種邏輯之下，理如何生氣，是很令人費解的。

　　但根據游敬仲在辛亥年，即公元 1191 年所聞，我們得知朱熹那時候說的
是：「先有個天理了，卻有氣。氣積爲質，而性具焉。」〔註 123〕若按照上一段
材料的邏輯推論法，我們也許可以將這裡的「先有個天理」理解爲邏輯上的
在先，「卻有氣」則表示「理生氣」。

　　根據林夔孫（丁巳以後，即公元 1197 年後所聞）與黃義剛（癸丑以後，
即公元 1193 年後所聞）的相同記錄：「有是理便有是氣，但理是本，而今且從
理上說氣。如云：『太極動而生陽，動極而靜，靜而生陰。』不成動已前便無
靜。」〔註 124〕這裡的「有是理便有是氣」的說法應該也和上一段的材料一樣，
說的是理存在於氣之中，而且理能生氣。

─────────────

〔註 121〕牟宗三：《周易哲學演講錄》，頁 103。
〔註 122〕黎靖德編，王星賢點校：《朱子語類》卷第一，理氣上，頁 3。
〔註 123〕黎靖德編，王星賢點校：《朱子語類》卷第一，理氣上，頁 2。
〔註 124〕黎靖德編，王星賢點校：《朱子語類》卷第一，理氣上，頁 2。

這些材料都可以證明朱熹一直在貫徹「理生氣」的說法，但前提是我們必須把「有理便有氣」理解為理存在於氣之中，而理是能生氣的，至於「先有天理」則是邏輯上的講法。而這理在氣先純屬邏輯分析的說法，我們也在陳淳的記錄中看到：「理未嘗離乎氣。然理形而上者，氣形而下者。自形而上下言，豈無先後！理無形，氣便粗，有渣滓。」〔註125〕陳淳的記錄是記於庚戌（公元1190）與己未（公元1199）年，可能比游敬仲或林夔孫、黃義剛早，也可能比他們晚，但無論如何，我們還是可以看出朱熹在生最後十年的時候，是傾向於主張理在氣先，不過這只是邏輯上的問題，事實上理氣是無法分離的，說理在氣先是根據形而上下的層面來看，理因為是形而上的，所以自然是在先。

此外，根據曾祖道於丁巳以後，即公元1197年後所聞，也可以證明朱熹晚年是說：「理與氣本無先後之可言。但推上去時，卻如理在先，氣在後相似。」〔註126〕所以，理之先於氣，只是邏輯上的說法，是「好像理在氣先」而已，實際上理氣「本無先後可言」。這是朱熹晚年對理氣先後問題所作的解釋。

（三）朱熹理氣觀的「晚年定論」迷思

但是根據戊午以後，即公元1198年後，沈僩所記錄到的朱熹對先有理後有氣之解釋卻是：「不消如此說。而今知得他合下是先有理，後有氣邪；後有理，先有氣邪？皆不可得而推究。然以意度之，則疑此氣是依傍這理行。及此氣之聚，則理亦在焉。蓋氣則能凝結造作，理卻無情意，無計度，無造作。只此氣凝聚處，理便在其中。」〔註127〕

這段材料顯示，朱熹在生最後兩年已經認為理氣的先後問題是無從考究的，並且還提出了另外一個說法，此說法既非關邏輯推論，亦非關時空問題，而是「此氣是依傍這理行」。這說法只有一種可能性的解釋，就是理氣是一物，無法分先後。但在無法分先後的解釋上，朱熹卻又帶出了另外一個問題：氣要依傍這形而上的理行，這如何可能？如果這「依傍」解作「依附」，那麼除非這理有形體，也是形而下的東西才有可能。而朱熹對這「理」的詮釋，很多時候是帶有形而下的意味的，如說「若氣不結聚時，理亦無所附著。」若說要附著某一物體，沒有形體者如何辦得到？這便是朱熹詮釋其理氣觀的最

〔註125〕黎靖德編，王星賢點校：《朱子語類》卷第一，理氣上，頁3。
〔註126〕黎靖德編，王星賢點校：《朱子語類》卷第一，理氣上，頁3。
〔註127〕黎靖德編，王星賢點校：《朱子語類》卷第一，理氣上，頁3。

大問題所在。而若這「依傍」解作「依靠」，那麼就變成這氣要依靠理而行。但是在這之前，也就是公元 1192～1195 年間（壬子至乙卯年），朱熹在回答弟子問生死鬼神之理時，卻是說「天道流行，發育萬物，有理而後有氣。雖是一時都有，畢竟以理為主，人得之以有生。氣之清者為氣，濁者為質。……夫聚散者，氣也。若理，則只泊在氣上，初不是凝結自為一物。」〔註128〕這裡，他所強調的同樣也是「有理而後有氣」，而這理只是「泊在氣上」。這「泊」字，同樣用得令人百思不得其解。理既是無形象、無聲臭的本體，又如何「泊」在氣上？而且，「理泊在氣上」，跟「氣依傍理而行」，二者的主動地位是不一樣的，「理泊在氣上」的理是依附地位，而「氣依傍理而行」則是氣為依附地位。到底這二者之間的主從關係要如何定位？這在《語類》裡是無法獲得令人滿意的解答的，因為我們無法得知這究竟是弟子的理解有誤，抑或是朱熹在生的最後幾年因為「重聽多忘」〔註129〕而導致邏輯分析能力減弱、哲學概念混亂。

陳來《朱子哲學研究》認為《朱子語類》卷第七十五林學履己未年（即公元 1199 年，時朱熹 70 歲）所錄的「若論其生則俱生，太極依舊在陰陽裡。但言其次序，須有這實理，方始有陰陽也。其理則一。雖然，自見在事物而觀之，則陰陽函太極；推其本，則太極生陰陽」〔註130〕一句是「朱熹關於理氣先後思想的最後一個材料」〔註131〕，因此「朱熹關於理氣先後的『晚年定論』是邏輯在先說」〔註132〕，這句話恐怕有些武斷，因為陳淳的筆錄尚未確定哪一句話是說於 1190 年、哪一句話是說於 1199 年，因此「最後一個材料」之說似乎無從定奪，而且林學履的這一段筆錄是朱熹解釋周康節太極說的話，並非專論自己的理氣觀。所以，這段材料應該暫時存疑。

如此一來，陳淳的那兩段筆錄：「有理便有氣流行，發育萬物；理未嘗離乎氣」與「理形而上者，氣形而下者。自形而上下言，豈無先後！」便很有可能是最後的材料，但也可能不是最後的材料。無論是不是最後的材料，這兩段話在文義和思維邏輯上都與 1180 年至 1197 年間所說的話相似，唯獨 1198 年「而今知得他合下是先有理，後有氣邪；後有理，先有氣邪？皆不

〔註128〕黎靖德編，王星賢點校：《朱子語類》卷第三，鬼神篇，頁 36。
〔註129〕黎靖德編，王星賢點校：《朱子語類》卷第三，鬼神篇，頁 41。
〔註130〕黎靖德編，王星賢點校：《朱子語類》卷第七十五，上係下，頁 1529。
〔註131〕陳來：《朱子哲學研究》，頁 98。
〔註132〕陳來：《朱子哲學研究》，頁 99。

可得而推究。然以意度之，則疑此氣是依傍這理行」這段材料顯得比較獨特，充分表現出了朱熹思想發展上的起伏和矛盾。本來一直堅持的邏輯上先理後氣，為何會有這中間的一個小轉折？其中是否有其他歷史因素在左右呢？這一點我們不得而知。

　　至此，若編製成表如下，便可見朱熹理氣觀的發展與形成過程：

年份	理　氣　說	生　平　備　註
1173	有是理後生氣，自「一陰一陽之謂道」推來（理先氣後，理生氣）	四十四歲。四月，解《太極圖傳通書》成，編《伊洛淵源錄》、《程氏外書》，作《重修尤溪廟學記》。
1175		四十六歲，鵝湖之會。編《近思錄》成。
1180	本無先後之可言。然必欲推其所從來，則須說先有是理（本無先後，若欲強分則須說理在先）	五十一歲。作《臥龍庵》，記諸葛武侯。
1186		57歲，與二陸正式展開無極、太極之辯
1190 及 1199	有理便有氣流行，發育萬物；理未嘗離乎氣。（理氣不分）理形而上者，氣形而下者。自形而上下言，豈無先後！（邏輯上可分先後）	1190年，六十一歲。四月知漳州，首下教令。奏行經界法。刻《五經》、《四書》於郡。
1191	先有個天理了，卻有氣（理先氣後，理生氣）	六十二歲。正月，長子塾卒。三月，復除秘閣修撰，主管南京鴻慶宮。五月，辭職歸建陽，九月，除荊湖南路轉運副使，辭。十二月，以漳州經界法不行，自劾。
1192 至 1195	有理而後有氣。雖是一時都有，畢竟以理為主（理先氣後，理生氣）	築建陽考亭書院、改建嶽麓書院。1192年，陸九淵去世。
1193	氣雖是理之所生，然既生出，則理管他不得。（理生氣）	
1196	天下未有無理之氣，亦未有無氣之理。（理就存在於氣之中）	六十七歲。時韓、胄為相，熹憂其擅權害政，上疏斥言竊柄之失，遂觸韓之忌。胡弦、沈繼祖等人，乘機誣朱學為「偽學」，有十大罪，主張斬熹之首，以絕朱學，史稱「慶元黨案」。
1193 及 1197	有是理便有是氣；理與氣本無先後之可言。但推上去時，卻如理在先，氣在後相似。（邏輯上推論可說理先氣後）	1197年，六十八歲。與蔡季通會宿寒泉，訂正諸書。十二月，著《偽學籍》。《韓文考異》成。

1198	而今知得他合下是先有理，後有氣邪；後有理，先有氣邪？皆不可得而推究。然以意度之，則疑此氣是依傍這理行。（無法考究究竟孰先，但懷疑是氣依傍理而行）	六十九歲。十二月，乞致仕，封婺源開國男，食邑三百戶，仍兼秘閣修撰。

　　由理生氣──本無先後──理氣不分──邏輯上可分先後──理先氣後──邏輯上理先氣後──到無法考究先後但懷疑是氣依傍理而行，這整個過程其實就是一個不斷在成熟中的理論建構歷程，雖然 1198 年的那一段話引來了重重的迷惑。到底朱熹在生最後兩年是否忘記了之前說過的邏輯上推論，可以說理在氣先？抑或是企圖推翻這個說法？又或是弟子筆下有誤？他為何提出「氣依傍理而行」而非「理就存在於氣之中」？這些都是很值得探討的問題。

　　另一方面，我們由上述圖表亦可見自 1173 年「有是理後生氣」的提出之後，至 1200 年逝世為止，朱熹還經歷了鵝湖之會、無極與太極之辯和慶元黨禍。這些經歷，尤其是二陸對朱熹無極太極觀的批評，都有助於其理氣觀的成熟。在無極與太極之辯中，朱熹和陸九淵反覆爭論了「無極」的概念，對於「無極」概念的解釋和無極是否出於周子，以及「一陰一陽」是否形而上者，有許多的爭議。雖然史家認為這兩次的交鋒都未正面觸及二人最大的分歧點，但陸九淵對於朱熹的無極太極和陰陽觀念卻提出了深刻的批評。

　　「一陰一陽之謂道」是整個太極之辯的其中一個爭議點，陸九淵認為「一陰一陽，已是形而上者」〔註133〕，而朱熹則堅持認為陰陽是形而下的，「其所以一陰一陽者，是乃道體之所為也。故語道體之至極，則謂之太極，語太極之流行，則謂之道。雖有二名，初無二體。」〔註134〕這就好比牟宗三的說法，所以一陰一陽之故的「故」字，才是道。

　　雖然這一場論辯，並未使朱熹的太極觀有任何明顯的改變，相反的，就如陳來所說的，朱熹在與陸九淵展開無極太極之辯前，搶先把積壓了近二十年的《太極解義》與《西銘解義》公諸於世，是因為認為有必要使人們瞭解他的全部看法，同時也表明「他成說已定決不改易」，〔註135〕但是我們從上述

〔註133〕〔清〕黃宗羲原著；〔清〕全祖望補修；陳金生，梁運華點校：《宋元學案（三）》，頁 1898。
〔註134〕〔清〕黃宗羲原著；〔清〕全祖望補修；陳金生，梁運華點校：《宋元學案（三）》，頁 1902。
〔註135〕陳來：《朱子哲學研究》，頁 391。

圖表中也可以看到，接下來的數年，朱熹對理先氣後和理生氣的看法是越來越肯定的，而這個說法也在慢慢成熟當中。唯獨 1198 年，不知何故，朱熹的這一立場卻有了輕微的動搖。在一個理論成形的發展過程中，這些小小的轉折，也是一個值得關注的焦點。此外，很明顯的，朱熹對於「理生氣」的說法，始終無法提出一個令人滿意的理論說明。

另外一個值得注意的問題是弟子理解能力或筆誤的問題。根據鄧艾民的研究，可知目前流行的《朱子語類》，是綜合了九十七家所記載的朱子語錄，裏頭只有輔廣所錄的部分曾經獲得朱熹本人審閱，其他各家的都未經朱熹過目，因此，用詞不一，概念混亂之處多有所見。黃幹在為宋嘉定八年刊出的第一部池州本《朱子語錄》作序時就曾經提到：「記錄之語，未必盡得師傳之本旨。」〔註 136〕因此，當我們以《朱子語類》作為研究材料時，不妨抱持以下三種態度：一是朱熹的哲學思想之發展，是與時並進的，所以才有「邏輯上理在氣先」以及「理生氣」兩種看法的出現；其二是朱熹晚年因重聽健忘，導致思想混亂，因此對哲學概念的表述也就有些反反覆覆，欠缺精準；其三是這種種混亂的說法都是因為弟子的領悟力與傳述能力有限所致。

就目前所見，上述三種情況都有可能出現，並且恰恰為朱熹的理氣觀構成了一個不斷在發展演進中的印象，以及隨之而產生的重重迷霧，因此，若欲全盤掌握朱熹的理氣思想觀是不容易的，唯有將它視為一個不斷在發展演進中，並仍有繼續發展空間的哲學觀，方符合歷史演進的事實。

小　結

朱熹哲學思想的發展，在總體而言，仍有處於發展演進的痕迹，我們固然不能說其思想存有極大隱弊，但其體系之矛盾與糾結處卻著實存在。陳來認為他「常常沒有清楚說明（或所錄不詳）討論著眼的角度」〔註 137〕，而且，「思想在前後有發展和變化」〔註 138〕，而此種發展與變化所帶來的矛盾，朱熹似乎無力於處理。這一點，我們在上一節「朱熹理學思想發展的內在矛盾」中也已充分分析過，這些內在矛盾，包括了他依循「存有論的解析」途徑所推導出來的枯槁瓦礫皆有理，也就是皆有仁義禮智之性的說法，以及「理生

〔註 136〕鄧艾民：《朱熹與朱子語類》，黎靖德編，王星賢點校：《朱子語類》，頁 8。
〔註 137〕陳來：《朱子哲學研究》，頁 142。
〔註 138〕陳來：《朱子哲學研究》，頁 142。

氣」或「理先氣後」的關係表述等問題。

我們可以從朱熹的著作裏看出來，朱熹確實很用心地企圖以各種方法去解釋和圓滿他那用邏輯推論建構起來的形上哲學，但是很遺憾的，直至朱熹去世為止，他的形上哲學理論似乎仍處於建構的過程之中而有待於圓滿證成。因此，當我們意圖通過《四書章句集注》去瞭解他的思想體系時，就難免會出現糾結難明的感覺。這一點，牟宗三已經公開評論過了。但只要我們事先梳理出其思想體系脈絡，並瞭解到《四書章句集注》的定稿，都在其「中和新說」的體悟之後，而此體悟則主要集中在心體之通有無、該動靜，那麼，讀其《四書章句集注》就庶幾無誤了。因為我們知道朱熹在「中和新說」裏，主要是說工夫亦應與心體一樣通有無、該動靜，也就是說，對天理而言，是動中不能無靜，靜中亦不能無動，因此，靜中就不能無養，而動中亦不可不察。然而，如何在靜中存養呢？靠的就是格物致知的工夫。唯有格物致知，方能在未發前體會到此「中」之體，而加以存養之，而當其已發之後，亦方能致其「和」而大本達道。這就是朱熹以前從李侗處學得的「道南指訣」工夫，但朱熹以前因所見不同而「不復致思」（《答林擇之書》），後來有了新的體會以後，方悔恨「不能盡記其曲折」（《答林擇之書》）。

我們之所以必須在研究《四書章句集注》前先瞭解朱熹在此「中和新說」裏自我剖析的體悟，是因為有了此一基礎，方能分辨出其《語類》、《或問》和《文集》之語的先後次序，如此，方不至於被其前後矛盾之話語所迷惑。

另一方面，我們亦須瞭解到朱熹的《四書章句集注》實有一成型體系貫穿於其中，而此體系，既能以「格物致知」之道而通「理一分殊」之理，亦能達孔、曾忠恕一貫之旨，並且尚能解釋天地萬物之生成，以及萬物之理既曰同源而又殊異之問題，正是朱熹所謂的「所以立大本行達道之樞要」（《朱文公文集》卷三十二《答張敬夫書》三）。因此，閱者乃知有天賦之性理，亦知氣之清濁厚薄會造成後天生成之差異，以至人倫有五常，愛有差等，賢愚不肖，無法相等。必欲推其所知之理，究而極之，而又觸類旁通，方能「脫然而貫通焉」。我們在前面所說的靜中存養之工夫就是一種「窮理之本」〔註139〕，是讓人知曉「有眾理之妙，而窮之於學問思辯之際，以致盡心之功」〔註140〕的涵養工夫，同時也是朱熹以為其「中和舊說」所缺乏者。

〔註139〕〔宋〕朱熹撰，黃坤校點：《四書或問》，頁 24。
〔註140〕〔宋〕朱熹撰，黃坤校點：《四書或問》，頁 24。

今觀朱熹一生中，對「忠恕一貫」與「仁」，以及「知言養氣」、「格物致知」和「中和」，都有特別深入的研究和體悟，我們若將這些體悟貫穿起來，必能全盤掌握到朱熹之以「格物致知」之道，通「理一分殊」之理，而達忠恕一貫之旨的思想體系，如此一來，對於其體系中之宇宙生成論也就必然有所掌握而無誤了。

第二章　袁甫的四書詮釋

第一節　年譜研究與「四明學派」的師承淵源

一、年譜研究

　　袁甫爲陸九淵高弟袁燮之次子，南宋鄞縣人（今浙江寧波鄞縣）。根據寧波南門袁氏族譜所記載，袁燮爲寧波南門袁氏第八代後人，袁甫爲第九代，尚有一兄袁肅（號晉齋，慶元五年進士，官至少卿，嘗知江州）〔註1〕，師從袁燮之同門師兄弟舒璘。袁甫生卒年並未見載於史冊，惟從《鄞縣志·袁甫本傳》中可知袁甫卒於嘉熙四年（公元 1240 年）元日，年六十七，以此推論，袁甫當生於乾道九年（公元 1173）左右。在未有更確實的史料出現之前，此生卒年之推算應當還是最可靠的，雖然《鄞邑城南袁氏續譜》記錄了袁甫「生於淳熙六年己亥（公元 1179 年）正月初二日寅時，卒於寶祐五年丁巳（公元 1257 年）九月□日，年七十九」，但因爲此卒年與史書上的記載有很大的出入，且並未列明資料出處，因此只能視爲待證資料。

　　因此，袁甫的生平資料主要還是來自於《鄞縣志·袁甫本傳》。在《叢書集成續編·蒙齋中庸講義序》中，亦摘錄了《鄞縣志·袁甫本傳》的資料，謂袁甫字廣微，號蒙齋，袁燮之子，「胚胎家學」，又從楊簡問學，故「一以

〔註1〕〔清〕黃宗羲原著；〔清〕全祖望補修；陳金生，梁運華點校：《宋元學案（三）》，
　　　　頁 2530。

傳心」為本。〔註2〕如此看來，袁甫既為袁燮之子，又是楊簡弟子，眞可謂家學淵源，師出名門，因為袁燮和楊簡乃「四明學派」「甬上四先生」之一、二號人物，而「甬上四先生」的地位，誠如全祖望所評論的：「象山之門，必以甬上四先生為首，蓋本乾、淳諸老一輩也。」〔註3〕換句話說，袁甫、「甬上四先生」與陸九淵，就是該門派一條一貫傳承的金線，其思想體系實不宜被分而論之，故《四庫全書提要》曾評袁甫謂其「立說多與九淵相合」，而《宋元學案》之慈湖學案表更是把袁甫列為楊簡第一高弟，可見袁甫實為楊簡最得意的弟子，故研究象山心學者實不應忽略他的存在。

可惜袁甫年譜不見傳於世，這對於研究袁甫和袁、楊二先生之間的思想傳承關係，實為一個很大的障礙，因試將其一生融入當時的歷史背景，製作成簡易年譜，以更清楚掌握當時的歷史發展及其思想脈絡之演變。（見附表二）

由上述年譜可見，袁甫生於朱熹時代稍後四十餘年，當其生時，朱熹恰恰四十四歲，在四書領域已早有成就，並已序定《太極圖說解》、草成《伊洛淵源錄》，整個思想體系已大致成型。在朱熹聲望如日中天之時，陸九淵卻英年早逝，其時袁甫年僅十九歲。目前雖尚未有證據顯示袁甫曾經受教於陸九淵，但以其身為袁燮之子，並為楊簡高弟之身份，年十九而未曾拜見過陸九淵，於理說不通。而且，《四庫全書提要》亦嘗評論袁甫，謂其「立說多與九淵相合」，可見袁甫似曾親炙於陸九淵，故思想上方不如楊簡之過於類禪性發展。

以袁甫之天賦條件，本不該晚至四十一歲方始登科，奈何袁甫二十三歲那年，僞學禁興起，朱熹與陸九淵等一干理學大師皆被列入僞學黨，並將他們的主要著作都毀板禁用，是科取士亦皆不用，此實乃袁甫之際遇，非關天賦問題。

僞學禁之興，對象山心學一脈，實為一個不小的打擊，因陸九淵逝於僞學禁前，又未有著作留下，其影響力本已大不如前，黨禁之鬥爭結果，更促使象山心學一脈的衰微，但情況卻沒嚴重到如何俊所說的「作為形態化的陸學與浙學一樣，最後也銷熄了」〔註4〕，因為自史彌遠任宰相後，僞學禁便獲

〔註2〕〔宋〕袁甫：《蒙齋中庸講義》，王德毅主編：《叢書集成續編》，臺北：新文豐，
　　　　1989，頁303、307。
〔註3〕〔清〕黃宗羲原著；〔清〕全祖望補修；陳金生，梁運華點校：《宋元學案（三）》，
　　　　頁2466。
〔註4〕何俊：《慶元黨禁的性質與晚宋儒學的派系整合》，杭州市社會科學院南宋史

得平反，楊簡、袁燮、廖德明、汪逵、黃度等道學人士亦皆受其重用。第二年，袁燮與豐有俊趁著理學復興的勢頭，在隆興府（南昌）興辦東湖書院，聘請陸九淵兒子陸持之擔任山長，共同傳播師說。陸持之後來也編定了《陸九淵文集》三十二卷廣爲流傳，東湖書院於是成爲宣揚象山心學的重地。李才棟甚至認爲：「嘉定四年（1211）至紹定四年這二十年，東湖書院塡補了陸九淵死後（陸死於紹熙三年初，即1193）〔註5〕幾十年中的一段空白，它不僅在江西，而且在全國也有一定的影響。」〔註6〕

目前尚不清楚袁甫是否有參與籌建東湖書院，但東湖書院建成六年後，袁甫即高中狀元，「授秘書省正字，遷校書郎，揚歷湖州、徽州、衢州、建寧府」（《定海廳志》卷十二「寓賢」），在政治上頗有建樹。他憂國憂民，對日益吃緊之邊事十分關心，不僅上奏十條對應策略，更屢次上奏反對力主和議的史嵩之，但都不影響其仕途，可見其受朝廷重用之程度。1240年，袁甫甚至官至兵部尙書，暫兼吏部尙書。後李宗勉於理宗前推薦袁甫，謂其可大用，理宗本欲相之，但袁甫卻不幸病卒於是年三月二十日，享年67歲。著有《蒙齋中庸講義》、《蒙齋集》、《孟子解》（已亡佚，殘文散見《永樂大典》）。

回顧袁甫一生，總是「問民疾苦，薦循良，劾奸貪，決滯獄」，「歲大旱，請於朝，得度牒、緡錢、綾紙以助賑恤。疫癘大作，創藥院療之。前後持節江東五年，所活殆不可數計。」（《宋史・袁甫傳》）而且，除了有政治才幹之外，他在教育方面也作出過很大的貢獻。李才棟就認爲他對江西書院的影響比誰都大，因爲他不僅重建象山書院於貴溪縣城河東一里三峰山之徐岩，又仿其父刊行《象山文集》，並禮聘楊簡弟子錢時爲山長、馮興宗爲堂長，書院名聲大播，以至遠近來訪學者眾至不能容，必須擴充齋舍以容納學員。兩年後，他又重修白鹿洞書院，先後禮聘朱熹弟子張洽與湯巾擔任洞長，重振了白鹿洞書院之名聲。除此之外，袁甫亦於饒州鄱陽縣重新修建了番江書堂，對江西的書院教育貢獻甚巨，更重要的是，對於朱、陸之爭，他主張「道一而已，和而不同，乃所以和也，道無終窮，先賢之切磋有不同者，將歸於一，則未始不同也。」其所言雖非倡議朱陸和合，但卻也是抱持調和的立場，在那個紛擾多事、國家瀕臨危亡的年代，有著十分積極的意義。

研究中心編：《南宋史研究論叢（上）》，頁456。

〔註5〕案：陸九淵應死於1192年。

〔註6〕李才棟：《江西古代書院研究》，南昌：江西教育出版社，1993，頁168。

　　因此，雖然他流傳下來的著作不多，但由他的將發明本心之心學思想運用於社會，充分體現出愛民如子，並希望君王亦能發明本心，以此對待子民的實際政治表現，以及其《蒙齋中庸講義》之心學特色看來，袁甫可說是表裏如一的君子，而其《蒙齋中庸講義》也實實在在是一篇足以傳揚象山心學的代表作，因此，若說袁甫爲象山心學的重要傳人亦不爲過，在此前提下，對其《蒙齋中庸講義》的解讀便有著深遠的歷史意義了。

二、與「四明學派」的師承淵源

　　前面我們提到過《叢書集成續編‧蒙齋中庸講義序》謂袁甫「胚胎家學」，但此「胚胎家學」之傳承，似乎並不直接反映在袁甫的著作裏，因爲袁燮是沿著政治和倫理的方向來發展陸九淵之心學，「把陸九淵的是人的倫理根源的『心』，擴展爲是人的一切社會根源的『心』，同時，亦由陸九淵的『心即理』、『人心本善』得出其政治哲學的兩個觀點：『天人一理』和『君民一體』。」〔註7〕在這一點上，袁甫的《蒙齋中庸講義》並未直接體現出袁燮此種將心學運用於社會的思想，若說袁燮對袁甫的影響，恐怕主要還是在現實政治上的表現。這一點，可以從袁甫高中進士的卷子裏看出來，袁甫的卷子我們現在雖然無法親睹，但葉紹翁的《四朝聞見錄》卻有以下一段有趣的記載：

> 袁蒙齋甫，甲戌進士第一人也。文忠實閱其卷於殿闈，出則以前三人副卷示予，而亂其次第，沒其姓名。余讀其一，謂文忠曰：「此卷雖盡用老師宿儒遺論，必是一作者。」公未答。予又讀其一，以國論國事爲說，國事謂廟堂〔註8〕之用事者，國論謂議論於朝廷者。其意以國論爲空言，以國事爲實用，欲任國事者必參國論，持國論者必體國事。文忠問如何，予對以「理無兩是，似不如前卷。然其說出於調停，恐是狀元也。」文忠起而撫予背曰：「說得著，說得著。」蓋先卷乃李公晦（原注：方子）所對，而後卷即蒙齋也。文忠欲實李首選，而同列謂李之策不如袁策之合時宜。（《四朝聞見錄》乙集《甲戌進士》）〔註9〕

〔註7〕　侯外廬，邱漢生，張豈之主編：《宋明理學史（上卷）》，北京：人民出版社，1984，頁600。

〔註8〕　案：「廟堂」原指太廟明堂，是古代帝王祭祀、議事的地方，又借指朝廷。

〔註9〕　〔宋〕葉紹翁撰，沈錫麟、馮惠民點校：《四朝聞見錄》，北京：中華書局，1989，頁73。案：葉紹翁爲葉適弟子，其學一宗於朱熹。

朱人求認為「眞德秀之所以稱道蒙齋，關鍵在於蒙齋以國論爲空言，以國事爲實用，希望擔任國事者必須參考國論，持國論者必須體察國事，這一思想更合乎時宜，更能體現眞德秀經邦濟國的理想信念。」〔註10〕事實上，眞德秀雖稱道袁甫之文章，但卻更喜歡朱熹高足李方子之文，而本欲拔擢李方子爲狀元，但爲「同列」所勸阻，因爲「同列」皆認爲李文不如袁文合時宜，因此袁甫乃得以高中榜首，而李方子則屈居探花。但我們從此一史料筆記之記錄，卻可看出袁甫的觀點之所以受重視，正是因爲他的「欲任國事者必參國論，持國論者必體國事」的「君民一體」之政治觀，適足以調停「國事」與「國論」之間的矛盾與衝突。

　　按沈松勤的說法，「國是」〔註11〕原指「天下主於一說的治國之本」。南宋自進入靖康之亂以後，和議便成爲不可動搖的「國是」，後來，李綱即相位，極力修訂「國是」之由主和轉爲主戰，而遭到了朝野內很大的阻力，因此「國是」之爭，在靖康時代是非常激烈的。由於「國是」不明，「國論」自然紛然無所主，而導致主戰派與主和派的嚴重對立，大家各執己見，不能合而爲一，最終不僅引發士大夫群體的分化，更演化成爲激烈的朋黨之爭。〔註12〕因此，葉紹翁所說的袁甫之意「出於調停」，應即是指此，但其調停，又似乎並不直接指涉「主戰」或「主和」，而更多的是指涉「君民」意見之調和，充分體現出了袁氏父子的政治觀。

　　《鄞縣志本傳》說袁甫「少服父訓，謂學者當師聖人，以自得爲貴。又從楊簡問學，慨然以斯道自任。」（《鄞縣志本傳》）此「自得」之道，實與袁燮所言「人心與天地一本，精思以得之，兢業以守之，則與天地相似」〔註13〕

〔註10〕　朱人求：《理即事，事即理——眞德秀理事觀及其影響》，《朱子學刊第19輯》，合肥：黃山書社，2010.6，頁279。

〔註11〕　案：「國是」與「國事」應爲同一個概念。據余英時《朱熹的歷史世界（上）》所言：「『國是』起源於古代，並且宋以後也一直存在，甚至今天還在流行。但『國是』在宋代是一個法度化的觀念，因而成爲權力結構中一個組成部分。……『國是』的法度化起源於熙寧變法；下迄南宋末期，『國是』始終和黨爭、黨禁、僞學等重大政治事件互相糾纏，而且愈演愈烈。朱熹和他的父親朱松也都先後親受其禍，故朱熹對『國是』與宋代政治的複雜關係曾有深刻的論斷。」詳見余英時《朱熹的歷史世界》第五章《「國是」考》（北京：生活・讀書・新知三聯書店，2004）。

〔註12〕　沈松勤：《南宋文人與黨爭》，北京：人民出版社，2005，頁161～166。

〔註13〕　〔清〕黃宗羲原著；〔清〕全祖望補修；陳金生，梁運華點校：《宋元學案（三）》，頁2526。

的精神是相同的，唯有二者一本，才能融入「萬物皆備於我」的「自得」之境。此雖家訓，實則亦是象山心學之大旨。袁燮據此發明本心之要旨，而推衍出「天人一理」和「君民一體」的政治哲學，將心學之用擴展到現實政治的層面上，這對袁甫實多有啓發，如袁甫《經筵講義》所言「人主每病於君子小人之難察也，豈知觀人之道，不必觀諸他，而當觀諸心。」〔註14〕又曰：

> 顏淵問仁，孔子告以克己復禮。夫具耳目口鼻四肢百骸而有此身，此身本與天地相似，與萬物一體，如之何而克己？曰，己與天地萬物本無隔也，而認八尺之軀爲己，則與天地萬物始隔矣，故惟克己，則洞然大公，不見有己矣。何謂克？曰，以《艮卦》所謂「艮其背，不獲其身，行其庭，不見其人」觀之，則是內不見己，外不見物，而克己之義了然矣。克己何以能復禮？曰，禮者，周流貫通乎天地萬物之間，無體無方，無不周徧。人惟認八尺之軀爲己，於是去禮始遠。苟不認己爲己，則天高地下，萬物散殊，皆禮也。吾亦天地萬物中一物耳，無往非禮，而何有於己哉！故不克己則禮失，既克己則禮復。（《經筵講義》）〔註15〕

此種因「萬物皆備於我」而擴展出來的克己復禮觀，是欲認一己之軀爲天地萬物之一體，兩者並無區隔，於此一體之境裏，禮得以周流貫通於其中，故若無法體會此一體之境，則去禮便遠了，故須克己以復之，而「一日克己復禮」，則天下最終皆得以歸「仁」。此袁甫講於經筵之重點，用意是勸諫人主以克己復禮修身治國，故謂：「顏淵陋巷匹夫耳，聖師勤勤啓發，猶有天下歸仁之言，況人主奄有四海，必欲人人皆歸吾仁，可不奮一日克己之勇，置此身於禮度之中哉！」〔註16〕其說懇切中的，可說是充分發揮了其家學精神。

至於袁甫所說的「慨然以斯道自任」的「斯道」究竟又爲何道呢？觀其意，則似乎可有二解，其一爲「觀草木之發生，聽禽鳥之和鳴，與我心契，其樂無涯」之道，其二爲楊簡之慎獨功夫——「平生踐履無一瑕玷，處閨門如對大賓，在闇室如臨上帝，年登耄耋，兢兢敬謹，未嘗須臾放逸。此先生

〔註14〕〔清〕黃宗羲原著；〔清〕全祖望補修；陳金生，梁運華點校：《宋元學案（三）》，頁 2531。

〔註15〕〔清〕黃宗羲原著；〔清〕全祖望補修；陳金生，梁運華點校：《宋元學案（三）》，頁 2532。

〔註16〕〔清〕黃宗羲原著；〔清〕全祖望補修；陳金生，梁運華點校：《宋元學案（三）》，頁 2533。

之實學也，凡先生之所言者，言此而已，學者之所以學先生者，學諸此而已。若夫外盛而內不足，名似而實未有得焉者，乃先生之所深戒。」〔註17〕

　　此語允分闡明了楊簡「不起意」的克己功大。此克己功夫，黃宗羲認為是「師門之的傳也」〔註18〕，因為「象山說顏子克己之學，非如常人克去一切忿欲利害之私，蓋欲於意念所起處將來克去，故慈湖以不起意為宗。」〔註19〕而此一「不起意」的克己功夫，實亦為陸九淵心學的一大特色。因此，袁甫認為他從楊簡處所學到的惟此功夫而已，其餘思想高論，則相差甚遠。他對於楊簡克己功夫的推崇，確實並非一己之意，而是備受時人肯定的，全祖望即嘗說「象山之門，必以甬上四先生為首，蓋本乾、淳諸老一輩也。而壞其教者實慈湖。然慈湖之言不可盡從，而行則可師。」〔註20〕由此可見，儘管大家對於楊簡的壞象山之門風存有意見，但對其克己功夫，卻都無話可說。

　　袁甫自認在楊簡身上傳承到的只有此一克己功夫，至於「掇拾遺論，依放近似，而實未有得，乃先生之所深戒也」，也就是說，楊簡對於袁甫弱於掇拾陸九淵的思想精華並加以傳揚發揮的缺點曾經有過批評，當然這一點我們在袁甫的《蒙齋中庸講義》裏是看不出來的，因為袁甫的《蒙齋中庸講義》實際上帶有相當濃厚的象山心學色彩，即如《四庫全書提要》所言：

　　　　其學出於楊簡，簡之學則出於陸九淵，故立說多與九淵相合，
　　　如講語大語小一節，云包羅天地該括事物，天下不能載者，惟君子
　　　能載之，而天下又何以載幽通鬼神微入毫髮，天下莫能破者，惟君
　　　子能破之，而天下又何以破，此即象山語錄所云「天下莫能載者，
　　　道大無外，若能載則有分限矣，天下莫能破者，一事一物，纖悉微
　　　末，未嘗與道相離」之說也。其講自誠明一節，云「誠不可傳，可
　　　傳者明，明即性也，不在誠外也」，此即象山語錄所云「誠則明，明
　　　則誠，此非有次第，其理自如此」之說也。其它宗旨，大都不出於

〔註17〕〔宋〕袁甫：《樂平縣慈湖先生書閣記》，《蒙齋集（三）》，北京：中華書局，1985，頁201。
〔註18〕〔清〕黃宗羲原著；〔清〕全祖望補修；陳金生，梁運華點校：《宋元學案（三）》，頁2479。
〔註19〕〔清〕黃宗羲原著；〔清〕全祖望補修；陳金生，梁運華點校：《宋元學案（三）》，頁2479。
〔註20〕〔清〕黃宗羲原著；〔清〕全祖望補修；陳金生，梁運華點校：《宋元學案（三）》，頁2466。

此。〔註21〕

因此，楊簡對於袁甫的要求究竟爲何，我們不得而知，因爲袁甫在傳承象山心學方面，確實有其身心如一的實踐和體驗，也許我們只能猜測楊簡是在批評袁甫未能像他那樣勇於突破，可是雖然楊簡企圖在陸九淵的思想上有所突破，但這種努力究竟獲得多少人讚揚呢？有者以爲楊簡光大了象山心學；但也有人以爲楊簡把陸九淵思想的某一部分單提出來加以發揚擴充，反而將陸九淵之心學推向了極端的發展；也有人像陳淳那樣批評楊簡「彼持敬苦行一節爲可美；而學術議論只是一老禪伯」〔註22〕，而袁甫雖然崇拜、尊敬楊簡，卻沒有如楊簡那般走向類禪式的心學，他是中庸型的、調解型的儒家，性格就如讓他高中進士的卷子那樣，爲了國家的安危和利益，總是處處調和，而在大敵面前，卻絲毫不會卻步，這一點和他對朱、陸之爭的立場是一樣的，這也許是當時那非常時期所培養出來的中庸性格所致，這一點我們在前面已經提到過。

不過，雖然袁甫最終並沒有像楊簡那樣走向心學的極端，但在他的《蒙齋中庸講義》裏，我們仍然可以看見一些楊簡的類禪式之影響，而這些類禪式的語句用法，在陸九淵的著作裏並不多見。譬如在釋「中庸」時，袁甫會說「中庸非動亦非靜，而又非無動靜，非虛亦非實，而又非無虛實，一而非執一，無在無不在，可謂至也已矣」〔註23〕；在釋《繫辭》的「君子之道，或默或語」〔註24〕時，他會說「語默一也，可言者即其不言者也，不言者即其可言者也」；而在釋「動心」時，他則說「動即不動，不動即動」〔註25〕。當然，我們也不能很肯定地說這就是「禪」的思維，因爲《老子道德經》裏也有這種思維模式。不過，這些思維模式卻表明了袁甫在思考形上問題時是依循一條規律的，此一規律，是他面對形上問題時的解決手法，而非他思想體系的全部。我們在袁甫的政治生涯裏，也不曾看見有人批評他是「老禪伯」。由此我們可以肯定此類思維只是袁甫的形上思維模式，並非構成他思想體系的主要因素，更非他的修身原則。他對象山心學的體會，於紹定五年壬辰（公

〔註21〕〔宋〕袁甫：《蒙齋中庸講義》，王德毅主編：《叢書集成續編》，頁302。
〔註22〕〔宋〕陳淳：《北溪大全集‧與王生震》，紀昀總纂：《景印文淵閣四庫全書》（集部一零七），臺北：臺灣商務印書館，1983～1988，頁1168～750。
〔註23〕〔宋〕袁甫：《蒙齋中庸講義》，頁314。
〔註24〕〔宋〕袁甫：《蒙齋中庸講義》，頁325。
〔註25〕〔宋〕袁甫：《蒙齋中庸講義》，頁341。

元 1232 年）所撰之《釋菜告文》裏，已說分明：

> 先生之學，得諸《孟子》，我之本心，先明如此。未識本心，
> 如雲翳日，既識本心，元無一物。先生立言，本末具備，不墮一偏，
> 萬世無弊。（《陸九淵集》）〔註26〕

對於這一段話，我們或許可以如此解讀：其一，袁甫認爲陸九淵發明本心之學是「本末具備，不墮一偏，萬世無弊」的，也就是說，毫無缺點，足以流傳萬代，經得起考驗；其二，言下之意，是陸九淵之後，始終無人能「不墮一偏」而不招人非議的，因爲唯有曾經招人非議，才會覺得陸九淵之學及其思想不墮一偏，有其可貴之處；其三，正因爲深覺墮一偏自有其弊，因此便不敢也不欲墮一偏，對於本身之言行思想，便會時刻有所警覺。

因此，袁甫從楊簡那兒所學取的即是楊簡那備受肯定的克己工夫，而觀袁甫之著作，似亦不曾墮於一偏，可見他對此是時刻有所警覺的。

事實上，除了袁甫之外，謝山的《淳熙四先生祠堂碑文》亦對象山心學有過類似的評價：

> 予嘗觀朱子之學，出於龜山。其教人以窮理爲始事，積集義
> 理，久當自然有得。至其「所聞所知，必能見諸施行，乃不爲玩物
> 喪志」，是即陸子踐履之説也。陸子之學，近於上蔡。其教人以發
> 明本心爲始事，此心有主，然後可以應天地萬物之變。至其戒「束
> 書不觀，遊談無根」，是即朱子講明之説也。斯蓋其徒入之途，各
> 有所重。至於聖學之全，則未嘗得其一而遺其一也。是故中原文獻
> 之傳，聚於金華，而博雜之病，朱子嘗以之戒大愚，則詆窮理爲支
> 離之末學者，陋矣！以讀書爲充塞仁義之階，陸子輒咎顯道之失
> 言，則詆發明本心爲頓悟之禪宗者，過矣！夫讀書窮理，必其中有
> 主宰而後不惑，固非可徒以泛濫爲事。故陸子教人以明其本心，在
> 經則本於《孟子》擴充四端之教，同時則正與南軒察端倪之説相合。
> 心明則本立，而涵養省察之功於是有施行之地，原非若言頓悟者所
> 云「百斤擔子一齊放」者也。（《宋元學案·象山學案》）〔註27〕

謝山這一段對朱熹和陸九淵的評語，可說是相當公允的，他不僅看出了朱熹

〔註26〕〔宋〕陸九淵著；鍾哲點校：《陸九淵集》，北京：中華書局，1980，頁524。
〔註27〕〔清〕黃宗羲原著；〔清〕全祖望補修；陳金生，梁運華點校：《宋元學案（三）》，頁1888。

和陸九淵的入門之徑其實並非墮於一偏而是「各有所重」，而且明白點出陸九淵其實並不是盲目反對讀經書，只是因為「讀書窮理，必其中有主宰而後不惑，固非可徒以泛濫為事。故陸子教人以明其本心，在經則本於《孟子》擴充四端之教，同時則正與南軒察端倪之說相合。心明則本立，而涵養省察之功於是有施行之地」，這對陸九淵而言，實是一個公允的評價。因為世人皆誤以為陸九淵不鼓勵讀書，今觀朱熹贈陸九淵門人彭興宗之詩「象山聞說是君開，雲木參天爆響雷。好去山頭且堅坐，等閒莫要下山來」，似亦以為陸九淵不鼓勵讀書，其實《象山語錄》裏也記載了許多陸九淵指點門人讀書方法的話語，而且還明確說道：「人謂某不教人讀書，如敏求前日來問某下手處，某教他讀《旅獒》、《太甲》、《告子》『牛山之木以下』，何嘗不讀書來？只是比他人讀得別些子。」〔註 28〕這個讀些與別人不同之書，更不讀時人熱衷的《四書章句集注》與《四書或問》，或許就是致使陸九淵招致非議的關鍵點，也或是旁人以為象山心學走向極端之處。

　　因此，袁甫在興校辦學的時候，就確實把握住了這一點，他選擇了摒棄門戶之見，既聘請朱熹之門人，也聘請陸九淵和楊簡的門人掌校，實現他的「道一而已，和而不同，乃所以和也，道無終窮，先賢之切磋有不同者，將歸於一，則未始不同」的教育理念。雖說調和之意味極濃，可是反觀其《蒙齋中庸講義》，卻又是一部經典的象山心學代表作，不像元代朱陸和合的主張者，在和合之際，卻總是會不知不覺地失去了本身門派的思想風格與主張。這是袁甫可貴之處，因此我們可以說袁甫在繼承象山心學思想的當兒，更以其人格魅力調和了當時朱、陸門人之紛爭，使當時學界獲得了一時的安寧。這也可以算是他對象山心學的守成與超越了。

第二節　「萬物與我心契」之心學觀與《四書》詮釋

　　《鄞縣志》本傳謂袁甫「嘗自言吾觀草木之發生，禽鳥之和鳴與我心契，其樂無涯。」〔註 29〕這一點，可說是相當接近於象山心學的「以『心』為最高範疇，認為天地萬物皆發生於心中，存在於心中」〔註 30〕的境界。同時，在袁甫的《蒙齋中庸講義》裏，我們也可見同樣的思想表述，如謂：「人之本

<hr>

〔註 28〕〔宋〕陸九淵著；鍾哲點校：《陸九淵集》，北京：中華書局，1980，頁 446。
〔註 29〕〔宋〕袁甫：《蒙齋中庸講義》，頁 307。
〔註 30〕崔大華：《南宋陸學》，北京：中國社會科學出版社，1984，頁 142。

心，天地同大，自夫人以有我之私，間之藩籬植焉，矛戟生焉，小知自矜，本心日蔽，其去中庸遠矣。」〔註31〕又曰：「贊化育，參天地，說者以為盡性之功用，殊不知盡天命之性，則化育已行乎其中，非別有所謂參天地之事也。天地不出吾性分之內，非別有所謂參天地之妙也，一誠而已矣。」〔註32〕又曰：「我與天地相似，故亦曰配天地。」〔註33〕此三語，是以「宇宙便是吾心，吾心即是宇宙」〔註34〕以及「發明本心」之論為基礎，對象山心學有很好的發揮與解釋，亦是「萬物與我心契」的最好注腳。

類此象山心學的濃厚特色，在袁甫的《蒙齋中庸講義》和《蒙齋集》裏，可說是處處得見，而《蒙齋中庸講義》裏，除了解釋《中庸》之外，也同時夾雜了對《孟子》的解釋，換言之，對袁甫而言，《庸》、《孟》之精神不僅止於可以互通，更可通過象山心學的精神去加以貫穿、解釋，因為「發明本心」本就是在孟子的「四端」說基礎上建構起來的，而瞭解孟子的「性命」概念，更可進一步瞭解為何說「性命即中庸」。至於袁甫所撰之《孟子解》今已亡佚，我們只能從《蒙齋中庸講義》裏擷取一二，以備瞭解。茲試為分述如下：

一、《庸》、《孟》互釋之「天命之謂性」與「中庸」

袁甫對於「天命之謂性」的闡釋，有著極為經典的象山心學精神，如謂：「人人皆有天命之性，天與我同一太極也。元命自我作，哲命自我貽，天命自我度，天固在我也，豈蒼蒼者為天也。此性命之道也，此中庸之道也，此窮理盡性以至於命也，皆人所固有也，皆人所可為也。」〔註35〕又曰「天地不出吾性分之內」〔註36〕，說的就是「萬物因我而存在」〔註37〕的概念，所表現出來的即是「宇宙便是吾心，吾心即是宇宙」〔註38〕的心學精神。而其釋「率性之謂道」句，謂「人皆有此性，則皆有此道，道不在性之外也」〔註39〕、「通體皆道也，人外無道也」〔註40〕，則更是象山「道未有外乎心

〔註31〕〔宋〕袁甫：《蒙齋中庸講義》，頁316。
〔註32〕〔宋〕袁甫：《蒙齋中庸講義》，頁345。
〔註33〕〔宋〕袁甫：《蒙齋中庸講義》，頁349。
〔註34〕〔宋〕陸九淵著，鍾哲點校：《陸九淵集》（卷22《雜說》），頁273。
〔註35〕〔宋〕袁甫：《蒙齋中庸講義》，頁310。
〔註36〕〔宋〕袁甫：《蒙齋中庸講義》，頁346。
〔註37〕侯外廬，邱漢生，張豈之主編：《宋明理學史（上卷）》，頁757。
〔註38〕〔宋〕陸九淵著，鍾哲點校：《陸九淵集》（卷22《雜說》），頁273。
〔註39〕〔宋〕袁甫：《蒙齋中庸講義》，頁310。

者」〔註41〕以及「人心至靈，此理至明，人皆有是心，心皆具是理」〔註42〕的精神典範。且其文極推崇《孟子》，說「孟子得吾夫子之傳最爲端的」，又多處引用《孟子》以證其說，如：

> 孟子之言性命，則亦曰形色天性也，又曰知其性則知天矣，是故指耳目鼻口四肢之於色聲臭味安佚而曰性也；又繼之曰有命焉，蓋謂天命一定，凡所謂貴賤貧富生死壽夭，莫不各有定分，而聲色臭味安佚雖人之所同欲，然有得焉，有不得焉，非命然也。苟制於命矣，則不專於性也，性不可離命而言也，指仁義禮智天道之於父子君臣賓主賢者聖人而曰命也。又繼之曰有性焉，蓋謂天性在我，則仁者必壽，大德者必受命，而所謂仁義禮智天道乃吾性之所固有耳，既謂之性則不專於命也，命不可離性而言也。孟子所以反覆言此者，誠以性不離命則當聽其在天，命不離性則當儘其在我。聽其在天者即我也，儘其在我者則天也。〔註43〕

這一大段解釋「天命之謂性」的話，是袁甫借《孟子》之說以證其言的明證，可說是充分發揚了象山欲以繼承孟學的宗旨。他認爲孟子說「性也有命焉」、「命也有性焉」，是循其本然之性的說法，而「性命即中庸也」〔註44〕，人的本性雖有清濁薄厚之分，但大抵相近而無不善，因此就無所謂偏倚或無過不及的問題，而「在在有中」，並認爲這就是所謂的率性、循性，因此「天命之性」就是「中庸之道」，而此「天命之性」或「中庸之道」是須臾不可離的，若有頃刻可離的就不是中庸，若道是可離的就是自離其性命。所以，對於君子而言，「愼獨」是最重要的切己功夫，而「愼獨」之道無他，只是「常中」而已，故曰：「是書之作，無一語非中庸，無一語非性命，而切己功夫則不過曰愼獨而已矣。」〔註45〕

此袁甫對「中庸」一詞的解釋。即如其《中庸序》開宗明義所言：

> 堯舜禹相授受曰中，中者何？非動靜而動靜函，非剛柔而剛柔具，渾焉不可名狀，而又未嘗不可名狀，是之謂中。一中之外，秋

〔註40〕〔宋〕袁甫：《蒙齋中庸講義》，頁326。
〔註41〕〔宋〕陸九淵著，鍾哲點校：《陸九淵集》（卷19《敬齋記》），頁228。
〔註42〕〔宋〕陸九淵著，鍾哲點校：《陸九淵集》（卷22《雜說》），頁273。
〔註43〕〔宋〕袁甫：《蒙齋中庸講義》，頁309。
〔註44〕〔宋〕袁甫：《蒙齋中庸講義》，頁311。
〔註45〕〔宋〕袁甫：《蒙齋中庸講義》，頁370。

毫不容加也。夫苟曰秋毫不容加，今子思名其書曰中，而繼以庸，何哉？庸，常也，常，中也，上天下地，萬象昭佈，往古來今，萬變參錯，所謂中者，如此而已，是之謂常中。然則繼之曰庸，實未嘗加一秋毫也，雖未嘗加一秋毫，然中字得庸字而愈明，何也？太極未分，包括陰陽，分陰分陽，太極在中。一而萬，萬而一，故是書之作，或獨言中，或獨言庸，或並言中庸。獨言中而庸未嘗不在也，獨言庸而中未嘗不在也，並言中庸而無所不在也。嘗斷之曰：「不差之謂中，不異之謂庸，端端的的何差之有，日用普平何異之有。不差故名曰中，不異故名曰常。中庸，言其常不差也。」〔註46〕

這一段分析「中庸」的話，有以下幾個特點：

1. 強調「中」為堯舜禹所相授受者，也是孔子一以貫之之妙道。袁甫認為中庸即忠恕、即仁義，也是孔子、曾子、子思、孟子相傳之道統，而《傳》所謂之「受中」，即《書》所謂之「降衷」，也就是《孟子》所謂之「性善」。「帝降衷，人受中，天之所以為天者，常中而已，是所命也，即所性也」，而「性命即中庸也」，又曰「何謂誠？性是也」，「性即中也，太極也，人人所固有也」，因此，「誠」即「性」即「中」即「太極」，都帶有「本體」的意味。

2. 「中」的特質是「非動靜而動靜函，非剛柔而剛柔具，渾焉不可名狀，而又未嘗不可名狀」，是「本無『中』之名，不得已而名立焉」，與《老子》二十五章「有物混成，先天地生，周行而不殆，可以為天下母。吾不知其名，字之曰道，強為之名曰大」的意境極為相似，亦強調「中者，先天地而存，即太極也」。袁甫在《老子》此一思想基礎上進一步發揮其「已發」和「未發」的概念，認為「可名者皆發也」，「發而中節亦性也」，至於「發而不中節」則是「性之動」。而「中也者，未發而不動也，和也者，雖發猶不動也，常中而已，常澄然寂然而已。」「未發而不動」的「中」就好比渾然未發的太極，是陰陽之大本，而「雖發猶不動」的「常中」則好比太極發而分陰分陽化生萬物的達道。因此，「有中和故有天地有萬物」，「中和」是所以有萬物而萬物得以各正性命之道。

3. 以「一中之外，秋毫不容加」來說明「中」的獨一無二；

4. 以「太極未分，包括陰陽，分陰分陽，太極在中」來說明「庸，常也，常，中也」的「中庸」一體觀，帶出一而二、二而一的觀念，說明「常」不

〔註46〕〔宋〕袁甫：《蒙齋中庸講義》，頁307。

在「中」之外，就如「太極之中固是有兩儀、四象、八卦之理存焉，兩儀、四象、八卦又何嘗有外於太極哉。」因此，「中」即太極，而「庸」則是「充滿乎宇宙之間日用常行秩然粲然而不違乎自然之彝倫者」，兩者一而二、二而一；

5. 點明「不異」、「不差」就是「中庸」之常道，「中庸」之道並非舉其中間一端而言，因為「中庸無在無不在也，舉中間以為中，固中也，然止於舉中間則猶未足以盡中也，惟夫舉上下左右有無可不可之兩端，而中皆在其中，此其所以無適非中也，此其所以不離也。」因此，「中庸」指的就是「其常不差」，就是要維持「常中」之道，而「慎獨」所要達致的就是這種「常中」的境界。

6.「非動靜而動靜函，非剛柔而剛柔具，渾焉不可名狀，而又未嘗不可名狀」所體現出來的是「中庸」動靜、剛柔特質的對立互動關係，既是一種類禪式的思維方式，同時也與《老子道德經》第二章的「有無相生，難易相成，長短相較，高下相傾，音聲相和，前後相隨」的對立辯證法思維極為相似。我們因此很難於辨別出袁甫的類此思維究竟是受到禪學的影響或是受《老子》的影響較多，若必欲分辨之，則說此為其形上思維模式恐怕還是比較貼切的。

在袁甫的《蒙齋中庸講義》裏，通過此種對立辯證法來處理與表現「中庸」的形上性，可說是其最大的特色，而此對立辯證所嘔欲處理的則是破除「執一」以達真正之「中庸」的觀念。因此，袁甫說：

> 中庸非動亦非靜，而又非無動靜，非虛亦非實，而又非無虛實，一而非執一，無在無不在，可謂至也已矣。

又說：

> 實理者，陰陽也，非終始而有終有始，非往來而有往有來，非合散而有合有散，陰陽健順之理，固如此也，神明變化之妙，固如此也。是謂命，是謂性，是謂中庸，是謂鬼神之盛德。

> 下所言天地山水乃極言無息之妙也，中庸之道，有顯微而無顯微也，有小大而無小大也，有高下而無高下也，有遠近而無遠近也，以至廣狹厚薄深淺多寡無不皆然，此未有天地以前渾全之太極也。

> 噫，孰知中庸之書無一言非性命也，而亦無一言非有聲有臭也，道不可以微顯論也，皆微也，皆顯也，皆非顯微也；道不可以有無論也，皆有也，皆無也，皆非有無也。

　　　　陰陽無獨無不獨也，彼我無獨無不獨也，獨必有不獨，微必有
顯也，隱必有見也，不睹必有睹也，不聞必有聞也，可畏哉，可懼
哉！噫，通乎此者，可語慎獨矣。

　　　　本無可疑，何庸致疑，見即不見，不見即見，動即不動，不動
即動，無爲即行，行即無爲，一也，此所以民莫不敬，莫不信，莫
不悅，亦一也，惟其一也，故作配。

袁甫認爲，必須破除「執一」的思想，方能體悟「中庸」之境界，因爲「合
外內之道，不可以執一論」〔註47〕，「執一則非中庸矣」〔註48〕，而且，「中
庸之道，無固無必」〔註49〕，若有「固」有「必」，就是「執一」，就不符合
「中庸」之道。「一而非執一」說的就是不要以「執一」的觀念來限定「中」，
因爲「天下萬事皆有兩端，且以權衡言之，有輕有重，則有輕重之間，輕重
之間固中也，輕重兩端亦各有中也。」因此，執中並不意味著執其任何一端，
而須有「大知」，就如「舜執兩端用中於民，其執衡用權之謂乎？聖經互相發
揮堯舜言執厥中，得夫子執兩端之語，而明得孟子執中無權猶執一之語，而
尤明舜不執一，所以謂大知也」。惟大知者，能「執兩而不執一也，不執一故
事事有中，物物有中，在在有中，是謂用中。」

　　　　此袁甫借「執兩」以破除「執一」觀念之法，而此「不可執一」的觀念
實源自於象山的「一、二動靜學說」〔註50〕。因象山嘗謂：「夫天左旋，日月
星緯右轉，日夜不止，豈可執一？」〔註51〕若「執一」，日月星緯的運轉便會
失序。袁甫疑據此而加以發揮，將之轉化而融入「中庸」之「中」的概念裏，
又強調曰：「孔子曰：『鄉原德之賊也。』固執所見，自以爲中庸而不知乃中
庸之賊也。故子思於是斷之曰：所謂執中者，執兩端而中自在其中。非執一
以爲中也。」〔註52〕而進一步將《中庸》的「執兩端而中在其中」的觀念解
釋爲破除「執一」，並認爲破除「執一」後方能達「中庸」之境，也才能明白
「死生各當其可者，中庸之蹈也，而執一者，豈中庸哉？天命之性，自有常
中，一毫偏倚，非天命也」〔註53〕的意思，然後方能無入而不自得。

〔註47〕〔宋〕袁甫：《蒙齋中庸講義》，頁348。
〔註48〕〔宋〕袁甫：《蒙齋中庸講義》，頁312。
〔註49〕〔宋〕袁甫：《蒙齋中庸講義》，頁330。
〔註50〕張立文：《心學之路——陸九淵思想研究》，北京：人民出版社，2008，頁130。
〔註51〕〔宋〕陸九淵著；鍾哲點校：《陸九淵集》，頁431。
〔註52〕〔宋〕袁甫：《蒙齋中庸講義》，頁317。
〔註53〕〔宋〕袁甫：《蒙齋中庸講義》，頁320。

「自得」之境，是袁甫極為強調的境界。

因此，對於朱子的「中庸」說，袁甫亦在文中加以批判了一通，說道：

> 學者自知讀書，孰不曰我曉中庸，問其所以為中庸者何如也？有謂混融之說者，則曰中即庸、庸即中，有為精詳之說者，則曰中不偏也，無過不及也，庸不易也，日用常行也。嗚呼，習聞二者之說而實不能擇中庸守中庸，是亦未免入於罟擭陷阱之中而莫覺莫悟也，良可悲夫。〔註54〕

「有為精詳之說者」即指朱子而言。他認為前一種說法顯得「中」、「庸」概念毫無區別，後一朱子之說法則雖把「中」、「庸」概念區別開來了，但又區別得太過，「必曰中自中，庸自庸，吾未敢以為安也。」〔註55〕因而認為他們都不懂得真正的中庸之道，即為性命之學。「性不離命也，命不離性也，渾渾乎一誠而無二也。」〔註56〕君子「貫天人之道，會性命之極」〔註57〕，而知「中庸即陰陽也，即性命也，即誠也，即一也。」〔註58〕「此中庸一篇之宗旨，縱說橫說不外此也。」〔註59〕

因此，袁甫於文章末尾強調「吾固謂是書之作，無一語非中庸，無一語非性命，而切己功夫則不過曰慎獨而已矣。」〔註60〕此袁甫對《中庸》的精闢結語，可說是一語中的。

二、《論語》「克己復禮」與「發明本心」

袁甫並沒有專釋《論語》的著作，但其《蒙齋集》卻收有《經筵講義·論語》數章，是他為時君進講《論語》時的講義，內容大體貫徹了其「發明本心」之思想特色，和他在《蒙齋中庸講義》裏頭所一再強調的孔子、曾子、子思和孟子所傳承的忠恕、中庸、仁義等雖各有異名，而其實則一，皆是儒家一貫之妙道，因此亦是傳承儒家一貫之道統的說法十分吻合，故其釋《論語》、《孟子》和《中庸》，可說是有著一貫的體系，譬如：

〔註54〕〔宋〕袁甫：《蒙齋中庸講義》，頁316。
〔註55〕〔宋〕袁甫：《蒙齋中庸講義》，頁316。
〔註56〕〔宋〕袁甫：《蒙齋中庸講義》，頁351。
〔註57〕〔宋〕袁甫：《蒙齋中庸講義》，頁354。
〔註58〕〔宋〕袁甫：《蒙齋中庸講義》，頁360。
〔註59〕〔宋〕袁甫：《蒙齋中庸講義》，頁367。
〔註60〕〔宋〕袁甫：《蒙齋中庸講義》，頁370。

12.8　棘子成曰：「君子質而已矣，何以文爲？」子貢曰：「惜乎，夫子之説君子也，駟不及舌。文猶質也，質猶文也。虎豹之鞟，猶犬羊之鞟。」（《論語・顏淵第十二》）

12.16　子曰：「君子成人之美，不成人之惡。」（《論語・顏淵第十二》）

12.19　季康子問政於孔子曰：「如殺無道，以就有道何如？」孔子對曰：「子爲政，焉用殺，子欲善而民善矣。君子之德風，小人之德草，草上之風必偃。」（《論語・顏淵第十二》）

12.24　曾子曰：「君子以文會友，以友輔仁。」（《論語・顏淵第十二》）

12.1　顏淵問仁。子曰：「克己復禮爲仁。一日克己復禮，天下歸仁焉。爲仁由己，而由人乎哉？」顏淵曰：「請問其目。」子曰：「非禮勿視，非禮勿聽，非禮勿言，非禮勿動。」顏淵曰：「回雖不敏，請事斯語矣。」（《論語・顏淵第十二》）

12.2　仲弓問仁。子曰：「出門如見大賓，使民如承大祭。己所不欲，勿施於人。在邦無怨，在家無怨。」仲弓曰：「雍雖不敏，請事斯語矣。」（《論語・顏淵第十二》）

從中，我們可藉以窺探袁甫對《論語》之詮釋，瞭解他對君王之期許。雖說此六章是袁甫在皇帝經筵上值講時所解者，但亦不失爲瞭解其政治理念之佳作。

　　比較值得注意的是，此六章皆出於顏淵第十二篇，但袁甫卻僅從其中選取了六章，並且不分先後次序地跳著講。開頭第一章講的是顏淵篇第八章棘子成認爲君子應該重質不重文的故事，袁甫認爲這一章指出了「當時文弊之極，矯枉過直之論，欲盡棄文而純用質。」〔註61〕認爲應是當時文風極壞，故棘子成才會有棄文重質的主張，並且還設想了若後世極弊大壞之時，他們應當如何處理的問題，並順勢提出了「今之所謂質者，非古之所謂質也，苟且而已矣。今之所謂文者，非古之所謂文也，虛僞而已矣。苟且虛僞之弊合，而世道日至陵夷，不可收拾甚可悲也。必欲復古之道，其惟先尚質實，而後

―――――――――――――――

〔註61〕〔宋〕袁甫：《蒙齋集（一）》，頁2。

加品節焉。一掃苟且虛僞之弊，而後君子之道幾矣。」〔註62〕

　　我們由袁甫的話語中，也能猜測到當時的弊風應是「苟且」、「虛僞」，已經不能用《論語》時代的「文」和「質」來相提並論，因此他主張「先尚質實，後加品節」，也就是說，先發明本心以一掃苟且虛僞之弊。這是對君王的勸諫，是借著經筵開講而提出的掃除時弊之策，因此，他把棘子成章擺在了第一堂課。每一堂開講的內容，都是經過他精心布置的勸諫語。

　　接著選講的第二課是顏淵篇第十六章「君子成人之美，不成人之惡。」袁甫以其象山心學「發明本心」之旨，揭示了欲善惡惡之心乃「上帝降衷之良心」〔註63〕，人人皆有之。君子者，必推己樂於被稱譽爲善人之心態而及於人，「惟恐其美之不成」〔註64〕，見有惡之人，則必產生同情心，望能通過訓誨的方式拯救之，「惟恐其惡之終成」〔註65〕，此推己及人之恕心。小人則剛好相反。袁甫認爲「人主每病於君子小人之難察也，豈知觀人之道，不必觀諸他，而當觀諸心。人孰無欲善惡惡之心哉？能視人猶己者，則爲君子，不能視人如己者，則爲小人。此觀人之法也。」〔註66〕君王身邊每多小人，這恐怕是時弊，因此袁甫才借機提出以「觀諸心」的方式去辨別小人君子，以便君王能遠離小人。

　　第三堂課，袁甫選講了顏淵第十九章季康子的「殺無道，以就有道」，依然強調「良心善性，人人固有。導之以仁義，齊之以禮樂，自可使之遷善遠罪，而又何以殺爲？」〔註67〕顯見「發明本心」是其爲政大旨，應用在政治上，就是「導之以仁義，齊之以禮樂，使之遷善遠罪」的爲政之道。

　　第四堂課，講的是顏淵第二十四章「君子以文會友，以友輔仁」。此處之「文」，袁甫認爲即是指「道」，「道」與「仁」是「名異而實同也，會之以文，蓋所以輔吾之仁也」〔註68〕，並由此而引申出「後世師友之道不明，學者但知雕蟲篆刻，破碎經旨，以是爲文。所謂輔仁者，漠然不知爲何事。平居既無講貫之素，一旦出而事君，不仁而在高位，斵喪國脈，戕賊民命，皆不仁者之爲也。爲國家者，果何賴於若人哉？然則修明師友講習之學，豈非人主

〔註62〕〔宋〕袁甫：《蒙齋集（一）》，頁2。
〔註63〕〔宋〕袁甫：《蒙齋集（一）》，頁2。
〔註64〕〔宋〕袁甫：《蒙齋集（一）》，頁3。
〔註65〕〔宋〕袁甫：《蒙齋集（一）》，頁3。
〔註66〕〔宋〕袁甫：《蒙齋集（一）》，頁3。
〔註67〕〔宋〕袁甫：《蒙齋集（一）》，頁3。
〔註68〕〔宋〕袁甫：《蒙齋集（一）》，頁4。

之急務乎？」〔註69〕

這一段話，亦反映出當時政壇「師友之道不明，學者但知雕蟲篆刻，破碎經旨，以是爲文」的弊病，認爲他們都不知眞正的「師友輔仁」之道，而且更甚的是，「不仁而在高位，斲喪國脈，戕賊民命」，坦白把國家最大的弊病給揭露了出來。與第一講所揭露的弊病「苟且虛僞」、第二講所揭露的「君子小人難分」合起來看，就可以想見當時南宋政壇就是一個小人當道、君王昏庸的亂世，無怪乎袁甫在經筵開講時苦口婆心上諫，希望能一改亂局了。

最後兩堂課，袁甫回到了顏淵篇第一和第二章的顏淵問仁和仲弓問仁，是最富象山心學色彩的一段話。這一段話，從「克己復禮」開始講起，指出「此身本與天地相似，與萬物一體，如之何而克己？曰：己與天地萬物，本無隔也，而認八尺之軀爲己，則與天地萬物始隔矣，故惟克己，則洞然大公，不見有己矣。何謂克？曰：以艮卦所謂『艮其背，不獲其身，行其庭，不見其人』觀之，則是內不見己，外不見物，而克己之義了然矣。」〔註70〕

在分析了天地萬物與我本一之觀念後，袁甫又指出只要沒有了天地萬物與我爲二的區別心，實際體現出發明本心後所達到的「宇宙便是吾心，吾心便是宇宙」之境界，那麼就可自然感受到周遍於天地萬物之間的禮，也就自然可感受到天下歸仁的境界。

這是袁甫據象山心學以釋「克己復禮」與「天下歸仁」之說，此一解釋的先決條件是必須先達到天地萬物與我無有間隔，己即人、人即己的體驗，亦即楊簡所說的「覺天地萬物通爲一體，非吾心外事」〔註71〕的體驗，因爲「天下皆在吾仁之內也，禮之復也，非是外復，仁之歸也，非是外歸，本一而非二。」〔註72〕總結而言之，則一切皆是由「心」起，是「心即理」的最佳詮釋。

袁甫認爲孔子回答仲弓問仁的話，亦是「克己復禮」之說，因爲「勿施不欲，即克之謂，大祭大賓，即復禮之謂，而邦家無怨，即所謂天下歸仁。夫子之告仲弓，即其告顏子之旨也。」〔註73〕認爲這只是表述方式的不同而

〔註69〕〔宋〕袁甫：《蒙齋集（一）》，頁 4。
〔註70〕〔宋〕袁甫：《蒙齋集（一）》，頁 5。
〔註71〕〔清〕黃宗羲原著，〔清〕全祖望補修，陳金生、梁運華點校：《宋元學案（三）》，頁 2466。
〔註72〕〔宋〕袁甫：《蒙齋集（一）》，頁 5。
〔註73〕〔宋〕袁甫：《蒙齋集（一）》，頁 7。

已，本質上孔子所給予的還是「克己復禮」的教誨，並且還認為「為仁之要，不外乎克己復禮」〔註74〕，而此「克己復禮」是為仁之要的觀念，亦是陸九淵所強調者，我們在本書第二章已經說過陸九淵認為顏淵的克己之學，是直接於意念所生起處加以克制，而楊簡便是在此一基礎上創生出「不起意」的克己工夫，因此，此論「克己復禮」之二章，才是發明象山心學的最重要一課，袁甫將它放在最後講，自有其不同的功效，而前面的課，都是針對政治時弊而解，但亦是袁甫將「發明本心」之學運用到現實政治領域的最佳體現。

小　結

誠如本章所推論的，袁甫雖然流傳下來的著作不多，但由其推闊發明本心之心學思想，運用於政治家國，以身力行，愛民如子，並希望君王亦能發明本心，以此對待子民的實際政治表現，以及其《蒙齋中庸講義》之濃厚心學特色看來，袁甫可說是能夠在日常生活中身體力行象山心學的重要傳人，而其所傳承的，既有陸九淵之心學特點，亦有「四明學派」的特色，其中最為重要的要算是繼承了其父袁燮在陸九淵「心即理」與「人心本善」之思想上推闊出來的「天人一理」與「君民一體」的政治哲學觀，對於楊簡「不起意」的克己功夫，袁甫也在其生命裏做了一輩子的實踐，因此，其政治對手對其人格從來沒有過嚴苛的批評。

今觀其《蒙齋中庸講義》，亦實實在在是一篇足以傳揚象山心學的代表作，因此，若說袁甫為象山心學的重要傳人實不為過，我們在此前提下，對其《蒙齋中庸講義》的解讀便有著深遠的歷史意義，《四庫全書》之所以收錄其書，也是本於此一立場。我們研讀其書，既可進一步瞭解象山心學第二代傳人對陸九淵思想的繼承與發展之軌迹，亦可弘揚其學派之著作思想，以免於被歷史洪流淹沒，因此，作此研究，實在是有著重大的歷史意義。

〔註74〕〔宋〕袁甫：《蒙齋集（一）》，頁7。

第三章　黎立武的四書詮釋

第一節　年譜研究與「兼山學派」師承淵源

一、年譜研究

　　黎立武，字以常，自號寄翁，又號所寄，南宋臨江新喻人（今江西新餘），咸淳四年戊辰（1268 年）進士，官至軍器少監國子司業，故又稱宋司業黎所寄先生。宋亡後終身不仕，以辦書院終老，元武宗至大三年（1310）逝世，橫跨兩朝，故爲宋元之際的人物。

　　黎立武本爲南宋進士，又爲南宋官，與文天祥爲知交，當文天祥臨危受命拜相之時，理應受重用，無奈國事已去，雖勇赴國難亦無力挽狂瀾，故不得不隱居故里，終身不食元朝俸祿。因此，其事迹雖本應見載於《宋史》，但由於《宋史》詳於北宋而略於南宋，故其事迹亦不多見於南宋史，僅《宋史翼》有簡略記載，而元史亦未收入，實是處於歷史的兩難處境之中者。是故其名於國內並不多見，有識之士或嘗見其名於《宋元學案・兼山學案》，知其爲伊川晚年所收之弟子郭忠孝之三傳，但亦大多只知其名而未曾閱其書，反不如臺灣高校教授四書時，多有引述其釋《中庸》之作或定其書爲參考書目者。惟今觀其書，可見其《學》、《庸》詮釋實有本身獨特之風格，值得今人研究。

　　遺憾的是，黎立武所創建之蒙峰書院與金鳳書院俱已因年代久遠而湮滅於歷史中，而且，由於時代背景的限制，黎立武亦未有年譜傳世，今惟據吳

澄《元中子碑》與《江西省新喻縣志》所記，試製爲簡易年譜，並合其事迹於宋元之際的歷史背景中，以圖還原歷史眞相，便於作客觀科學之研究。（見附表三）

我們由上述簡譜可知黎立武乃生於亂世。在他誕生的那一年，蒙古軍已滅了西遼，並攻下華北地區、烏茲別克斯坦、伊朗、阿富汗、土庫曼斯坦、印度河流域、烏克蘭、西夏、俄羅斯、波蘭、匈牙利、奧地利維也納及亞得里亞海東岸等地，同時還力攻四川釣魚城，企圖大舉入蜀。至黎立武十八歲時，忽必烈已建元中統稱帝。南宋王朝可說是已經兵臨城下，岌岌可危。

黎立武在此亂世氛圍中入太學，並於二十六歲高中進士，隨後仕途一直是一帆風順，直至三十三歲元軍進攻臨安，朝廷詔天下勤王，黎立武即趨朝勇赴國難。第二年，黎立武除軍器少監國子司業，是其事業之高峰期，而其好友文天祥亦於此時受命爲右丞相兼樞密使都督，二人本當有更大作爲，奈何其時元軍已兵臨城下，國事將去。後來，文天祥被元軍俘虜，南宋不久便爲元軍所滅，而黎立武亦被迫於兵荒馬亂中潛回故里新喻，此後三十年，皆在其故里侍奉雙親，興辦書院，終身不食元朝俸祿。

雖然如此，我們從吳澄的《元中子碑》所述，亦知黎立武雖於南宋滅亡後即隱居山林，終身不仕，但其威名卻依然足以讓「北來達官，聞聲望，覯丰採，禮之如天人。諏訪相屬，或延致，或就見」﹝註1﹞，這些北來達官不僅視黎立武爲天人，對他的態度更是恭敬有加。吳澄雖然只比他年幼七歲，但由於黎立武比他早擢進士，後來又校文薦舉，使他得以在撫州鄉貢中二十八名，因此，黎立武就形同他的恩師，他也一直以黎立武門人自居。除《元中子碑》之外，《吳澄贄大座主黎寄翁書》亦提到「遂以三十八年之門生，而尚稽座主之拜」﹝註2﹞，因此，他倆的師生關係是不容後人否定的。吳澄對黎立武的感情，亦不僅只是感恩而已，他在《元中子碑》裏如此形容他對黎立武的第一印象：「一覯容貌，心醉神融，喟然曰：世有斯人與，世有斯人與。廊廟器也，福德身也，蓋雍容和粹，氣象彷彿河南程伯子云。」﹝註3﹞話中更帶出他對黎立武的仰慕和讚歎之情，而黎立武「雍容和粹」，「氣象彷彿河南程伯子」的高雅氣質，在當時恐怕亦屬公認，因爲「北來達官」對他的印象是

﹝註1﹞〔元〕吳澄：《元中子碑》，〔宋〕黎立武：《中庸分章（及其它二種）》，頁19。
﹝註2﹞〔宋〕文天祥：《文天祥與隆興節判黎所寄書》，《中國方志叢書·江西省新喻縣志（四）》，臺北：成文出版社，民78（公元1989），頁1399。
﹝註3﹞〔元〕吳澄：《元中子碑》，〔宋〕黎立武：《中庸分章（及其它二種）》，頁20。

如此，文天祥對他的印象也是如此。文天祥甚至形容黎立武是「吾江西一佛出世」〔註4〕，給予他崇高之極的讚譽，而臨江李總管甚至還爲他建了一座狀元坊，可見他在當時是多麼的受尊重。

建狀元坊一事，見於《黎立武謝臨江李總管建狀元坊啓》一文。從該文中，我們雖不能確切知道此狀元坊是爲誰而建，但按其上下文意，卻似是爲黎立武而建的，因爲文中提到「雖進士之科未復」〔註5〕，亦提到「朱雀橋邊，今作尋常之百姓，進不得陳箕子之洪範，退而發揮郭氏之中庸，闡山學，仿嘉眉之規，借時文明孔孟之意」〔註6〕，可見其時黎立武已退隱故里辦學，而且，元朝統治初時並未開科取士，元朝是在黎立武逝世五年後才恢復科舉，因此不可能有新狀元受賀，即使袁俊翁後來考中狀元，也是在黎立武逝後元統元年之事。因此，此文估計是黎立武在臨江李總管爲他建立了一座狀元坊之後，寫給李總管道謝的啓文，書寫年代當在 1279 年至 1310 年間。

黎立武在該文中再三重申退隱山林興辦書院，傳郭氏《中庸》學，明孔孟之意的志向，同時還表達了希望「季弟元兄用留耕就荒之心，召父杜母，使七八月遂雩壇之禱，俾三百川無潒洧之憂，一日而百廢具興，三年而四境皆治」的心願，文中充滿了憂國憂民卻又無計可施的慨歎，最後唯有將這種種情緒轉移到興學與教育之途上，但可悲的是即便如此，他的學生也無法參加科舉入仕，永遠無法再爲「本朝」貢獻力量，其門派之傳承，自然也因此受到影響。其生命之弔詭與多舛，竟至於斯，著實令人感慨。

二、師承淵源

兼山學派開創人郭忠孝（公元？～1127 年），字立之，號兼山，年輕時，受《易》、《庸》於伊川門下，爲伊川晚年弟子。靖康初年（公元 1126 年）時，曾爲軍器少監，「入對，斥和議，陳追擊之策，謂『兵家忌深入，若不能擊其歸，他日安能禦其來』，復條上戰守十餘事，不用。改永興軍路提點刑獄，措置保甲」〔註8〕。靖康二年春正月乙未，金人破永興軍，提點刑獄郭忠孝死於

〔註4〕〔宋〕文天祥：《文天祥與隆興節判黎所寄書》，頁 1398。
〔註5〕〔宋〕黎立武：《黎立武謝臨江李總管建狀元坊啓》，《中國方志叢書·江西省新喩縣志（四）》，臺北：成文出版社，民 78（公元 1989），頁 1400。
〔註6〕〔宋〕黎立武：《黎立武謝臨江李總管建狀元坊啓》，頁 1400。
〔註8〕〔清〕黃宗羲原著，〔清〕全祖望補修，陳金生、梁運華點校：《宋元學案（二）》，頁 1026。

戰役中，朝廷追封爲「大中大夫」。其子郭雍經此事變，終身隱居峽州，朝廷
屢召不起，遂賜號「沖晦處士」。郭雍幼傳父學，長於《易》學與醫學，曾與
朱熹有過《易》學上的辯論。

兼山學派傳承關係表〔註7〕

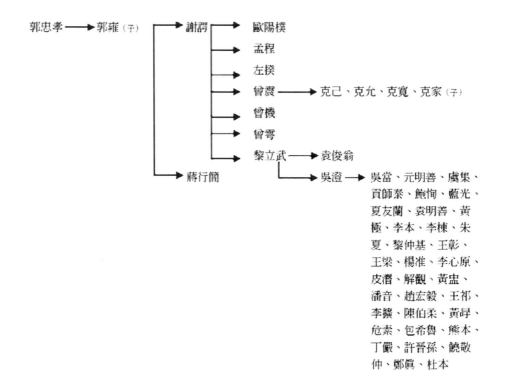

兼山學派自郭忠孝創立起，至其子郭雍、郭雍弟子謝諤與蔣行簡，再至
謝諤私淑弟子黎立武，共是三代之傳，因此，黎立武是兼山學派的第三代傳
人、伊川的第四代傳人。此外，必須聲明的是，吳澄因在其所著的《元中子
碑》中自稱是黎立武門人，在致黎立武書函中亦以門生自稱，故此處亦將之
列入傳人行列，在客觀標準上，是兼山學派第四代傳人，不過其學實是集大
成之學問系統，與黎立武的共通點惟《易》學一科而已。至於被黎立武推許
爲其《易》學傳人的袁俊翁，則自然也是黎立武的傳人，因爲他倆的師生關
係是始於蒙峰書院或金鳳書院的。

〔註7〕在《宋元學案》兼山學案表的基礎上稍作修訂。見〔清〕黃宗羲原著，〔清〕
全祖望補修，陳金生、梁運華點校：《宋元學案（二）》，頁1025。

因此，嚴格說來，《宋元學案》關於兼山學派的傳承關係表其實並不完善，因為即便黎立武在南宋滅亡後隱居山林，失去了官職，但他畢竟也曾興辦過蒙峰和金鳳兩所書院，學生據說是「眾至不能容」，那麼他的傳人肯定不只有袁俊翁一位。至於謝諤的門人，亦不只有六、七人，因為《宋元學案・兼山學案》亦記載：「先生為郭氏世嫡，顧不言而躬行。弟子數百人，隨材教之，而未嘗與世之講學者角異同，然學者無不稱為艮齋先生。」〔註9〕可見謝諤的弟子少說也有數百人，而蔣行簡究竟有沒有弟子，《宋元學案・兼山學案》竟隻字不提。由此可見，《宋元學案・兼山學案》的資料實不完備，此乃作者之學力所限，並非客觀之事實，學者若據此判斷兼山學派之學孤行，是極為不公平的。因此，今日我們閱讀《宋元學案》，只能把它當作一份參考資料，不能視為唯一定案。

關於郭忠孝之學，黎立武在《中庸指歸》裏提到，他在師事伊川之後，「終始中庸之道，體用之說，實得於心傳面命者」〔註10〕，又說伊川晚年曾為《中庸》作注，後來卻將稿給燒了，囑咐郭忠孝「以書傳之」，因此，游氏和楊氏所傳之義是伊川早年之論，郭忠孝所傳的才是晚年定論。

今查《河南程氏遺書》卷十七，確實可見伊川曾說：「某於《易傳》，今卻已自成書，但逐旋修改，期以七十，其書可出。韓退之稱『聰明不及於前時，道德日負於初心』，然某於《易傳》，後來所改者無幾，不知如何？姑且更期之以十年之功，看如何。」〔註11〕證明伊川晚年確實曾經寫過《中庸解》，而且一直都不滿意，曾花十數年時間去修改，惟卻徒勞無功，而在伊川此語錄底下有詳注曰：「陳長方見尹子於姑蘇，問《中庸解》。尹子云：『先生自以為不滿意，焚之矣。』」由此看來，焚稿之說並不是虛傳，但伊川焚稿後是否曾經囑咐郭忠孝「傳之以書」則已不可考，惟孫勁松認為：「《易傳》強調『體用一源，顯微無間』，郭忠孝對《中庸》的解釋和《伊川易傳》是一脈相承的。《伊川易傳》集中體現了程子晚年的學術思想，郭氏《中庸解》傳承程子晚年《中庸》之說，並非沒有可能。」〔註12〕此說亦甚有道理。

〔註9〕〔清〕黃宗羲原著，〔清〕全祖望補修，陳金生、梁運華點校：《宋元學案（二）》，頁 1039。

〔註10〕〔宋〕黎立武：《中庸指歸》，《中庸古本（及其它三種）》，北京：中華書局，1991，頁 6。

〔註11〕〔宋〕程顥、程頤著；王孝魚點校：《二程集》（上），北京：中華書局，1981，頁 174。

〔註12〕孫勁松：《兼山學派考》，《中州學刊》2005 年第 5 期，頁 132。

　　惟伊川《中庸解》既已付諸焚如，而郭忠孝之《中庸解》又早已不傳，欲以之考證二者間是否有思想上之聯繫，已無可能，而其收入於《二程集》之《中庸解》，看來不似成熟之作，且欠缺系統，不知是否即爲朱子所考之藍田呂氏講堂初本或改本；若欲以《伊川易傳》來考證郭忠孝之《中庸解》，恐怕亦非易事，因爲我們雖可在黎立武的《中庸指歸》裏，見到郭忠孝兼通《易》、《庸》的《中庸解》，但也只是片言隻語，證據不夠強大，但勉強亦可藉以一窺其學之堂奧：

　　　　兼山氏曰：極天下至正謂之中，道天下至變謂之庸。中，其體
　　　　也；庸，其用也。聖人得於中用於天下。得於中者，合性命言之；
　　　　用於天下者，兼道、教言之，皆主人道爲言也。嘗求數之未形，見
　　　　天地之數起於中之變，起於自然而不可推移，故民受天地之中以生，
　　　　所謂命也。性者，本於天命，而物之大原，盡性則無餘事矣。循是
　　　　而行焉謂道，修是而行焉謂教。性也、道也、教也，内外相成之道，
　　　　是三者得之然後爲中庸之道，又本之易以依乎中庸，遯世不悔焉，
　　　　潛龍之事，以庸德之行，庸言之謹，爲龍德正中之事，學問、思辨、
　　　　篤行，即聚辨居行之旨也，故以見龍在田爲誠之者之事。參配天地
　　　　即大人合德之旨也，故以飛龍在天爲誠之者之事。於乾之二爻則曰，
　　　　此中庸誠形明動變化之序也。〔註13〕

必須說明的是，這一段話其實並沒有很清楚指出郭忠孝的話說到哪兒，也許他只說了「極天下至正謂之中，道天下至變謂之庸」而已，又或許說到「極天下至正謂之中，道天下至變謂之庸。中，其體也；庸，其用也。聖人得於中用於天下」，不過按文意與用語習慣分析之，郭忠孝的話應該不會超過「聖人得於中用於天下」。不過由於後面那一段話的目的都是爲推衍解釋郭氏之說，因此我們亦不妨將之視爲兼山學派的思想特色。

　　這一段話可說是充分展現出《中庸》之道出於《易》，以及《易》、《庸》貫通的思想，是不折不扣的兼山學派特色。黎立武認爲：

　　　　程氏學以性爲本，以中庸、易爲先，蓋二書皆盡性之道。程門
　　　　惟兼山深於易，故得中庸之義焉。又考漢上朱氏易説，於乾九二曰，
　　　　二爲中，中動爲庸，初九依乎中庸，九二龍德而正中。庸者中之用
　　　　也，言行變化不失其中，故謂之庸。漢上聞道於游氏，且與兼山接，

────────

〔註13〕〔宋〕黎立武：《中庸指歸》，《中庸古本（及其它三種）》，頁7。

麗澤所漸,至當歸一。艮齋謝氏嘗敍所授郭氏中庸説,爲中爲人道
之大,以之用於天下國家,是子和所以學而伊川兼山之淵源也。然
則中庸大旨,實程郭口傳心授、探本窮源而得之。正位常道之義,
全體大用之名,庶乎爲定論。

若按艮齋謝諤之説,則以「中」貫通《易》、《庸》便是兼山學派的特色,也
是郭忠孝學自於伊川的主要學問和功夫,而此功夫,在黎立武的《中庸》詮
釋裏,可説是發揮得淋漓盡致。又據黎立武所説,謝上蔡高弟、《易》學大家
朱震在程門所學的亦相同。此説不啻是更進一步鞏固了其學派傳承伊川
《易》、《庸》之學的正統學術地位,對於吾人瞭解伊川晚年思想,或有相當
之幫助,實不應輕忽之。

第二節 以「誠」爲本的《易》、《庸》一體觀與《學》、《庸》詮釋

　　黎立武身爲程門兼山學派第四代傳人,所秉持的學術特色就是《易》學
研究,尤其是《易》之「艮」。據載,兼山學派創始人郭忠孝深得伊川《易》
學思想之精髓,郭雍弟子蔣行簡即曾就此詢問郭雍從其父所學之核心爲何,
郭雍答以:「所得在艮。」而朱熹亦曾批評郭忠孝把《周易》歸結爲「艮」之
舉是不正確的,[註14]因此可知《易》學研究即兼山學派的特色,而且兼山
學派對於《易》之「艮」特別推崇。

　　《朱子語類》卷十四記有一條門人「問至善」的對話,朱子回答説:

　　　　「事理當然之極也。」

　　　　「恐與伊川『説艮其止,止其所也』之義一同。謂有物必有則,
　　　　如父止於慈,子止於孝,君止於仁,臣止於敬,萬物庶事莫不各得
　　　　其所。得其所則安,失其所則悖。所謂『止其所』者,即止於至善
　　　　之地也。」

　　　　曰:「只是要如此。」[註15]

〔註14〕25 轉載自孫勁松《兼山學派考》,《中州學刊》2005 年 9 月第 5 期總第 149 期,
　　　　頁 131:「但朱熹則不贊成郭忠孝把《周易》歸結爲『艮』,有學生説:『郭氏
　　　　以兼山學自名,是其學只有一艮卦。』朱熹回答:『《易》之道一個艮卦可盡,
　　　　則不消更有六十三卦。』」
〔註15〕《朱子語類》,《朱子全書》卷十四「大學一」,頁 442。

這說明了伊川釋「至善」，也是引用「艮」之「止」義，此思想爲兼山學派所傳揚。黎立武承此餘緒，亦主張《中庸》與《大學》皆通於《易》，而在閱讀次序方面，則應本《禮記》原來之次序，先《中庸》後《大學》。他的《大學發微》強調「曾子傳道在一貫，悟道在易之艮，大旨以止至善爲歸，而以誠意爲要」。《大學本旨》則採用古本次序，認爲是曾子之書，不分經傳，並提出「聖人一貫之道，在《易》、《大學》、《中庸》」的傳承譜系，而先儒論一貫忠恕，則無不歸之於「誠」。

因此，黎立武詮釋《大學》、《中庸》，即本此「艮」之「止」義與「誠之道」〔註16〕，而認爲「大學之道，其要有三，曰明明德，曰新民，曰止至善。申之以知止，又申之以於止，知其所止者，所謂致其知，知之至也。是知止善爲三要之基。其大法存乎止。」〔註17〕又曰：「吾觀大學，以修身爲本，故知有得於思不出位之艮也。」〔註18〕「故以曾子所造言之，吾知大學之道出於易。」〔註19〕可見其學術立場之鮮明，已不容置疑。

《宋元學案補遺》即據此指出黎立武之《大學發微》以爲「《大學》一書之功在於止善，止善之說蓋取諸《艮》。」〔註20〕同時，又明確指出黎立武之作《中庸指歸》，是「首以正統居體所以名中之義，其說曰乾九二人道之始，故稱龍德正中，中之體也；坤六五心君之位，故稱黃中通理，中之位也，帝降衷，民受中，萬化之所由出也。」〔註21〕很清楚地點明了黎立武以「艮」之「止」義釋「止善」，以「乾九二」爲「中之體」、「坤六五」爲「中之位」，來解釋「民受中」而成性之道的學術觀點。因此，其所謂「民受中」之「中」即指「易」之本體。

由此可見，朱熹與黎立武雖爲同門，但因爲思想傳承特色不同，一個以

〔註16〕〔宋〕黎立武：《大學發微》，《大學發微（及其它四種）》，北京：中華書局，1991，頁2：「艮之象曰：『止其所』，象曰：『思不出位』。位以所言，不出以止言。嘗觀諸艮，其象山，其體止，而艮土也，五行之土，於五常爲信，於五事爲思。信者，誠也，仁義禮智之性，以誠爲本。……然以位言者，五行之主，曰土實居中虛之位，五事之主，曰思亦宜不出，中虛之位，誠性中存，正位居體，至善之所也。心官中主，思不出位，誠意之端也。」

〔註17〕〔宋〕黎立武：《大學發微》，《大學發微（及其它四種）》，頁1。

〔註18〕〔宋〕黎立武：《大學發微》，《大學發微（及其它四種）》，頁3。

〔註19〕〔宋〕黎立武：《大學發微》，《大學發微（及其它四種）》，頁3。

〔註20〕〔清〕王梓材、馮雲濠撰；張壽鏞校補：《宋元學案補遺》，臺北：世界書局，2009，頁1420。

〔註21〕〔清〕王梓材、馮雲濠撰；張壽鏞校補：《宋元學案補遺》，頁1420。

理學爲學術中心，一個以《易》、《庸》爲學術中心，因此，在學術觀點上多有相異之處。他倆不僅對《大學》、《中庸》之詮釋有不同的看法，對於《大學》文本的次序問題，立場更是大異。

一、《大學》之移文補傳與學術立場之關係

黎立武講《大學》，所本者爲古本之順序，他的《大學本旨》開宗明義第一句話就是：「大學一書，學者皆以先儒更定錯簡爲據，本旨之述，則因本書次序，講尋厥旨，將以備考訂也。」〔註22〕因此，他講《大學》也不分經傳。

從「大學之道，在明明德」起，至「其所厚者薄，而其所薄者厚，未之有也。」朱熹劃爲「經」的部分，其下一句「此謂知本，此謂知之至也。」被伊川視爲衍文，而朱熹則認爲其上有闕文，因此把它給移到第十二段「無情者不得盡其辭。大畏民志，此謂知本」之後，而於其下補上一傳：

> 所謂致知在格物者，言欲致吾之知，在即物而窮其理也。蓋人心之靈莫不有知，而天下之物莫不有理，惟於理有未窮，故其知有不盡也。是以《大學》始教，必使學者即凡天下之物，莫不因其已知之理而益窮之，以求至乎其極。至於用力之久，而一旦豁然貫通焉，則眾物之表裏精粗無不到，而吾心之全體大用無不明矣。此謂物格，此謂知之至也。

對此，黎立武並沒有給予正面批評，只說了句：「爲格物致知之學者，不於知止片言求之，何以識聖賢之蘊？」〔註23〕言下之意，是批評朱熹不解「《大學》之道出於《易》」〔註24〕的道理，不知《易》之「艮」「明夫誠身之道」〔註25〕，故不知「艮」之「止」義與「知止」之間的關係，因此無法以「誠」通貫全部。

他認爲：「自知止以下，發明格物、致知之義已盡。下章先揭誠意一條繼之，此知至而後意誠之序也。」〔註26〕

我們若從文本原來次序立場去看，黎立武此說亦沒錯，「此謂知本，此謂

〔註22〕〔宋〕黎立武：《大學發微》，《大學發微（及其它四種）》，頁1。
〔註23〕〔宋〕黎立武：《大學發微》，《大學發微（及其它四種）》，頁2。
〔註24〕〔宋〕黎立武：《大學發微》，《大學發微（及其它四種）》，頁3。
〔註25〕〔宋〕黎立武：《大學發微》，《大學發微（及其它四種）》，頁3。
〔註26〕〔宋〕黎立武：《大學本旨》，《大學發微（及其它四種）》，頁3。

知之至也」一句在此情況下無疑就是前面數語的總結，既總括知本之道，亦可帶出致知所應著力之處即在於下一段所揭示的「誠意」，正合經文所點明的「知至而後意誠」。因此，馮達文認為：

> 這段話語中，從「物格」至「身修」為個人之事（「內聖」事），「物格」最終為「身修」；從「身修」至「天下平」為社會之事（「外王」事），「身修」為「家齊」、「國治」、「天下平」之前提。故下文說「自天子以至於庶人壹是皆以修身為本」，那是順理成章的；接下來而稱，知道「修身」的重要性，就是「知本」，就是「知之至也」，以此回應「致知在格物」的論題，演繹「致知」的含義，其文意亦頗完整。故，宋明清時期許多學者認為古本自有『格物致知』章，上引『自天子以至於庶人，……此謂知之至也』即是此章，其持論不可謂不無根據。〔註27〕

綜合黎立武與馮達文之說，可見《大學》古本「自天子以至於庶人……此謂知本，此謂知之至也」一段，原本已能在原順序之下自成一說，朱熹移文補傳的著眼點並不在於修、齊、治、平等的先後關係上，而是在於強化「格物致知」的知識論成分。馮達文認為這是「把道德修為放置在理性的基礎上」，所表現出來的，是一種「知識化、形式化的解釋路向」。〔註28〕因此，其移文補傳之舉，實際上並非是對經文的重新詮釋手法，而是亟欲通過建構知識理論或方法的途徑，重新改寫經文的大膽舉動。

關於這一點，我們在上一章也有提到，若以傳統注經立場觀之，朱熹此舉實乃一種哲學的再創作過程，而非解經手法。實際上，黎立武以貫通《易》、《庸》的詮釋法來帶出《大學》八條之的的「誠」，而認為其書「大旨存乎誠，誠所以盡性，止所以存誠」〔註29〕，並按原來次序一一解說，也自能成其一套說法。因此，《大學》究竟有無移文補傳的必要，是見仁見智之事。我們有理由相信，這純粹是因為學術立場不同，以及為了建立系統的學術理論與方法論而採取的行動，因此「格物致知」才有必要被提升到全篇最重要的位置。雖然黎立武亦同朱熹一樣，認為「格物致知」是《大學》「八條目」之始，不過，他認為「格物即物有本末之物，致知即知所先後之知，蓋通徹物之本末，

〔註27〕 馮達文：《從朱子與陽明之《大學》疏解看中國的詮釋學》，黃俊傑編：《中日《四書》詮釋傳統初探》，上海：華東師範大學出版社，2007，頁237。
〔註28〕 馮達文：《從朱子與陽明之《大學》疏解看中國的詮釋學》，頁239。
〔註29〕 〔宋〕黎立武：《大學發微（及其它四種）》，頁1。

事之終始，而知用力之先後耳。」〔註30〕對他而言，「格物致知」就是「通徹物之本末，事之終始」的功夫，唯有通徹事物之本末終始，方能知所先後。而此「物之本末」，即指「天下之本在國，國之本在家，家之本在身，身之主在心，心之發爲意」；「事之終始」則指「誠而正，正而修，修而齊，齊而治，治而平」。本始在先，末終在後，「知止」就是知道此本末始終之理，也就是知所先後的關鍵。其詮釋法與朱熹的窮至事物之理，使「其極處無不到」，以臻「至善」之所在的說法是不相同的。

因此，在黎立武的認知裏，所「格」之物與所「致」之知與朱熹明顯不同，所以他對《大學》的詮釋重點就有別於朱熹。朱熹更著重於「格物致知」的過程，而黎立武的著眼處卻爲「誠意」。他認爲「誠意」是此「八條之的」，《大學》通篇大旨，說的就是一個「誠」字，「誠」者，所以盡性；「止」者，所以存「誠」。

黎立武此說其實亦是指「明明德」和「止至善」之事，但卻不像朱熹從「天理之極」、「格物致知」著手，而是由「誠」處言說，謂此「誠」即所當止之「至善」處。「《中庸》《孟子》皆曰不明乎善不誠乎身。善則誠之源，止善則誠斯立，此《大學》所以教而曾子守約之學。」〔註31〕也就是說，「誠」即曾子所守約之學，而善則爲「誠」之源。「誠中形外，斯爲至善也歟。彼爲不善者，是違性也；爲僞善者，是賊性也，是不誠之甚者。」〔註32〕

爲了說明「善」與「誠」的關係，他以樹木爲例，作了種種譬喻，認爲果核之仁中藏有無限生意，是至善之征；樹根得以生長、花兒得以盛放，是根、「華」得以各遂其性，因此是爲善；而「天時地利之不齊，枯瘁蠹蝕夭折」，是不善；「揠苗助長、刻楮奪眞」，是僞善，亦是「不誠之甚者」。明白了此中的道理，就能去不善、戒僞善以止於善，因而就能「誠乎身」，最終又回到《大學》「止至善」與「知止」的宗旨。這一切，皆是以「誠」爲中心所展開的論述。

黎立武通過「善爲誠之源，止善則誠斯立」的命題，借由善、不善與僞善的論證，揭示了「誠」爲「止至善」的本旨，並批判「爲格物致知之學者」是「不識聖賢之蘊」。

〔註30〕〔宋〕黎立武：《大學本旨》，《大學發微（及其它四種）》，頁3。
〔註31〕〔宋〕黎立武：《大學發微（及其它四種）》，頁2。
〔註32〕〔宋〕黎立武：《大學本旨》，《大學發微（及其它四種）》，頁2。

> 物有本末，本其本者，非物也；事有終始，始其始者，非事也。
> 曰本曰始，不在我乎？如或昧其本始，事而事之，物而物之，此蓋
> 多學而識之，非所謂一以貫之也。為格物致知之學者，不於知止，
> 片言求之，何以識聖賢之蘊？〔註33〕

按上下文意，此處黎立武所謂的「一以貫之」之道，當指「誠」。他認為，
不明白事物的本末道理，僅就事物的表象去追求，「事而事之，物而物之」，
這只是「多學而識之」的方法，實際並沒有明白到「誠」是通貫所有的道理，
「為格物致知之學者」就犯有這種毛病，因此，黎立武認為他們是「不識聖
賢之蘊」。這似乎是對朱熹的一個強烈批判，因為朱熹雖亦重「誠」，認為「好
善而不誠，則非惟不足以為善，而反有以賊乎其善；惡惡而不誠，則非惟不
足以去惡，而適所以長乎其惡。是則其為善也，徒有甚焉，而何益之有哉？」
〔註34〕同時也認為「誠」是「好善」和「惡惡」的重要先決條件，但在此中，
「格物致知」卻是更為重要的，通過「格物致知」，可以「開明其心術」，認
識到善惡之所在，以及可好可惡之必然；然後才能「復進之以必誠其意之說
焉，則又欲其謹之於幽獨隱微之奧，以禁止其苟且自欺之萌。」〔註35〕換句
話說，「誠意」只是「知致」以後的下一步修養功夫，不是首要的、最重要
的先決條件，這個為學次第，是不可逾越的。朱熹的這個看法，黎立武並不
認同，黎立武認為只要認清事物之本末，即可知「誠」才是通貫一切事物現
象的原則，他強調《大學》之大旨以「止至善」為歸，而以「誠意」為要。

　　究其實，他們的分歧，就是出現在對「格」、「致」和本末之序的不同理
解之上，以及黎立武對「止至善」之「知止」和「定、靜、安、慮、得」的
解釋，是採用了《中庸》「自誠明」和「自明誠」，以及《易》之「艮」的說
法。他認為：「夫明、新之在乎止至善者，誠則明也；止至善之存乎知止者，
明則誠也。故於此首揭知止二字，以及定、靜、安、慮、得之序，乃一篇之
樞要，在《易》之『艮』，『思不出位』之象也。」〔註36〕

　　由此可知，黎立武詮釋《大學》，所依據的中心思想就是《易》之「艮」
所隱含的「止於誠」之意，而朱熹則是以其理學體系來貫穿《四書》，他對《大
學》「格物致知」所作的詮釋，與黎立武的以「誠」詮釋《大學》相比較，可

〔註33〕〔宋〕黎立武：《大學發微（及其它四種）》，頁2。
〔註34〕〔宋〕朱熹：《四書或問》，頁29。
〔註35〕〔宋〕朱熹：《四書或問》，頁29。
〔註36〕〔宋〕黎立武：《大學本旨》，《大學發微（及其它四種）》，頁3。

說是各有特色。

二、「中庸」之大旨

　　黎立武於《中庸分章》一書之開篇中，即提出「諸家雖字論句析，然於大旨未明，讀之使人茫然。」〔註 37〕這所謂大旨為何？他在《中庸指歸》中有很清楚的說明：

　　　　中者，在中之義，正位居體之名也。先天大易本無方體，所以肇太極而生兩儀，既有太極，易立乎其中，而中之體立，兩儀既判，易行乎其中，而中之體明。然則所謂中之體者易也，易者生生之謂。生生之易曰仁，體仁之道曰誠。夫妙體之謂易，本體之謂仁，貫全體大用之謂誠。中庸之道，出於易，本於仁，極於誠。至道不可以名也，故取正位居體名之曰中。〔註 38〕

於此可見，其所謂大旨，即指「易」為「中」之體，因為「至道不可以名也，故取正位居體，名之曰中」，點明了「中庸」之「中」的意涵，而「易」之本體就是「仁」，貫全體大用的就是「誠」。所以，「中庸之道，出於易，本於仁，極於誠。」此「誠」即是上一節所謂之「止於至善」之「誠」。此《中庸》之大旨，是黎立武以為諸家皆說不清楚之處。

　　因此，黎立武之釋「中庸」，也是以《易》通貫其說。他認為，「中庸」之「中」，即「正位居體之名」。所謂「正位居體」，在人而言，即指「先天一理居中位正，而為有物之則，萬事萬化，何莫由斯。曰成，位乎其中；曰立，天下正位；曰思，不出其位。皆以正位居體言之。」這裡說的是居中位正的「先天之理」，而「中」，就含有《易》學上居中位或「正位居體」之義。此說亦見於王通的《中說·序》：「大哉。中之為義！在《易》為二五，在《春秋》為權衡，在《書》為皇極，在《禮》為中庸。謂乎無形，非中也；謂乎有象，非中也。上不蕩乎虛無，下不局於器用；惟變所適，惟義所在；此中之大略也。」〔註39〕由此可見，中位就是指《易》之「二五」爻。

　　對此，曾春海亦認為：「由易經的卦畫來看，第二爻為內卦之中，第五爻為外卦之中，此兩爻為易卦爻位的『中』。我們由〈彖〉、〈象〉辭似可得二原

〔註37〕〔宋〕黎立武：《中庸分章（及其它二種）》，頁1。
〔註38〕〔宋〕黎立武：《中庸指歸》，《中庸古本（及其它三種）》，頁1。
〔註39〕〔隋〕王通撰，〔宋〕阮逸注：《文中子說·序》，臺灣：中華書局編輯部編：《聚珍仿宋四部備要·新論、風俗通義、中說》，1966，頁3。

則：凡言『剛中』、『剛得中』者，必有九五或九二爻，且辭義多屬吉。凡言『柔中』、『柔得中』者，必有六二或六五爻，且多象徵小事吉。若九五、六二，則不僅合乎『中』且『當位』，因此特稱爲『中正』（正指『當位』）。例如〈同人・象〉：『中正而應』，指九五。」〔註40〕因此，「二五」的觀念，在《易》學上，實含無有不善之義。而黎立武釋「中庸」之「中」爲「正位居體之名」，就是援引《易》學之說。

黎立武認爲周敦頤的太極圖和通書，對此「中」之大義就頗有發明之處，而後來的二程發揚《中庸》之道甚力，惟卻獨缺《中庸》所以名篇之義，而當時「學者所取以爲據者，皆楊氏游氏之說也。楊氏曰：『不偏之謂中，不易之謂庸，中者天下之正道，庸者天下之定理』；游氏曰：『以德行言曰中庸，以性情言曰中和』。二子以爲所得於師者如此。藍田呂氏則曰：『天命之謂性，即所謂中，修道之謂教，即所謂庸，中者道之所自出，庸者由道而後立。』」〔註41〕黎立武對以上諸說皆略有分析，尤其對於呂大臨和伊川之間的論難，有極爲深入的分析。惟誠如前二節所言，黎立武始終認爲郭忠孝所傳的《中庸》才是得自於伊川晚年的心傳，而游、楊之說只是伊川早期之論。

黎立武在此「中」義的基礎上，進一步揭示「孟氏言稱堯舜而性之一語，萬世格言，堯舜以天下與人，而執中片言，實居其要，謂之中者必有事焉。夫喜怒哀樂，情也，其未發則性也，是中指性無疑。自中而發，無非順性命之理，而見諸庸言庸行，人道所共由者，不越乎合君臣、父子、昆弟、夫婦、朋友之交而已，是庸指道無疑。」〔註42〕因此，其「中」即指「性」，「庸」則爲「道」，因爲庸言、庸行、君臣、父子、昆弟、夫婦、朋友等，無不是人道之範圍，而所謂「不偏不倚，無過不及」則是指「發而中節」，也就是「和」的意思。至於釋「庸」爲「不易」，則是本之於「何莫由斯」之語，「何莫由斯」也就是「常」的意思。總體而言，「中庸」一義，實重在體用一源、求中於用之道。

至於喜怒哀樂之未發和欲發，也與「養於中」和「執此中」有關。未發時須「養於中」，如存心養性、閒邪存誠；而欲發時則須「執此中」，如守約、愼獨、一貫、止至善、克己復禮、反身而誠等修養功夫。此所謂「執中」，是《尙書》的說法，就是「持守於人心、道心之幾」的意思。「執中」的觀念就

〔註40〕曾春海：《易經的哲學原理》，臺北：文津出版社，2003，頁98。
〔註41〕〔宋〕黎立武：《中庸指歸》，《中庸古本（及其它三種）》，頁6。
〔註42〕〔宋〕黎立武：《中庸指歸》，《中庸古本（及其它三種）》，頁8。

相等於《中庸》的「時中」，黎立武認為「在書曰執中，在中庸曰時中。執中者，持守於人心道心之幾；時中者，權輿於由體達用之際」〔註43〕，因此，無論是「時中」或「執中」，都是指由體達用的修養境界，但黎立武更強調「性之身之者，以執中言；率性盡性者，以時中言」〔註44〕，兩者略有輕微的分別。

因此，我們可以明確看出，黎立武對「中庸」之「中」的解釋，是不同於朱熹的，黎立武是以通貫《易》學的方法來加以詮釋，認為「誠性內存，寂然未發，正位居體，是之謂中」〔註45〕，而「庸」則是「發於言行，中節而和，日用常道」〔註46〕，前者以正位言，在《中庸》就是指「命」、「性」之事，後者則以常道言，在《中庸》則指「道」、「教」之事，二者皆合「易」之全體大用。因此，其釋「庸」字實同於朱熹，皆「常也，用也」，也就是日用之常道的意思，並認為「中和」即為其用。此說亦甚符合郭忠孝所謂之「中其體也，庸其用也，聖人得於中用於天下，得於中者，合性命言之，用於天下者，兼道教言之，皆主人道為言也。」〔註47〕黎立武《中庸指歸》亦引述謝諤之話，說「艮齋謝氏嘗敘所授郭氏中庸說，為中為人道之大，以之用於天下國家，是子和所以學而伊川兼山之淵源也。」〔註48〕可知其釋《中庸》題名之義，實淵源自兼山學派。

另一方面，黎立武又認為「常道之用，大無不該，妙不可窮，而喜怒哀樂之發，誠形明動之驗，寔自言行始。」〔註49〕因為言行是君子的樞機，也是榮辱之主，因此《中庸》以言行為用，這是「九二」和「九五」二爻動而為庸的結果，而「庸」，就是「中之用也。用之言必信，用之行必謹」。只要發皆中節，就是「和」，而「誠者，致中和之道，皆所以盡己之性」〔註50〕。是以黎立武認為「誠」是貫全體大用，也就是「致中和」的工夫。

簡言之，黎立武認為《中庸》首章之義，就是「以命、性、道、教明中

〔註43〕〔宋〕黎立武：《中庸指歸》，《中庸古本（及其它三種）》，頁1。
〔註44〕〔宋〕黎立武：《中庸指歸》，《中庸古本（及其它三種）》，頁1。
〔註45〕〔宋〕黎立武：《中庸指歸》，《中庸古本（及其它三種）》，頁2。
〔註46〕〔宋〕黎立武：《中庸指歸》，《中庸古本（及其它三種）》，頁2。
〔註47〕見黎立武摘錄之郭忠孝《中庸說》，〔宋〕黎立武：《中庸指歸》，《中庸古本（及其它三種）》，頁7。
〔註48〕〔宋〕黎立武：《中庸指歸》，《中庸古本（及其它三種）》，頁7。
〔註49〕〔宋〕黎立武：《中庸指歸》，《中庸古本（及其它三種）》，頁2。
〔註50〕〔宋〕黎立武：《中庸指歸》，《中庸古本（及其它三種）》，頁3。

庸之義，以戒、懼、謹、獨明執中之道，以中、和明體用之一貫，以位、育明仁誠之極功」〔註51〕，而《中庸》全書十五章，則是「首章統論一篇之大旨，二章備著夫子之格言，三章而下，明率性謂道，修道謂教之事，九章而下，明至誠盡性，至誠能化之事，末乃傷今思古，以道統絕續之會，帝王授受之真，實在夫子，且反覆推明仁誠之道以俟後之聖人，末章則窮理盡性，至命之學也。」〔註52〕因此，《中庸》一書之旨，實是講「仁」、「誠」之道。

　　黎立武之所以說全書反覆推明「仁」、「誠」之道，是因為他認為所謂忠恕、誠化，就是指「忠者執中於心，誠者致中和之道，皆所以盡己之性，所謂中也；恕者道之推，化者教之至，皆所以盡人物之性，所謂中也。合而言之曰仁，則己立立人，己達達人。仁者中庸之本體也，貫而通之曰一，則體用一源，顯微無間。一者中庸之妙貫也。」〔註53〕也就是說，《中庸》講的本體實際就是「仁」，而「忠」、「恕」、「誠」、「化」就是本於此「仁」體而展開的執中、盡性、致中和與教化的工夫，這全部貫而通之就是「中庸」體用一源之道，因此，「誠」就是盡「中庸」之性，極「中庸」之功的工夫，通過學問思辨就可以明白此「中庸」之道。這種說法，就類似於朱熹對「格物致知」的理解。

　　至於此「中庸」之道，「獨於乾九二明之」〔註54〕因為乾二是人道之始，「中庸」則是人道之本，「中庸」是以率性盡性為體，以言行為用，因此乃謂喜怒哀樂未發謂之中，一旦發而中節，則為庸德之行，庸言之謹。換言之，乾二與「中庸」所指涉的都是有關於人道之事，故可以相互發明，而「乾中爻變坤成坎，坎有孚者誠也。坤中爻變乾成離，離中虛者明也。乾二爻變重坤成師，師者師也，坤二爻變重乾成同人，同人者友也。乾坤坎離之交明誠，誠明之妙而萬化由之出。是以由明而誠者，尊賢、信友、學問、思辨，以明中庸之教。由誠而明者，盡己、盡物、形著、動變，以成中庸之化焉。所謂遯世不見知而不悔者，即初九龍德而隱之事。」〔註55〕也就是說，乾之中爻的變化，和坤之中爻的變化，會演發出誠與明，此二爻再變化，又會演發出師友教化的關係，由此明誠、誠明而萬化由之出，隨之又有中庸之教化。

〔註51〕〔宋〕黎立武：《中庸指歸》，《中庸古本（及其它三種）》，頁2。

〔註52〕〔宋〕黎立武：《中庸指歸》，《中庸古本（及其它三種）》，頁3。

〔註53〕〔宋〕黎立武：《中庸指歸》，《中庸古本（及其它三種）》，頁3。

〔註54〕〔宋〕黎立武：《中庸指歸》，《中庸古本（及其它三種）》，頁3。

〔註55〕〔宋〕黎立武：《中庸指歸》，《中庸古本（及其它三種）》，頁4。

　　黎立武依此乾卦卦爻之重變關係，推導出了誠明、明誠的生化和教化的特質，又條列句析以說明「遯世不見知而不悔」就是初九龍德而隱〔註56〕之事；尊德、問學、不驕、不悖，就是九三乾乾進修〔註57〕之事；贊化育、配天地，就是九五合德之事；至誠無息，純亦不已者，就是中正純粹、自強不息之事。因此，他認爲「易與中庸相爲經緯」，《中庸》十二章已備論之，如果不深入研究的人是不會明白的。〔註58〕此一說，亦本自郭忠孝的《中庸說》。郭忠孝謂：

> 性也，道也，教也，內外相成之道，是三者得之然後爲中庸之道，又本之易以依乎中庸。遯世不悔焉，潛龍之事，以庸德之行，庸言之謹，爲龍德正中之事；學問思辨篤行，即聚辨居行之旨也，故以見龍在田爲誠之者之事；參配天地即大人合德之旨也，故以飛龍在天爲誠者之事；於乾之二爻則曰，此中庸誠形明動變化之序也。〔註59〕

可見黎立武以《易》釋《中庸》，實是承郭忠孝之餘緒，非自務高論之舉。

　　至於人之「性」和「氣稟」的生成原理，他所持的亦是先天大易的說法。他認爲人之所以「得以成性」，是因爲「無極之眞」，因爲「無極之眞，乃先天大易生生之理，爲天地中人得之以成性」〔註60〕者，而質性之形成，則是由於「二五之精」的後天形氣變化所致，也就是說，人是因無極之眞、二五之精妙合凝成所生。無極之眞與二五之精，就是理與氣，人得前者即成人性，因此，性是形而上的，至於得後者，則成其質，因此，質是形而下的。人之質所以有高下美惡之區別，是因爲氣有清濁厚薄之故，雖然如此，此「性」卻是同爲靈明靜虛的「先天一眞之理」〔註61〕，人人所得者皆同，不但萬理根於斯，萬善亦萌於斯，而此「性」就是指的道之體，其本體就是「仁」，其變體就是五常，「道」就是存於此五常之中。〔註62〕因此，雖然他也談氣之清濁厚薄對質性高下美惡的影響，但說法卻並不盡然相同於朱熹，但是，對於人

〔註56〕《易》曰：「初九，遯世無悶，不見是而無悶。」
〔註57〕《易》曰：「九三君子進德修業，居上位而不驕，在下位而不憂。」
〔註58〕〔宋〕黎立武：《中庸指歸》，《中庸古本（及其它三種）》，頁4。
〔註59〕見黎立武摘錄之郭忠孝《中庸說》，〔宋〕黎立武：《中庸指歸》，《中庸古本（及其它三種）》，頁7。
〔註60〕〔宋〕黎立武：《中庸分章（及其它二種）》，頁1。
〔註61〕〔宋〕黎立武：《中庸指歸圖》，《中庸古本（及其它三種）》，北京：中華書局，1991，頁14。
〔註62〕〔宋〕黎立武：《中庸分章（及其它二種）》，頁1。

雖同此性與道，卻因「氣稟不齊，不能知其固有，不能全其本然」〔註63〕，因此，必須節言行以法則，制品節以禮，定範防以政令，「使斯民節其情，復其性，而由其道」〔註64〕，這點說法，倒是與朱熹甚為吻合的。二者之說同中有異，異中存同，更重要的是切入途徑之不同。

黎立武重《易》、《庸》，先瞭解《中庸》，後瞭解《大學》，是其基本立場，而《中庸分章》便是其對《中庸》的章句解釋，《中庸指歸》則是對《中庸分章》所未盡意者作進一步闡釋，此外，《中庸指歸圖》則更是他通過圖表來強化其「中庸之道出於易」的說明。對他而言，《中庸》與《大學》皆通於《易》，而《中庸》之序則更是在《大學》之前，因此，黎立武釋《大學》即本《易》、《庸》以解說之的，《大學本旨》是他對《大學》的章句解釋，《大學發微》則是他對《大學本旨》的旨意說明。

此四書，本旨一貫，《大學本旨》與《大學發微》為說其書之功在於止善，止善是其大法，存誠是其大旨，而此誠，即是《中庸》所以盡性之誠，止，就是所以存誠之道。至於《中庸分章》、《中庸指歸》與《中庸指歸圖》則主要解釋「中」之義，並以正位君體之道來解釋《中庸》所以名篇之義，同時也點明了「中庸之道，出於易，本於仁，極於誠」的大旨，認為「易」之本體就是「仁」，貫全體大用的就是「誠」，黎立武認為這就是所謂的一以貫之者。

三、《中庸指歸圖》

黎立武的《中庸指歸圖》共分為三個部分，第一部分為「中庸綱領圖」，第二部分為「易中庸虛中圖」，第三部分為「易中庸貫通圖」。

（一）中庸綱領圖

「中庸綱領圖」是黎立武由自己所劃分的十五個自然段中，歸納出六個意義段，並畫圖依次加以說明者：

> 第一章自「天命之謂性至萬物育焉」，是以命、性、道、教明中庸之義。
>
> 第二章自「『仲尼曰：君子中庸，小人反中庸』至『依乎中庸，遯世不見知而不悔，惟聖者能之』」，是推原夫子所論中庸之道，此

〔註63〕〔宋〕黎立武：《中庸分章（及其它二種）》，頁2。
〔註64〕〔宋〕黎立武：《中庸分章（及其它二種）》，頁2。

章彙集夫子平日所以論中庸者凡六節，繫之首章之下，以推原中庸
所以名與所以作中庸之意。〔註65〕

第三章至第八章，自「『君子之道費而隱』至『誠身有道，不
明乎善，不誠乎身矣』」，皆率性謂道與修道謂教之事。

第九章至十一章，自「『誠者天之道也，誠之者人之道也』至『蓋
曰文王之所以爲文也，純亦不已』」，皆至誠盡性與至誠能化之事。

第十二章至十四章，自「『大哉聖人之道洋洋乎發育萬物』至
『苟不固聰明聖知達天德者，其孰能知之』」，乃歎中庸之道不行，
而致傷今思古之意。

第十五章，自「『詩曰衣錦尚絅』至『上天之載，無聲無臭，
至矣』」，乃引詩復明隱見、顯微之旨，以極夫誠而化之妙。又謂：「中
庸誠化之道本於易乾九二，曰見龍，曰正中，曰庸言庸行，曰存誠，
曰博化，此隱而見，微而顯，天德也，終以詩曰：『上天之載，無聲
無臭』，此見而隱，顯而微，太極本無極也。」

（《中庸古本（及其它三種）・中庸指歸圖》）〔註66〕

其下每一章節，又各有一圖詳細說明文意，第一章末尾，黎立武又總結曰：「首
章以命、性、道、教明中庸之義，以戒謹、恐懼、謹獨明執中之道，以中和
明中庸之全體大用，以位育明中庸之神化極妙」〔註67〕，是以「中庸」之「中」
爲全文核心，「命、性、道、教」及「戒謹、恐懼、謹獨」、「中和」等，皆是
用以說明「中庸」之義者。

此分章法，無論是自然段或意義段，皆有異於朱熹，朱熹亦根據自己所
劃分的自然段，將《中庸》全文歸納爲六個意義段，謂：

第一章，自「『天命之謂性』至『萬物育焉』」，是明道之本原
出於天而不可易，其實體備於己而不可離，次言存養省察之要，終
言聖神功化之極，蓋欲學者於此反求諸身而自得之，以去夫外誘之
私，而充其本然之善。楊氏所謂一篇之提要是也。

〔註65〕 朱熹謂第二章是引孔子之言以明首章之意，蓋此篇大旨以知、仁、勇三達德
爲入道之門，與黎立武以爲此章是推原中庸所以名與所以作中庸之意大大不
同。
〔註66〕 〔宋〕黎立武：《中庸指歸圖》，《中庸古本（及其它三種）》，頁1。
〔註67〕 〔宋〕黎立武：《中庸指歸圖》，《中庸古本（及其它三種）》，頁2。

第二章至第十一章，自「『仲尼曰：君子中庸，小人反中庸』至『遯世不見知而不悔，惟聖者能之』」，皆論中庸以釋首章之義。文雖不屬，而意實相承也。變和言庸者，游氏曰：「以性情言之，則曰中和，以德行言之，則曰中庸是也。」然中庸之中，實兼中和之義。

第十二章，自「『君子之道費而隱』至『及其至也，察乎天地』」，乃子思之言，蓋以申明首章道不可離之意也。

第十三至二十章，自「『子曰：道不遠人』至『雖愚必明，雖柔必強』」，乃雜引孔子之言以明第十二章之義。第二十章又謂「所謂誠者，實此篇之樞紐也。」

第二十一章，自「『自誠明謂之性』至『誠則明矣，明則誠矣』」，是子思承上章夫子天道、人道之意而立言也。

第二十二章至三十三章，自「『唯天下至誠』至『上天之載，無聲無臭，至矣』」，皆子思之言，以反覆推明此第二十一章之意。第三十三章又總結而言「子思因前章極致之言，反求其本，復自下學為己謹獨之事，推而言之，以馴致乎篤恭而天下平之盛。又贊其妙，至於無聲無臭而後已焉。蓋舉一篇之要而約言之，其反覆丁寧示人之意，至深切矣，學者其可不盡心乎！」

（《四書章句集注・中庸章句》）

若以圖表方式呈現，則二者之區別便明顯可見：

意義段	黎 立 武	朱 熹
第一意義段	自「天命之謂性至萬物育焉」，是以命、性、道、教明中庸之義。	自「『天命之謂性』至『萬物育焉』」，是明道之本原出於天而不可易，其實體備於己而不可離，次言存養省察之要，終言聖神功化之極，蓋欲學者於此反求諸身而自得之，以去夫外誘之私，而充其本然之善。楊氏所謂一篇之提要是也。
第二意義段	自「『仲尼曰：君子中庸，小人反中庸』至『依乎中庸，遯世不見知而不悔，惟聖者能之』」，是推原夫子所論中庸之道，此章彙集夫子平日所以論中庸者凡六節，繫之首章之下，以推原中庸所以名與所以作中庸之意。	自「『仲尼曰：君子中庸，小人反中庸』至『遯世不見知而不悔，惟聖者能之』」，皆論中庸以釋首章之義。文雖不屬，而意實相承也。變和言庸者，游氏曰：「以性情言之，則曰中和，以德行言之，則曰中庸是也。」然中庸之中，實兼中和之義。

第三意義段	自「『君子之道費而隱』至『誠身有道，不明乎善，不誠乎身矣』」，皆率性謂道與修道謂教之事。	自「『君子之道費而隱』至『及其至也，察乎天地』」，乃子思之言，蓋以申明首章道不可離之意也。
第四意義段	自「『誠者天之道也，誠之者人之道也』至『蓋曰文王之所以為文也，純亦不已』」，皆至誠盡性與至誠能化之事。	自「『子曰：道不遠人』至『雖愚必明，雖柔必強』」，乃雜引孔子之言以明第十二章之義。第二十章又謂「所謂誠者，實此篇之樞紐也。」
第五意義段	自「『大哉聖人之道洋洋乎發育萬物』至『苟不固聰明聖知達天德者，其孰能知之』」，乃歎中庸之道不行，而致傷今思古之意。	自「『自誠明謂之性』至『誠則明矣，明則誠矣』」，是子思承上章夫子天道、人道之意而立言也。
第六意義段	自「『詩曰衣錦尚絅』至『上天之載，無聲無臭，至矣』」，乃引詩復明隱見、顯微之旨，以極夫誠而化之妙。又謂：「中庸誠化之道本於易乾九二，曰見龍，曰正中，曰庸言庸行，曰存誠，曰博化，此隱而見，微而顯，天德也，終以詩曰：『上天之載，無聲無臭』，此見而隱，顯而微，太極本無極也。」	自「『唯天下至誠』至『上天之載，無聲無臭，至矣』」，皆子思之言，以反覆推明此第二十一章之義。第三十三章又總結而言「子思因前章極致之言，反求其本，復自下學為己謹獨之事，推而言之，以馴致乎篤恭而天下平之盛。又贊其妙，至於無聲無臭而後已焉。蓋舉一篇之要而約言之，其反覆丁寧示人之意，至深切矣，學者其可不盡心乎！」

　　上表顯示，自然段的劃分對於意義段的整理有著很大的影響，朱熹和黎立武對於自然段的劃分有著十分大的差別，即使對《中庸》首章和末章的自然段有同樣的劃分法，其闡釋法亦自不同。朱熹謂首章「明道之本原出於天而不可易，其實體備於己而不可離，次言存養省察之要，終言聖神功化之極，蓋欲學者於此反求諸身而自得之，以去夫外誘之私，而充其本然之善。楊氏所謂一篇之提要是也」〔註68〕，此說自是本其理學思想體系而發；而黎立武則謂「首章以命、性、道、教明中庸之義，以戒謹、恐懼、謹獨明執中之道，以中和明中庸之全體大用，以位育明中庸之神化極妙」〔註69〕，明顯是貫徹以《易》釋《庸》的原則，因而首重「中庸」之「中」的大旨。

　　末章朱熹曰：「子思因前章極致之言，反求其本，復自下學為己謹獨之事，推而言之，以馴致乎篤恭而天下平之盛。又贊其妙，至於無聲無臭而後已焉。蓋舉一篇之要而約言之，其反覆丁寧示人之意，至深切矣，學者其可不盡心

〔註68〕〔宋〕朱熹：《四書章句集注》，頁18。
〔註69〕〔宋〕黎立武：《中庸指歸圖》，《中庸古本（及其它三種）》，頁2。

乎！」〔註70〕此處所謂之「因前章極致之言」，指的是非至聖不能知、非至誠不能爲的至誠之道與至誠之德，也就是指聖人、天道之極致。朱熹認爲末章正是子思針對此聖人、天道之極致而提出求其本、下學、爲己與愼獨之工夫。至於黎立武則謂：「天命謂性一語，十一章已深明其妙，末章復會而歸之，知人知天之學備矣。人以七尺之軀，而欲參贊天地，發育萬物，散之彌滿六合，斂之退藏於密，庸非一中之妙，非盡性至命，索隱知微，何足以知此。中庸一書，隱見顯微之論，悉矣。」〔註71〕再三強調此一「中」之偉大與極致，與朱熹之詮釋有很大的差別。

因此，黎立武所作的圖表，便可說是他用以證明每一意義段之間的緊密聯繫與關係說明的方式，如第一章圖：

第一章

第一章圖要解說的是「天命之謂性，率性之謂道，修道之謂教。道也者，不可須臾離也，可離，非道也。是故君子戒愼乎其所不睹，恐懼乎其所不聞，莫見乎隱，莫顯乎微。故君子愼其獨也。喜怒哀樂之未發，謂之中，發而皆

〔註70〕〔宋〕朱熹：《四書章句集注》，頁40。
〔註71〕〔宋〕黎立武：《中庸指歸圖》，《中庸古本（及其它三種）》，頁18。

中節，謂之和。中也者，天下之大本也，和也者，天下之達道也。致中和，天地位焉，萬物育焉。」

　　黎立武以圖表形式突顯出命、性、道、教、中和與慎獨之間的關係與重要性，可說是純粹為了突出文意重點而作。又如第三章圖：

第三章

　　第三章圖要解說的是「君子之道，費而隱。夫婦之愚，可以與知焉，及其至也，雖聖人亦有所不知焉。夫婦之不肖，可以能行焉，及其至也，雖聖人亦有所不能焉。天地之大也，人猶有所憾，故君子語大，天下莫能載焉，語小，天下破焉。詩云：鳶飛戾天，魚躍於淵。言其上下察也。君子之道，造端乎夫婦，及其至也，察乎天地。」

　　黎立武以圖表形式突顯出了「費」和「隱」與「率性之謂道」的關係，認為「費」即「道之用也。庸也，顯見也，發而中節也」，而「隱」則是「道之體也，中也，隱而未發也。」至於「道」，就是指「性」，而此「性」又有所謂「率性」和「盡性」之不同表現，「夫婦之愚不肖而能知能行者」就是「率性」，也就是循其性之自然，鳶飛魚躍都是循性而行者。至於聖人所不能知不能行者，就是盡性之事，這就好比天地也有不能盡的時候。因此，第三章實

際就是借「愚不肖」而論及聖人之知能，同時也借鳶魚而論及天地之明察，重點在於以「費而隱」來點明「率性之謂道」的意涵。〔註72〕

　　可見黎立武繪製「中庸指歸圖」並非爲博取玄妙高深之美名，而只是一種以圖明志的筆記方式，這或許也是當時宋代的一種讀書風氣，隨手拈來，就有太極圖、金丹圖、體用圖、元神圖、中庸參贊圖、孟子性情才皆善之圖等，足見以圖釋《庸》並非黎立武的創舉。而在黎立武所繪製的《中庸指歸圖》裏，最值得注意就是明九經之教的第八章圖。

第八章圖

　　第八章圖主要解說的是「哀公問政。子曰：『文武之政，佈在方策。其人存，則其政舉；其人亡，則其政息。人道敏政，地道敏樹。夫政也者，蒲盧也。故爲政在人，取人以身，修身以道，修道以仁。仁者人也，親親爲大；義者宜也，尊賢爲大；親親之殺，尊賢之等，禮所生也。在下位不獲乎上，民不可得而治矣！故君子不可以不修身；思修身，不可以不事親；思事親，不可以不知人；思知人，不可以不知天。』天下之達道五，所以行之者三，曰君臣也，父子也，夫婦也，昆弟也，朋友之交也，五者天下之達道也。知、仁、勇三者，天下之達德也，所以行之者一也。……凡爲天下國家有九經，曰修身也，尊賢也，親親也，敬大臣也，體群臣也，子庶民也，來百工也，

〔註72〕〔宋〕黎立武：《中庸分章（及其它二種）》，頁5。

柔遠人也，懷諸侯也。……不明乎善，不誠乎身矣。」

　　黎立武將本章要旨「施於有政以爲教者也」橫書於圖表首行之中央而爲「九經之教施於爲政」，又清楚列明達道五乃「君臣、父子、夫婦、兄弟、朋友」，達德三乃是「知、仁、勇」，九經乃是「修身、尊賢、親親、敬大臣、體群臣、子庶民、來百工、柔遠人、懷諸侯」。

　　黎立武認爲，此五達道是用以明修道謂教以施於有政的，至於三達德，朱熹認爲便是「所以行之者三」所指的項目，但黎立武卻沒將重點放在此處，而是認爲「章首以修身、親親、尊賢爲要，末以信友、順親、誠身爲歸，斯三者反覆致意焉，九經之教，此其樞也。」言下之意，乃是指「修身、親親、尊賢」三者才是九經之教的重點。他認爲，由親親、尊賢之等殺會產生禮，而敬大臣，就是由尊賢之義所推生出來的，體群臣、子庶民、來百工、柔遠人、懷諸侯，則是由親親之仁所推生出來的。因此，此五達道實即率性之道的表現，若論人道，也不過是此五者，而此五者就是根源於我們的本然之性，也就是本體之仁。因此，黎立武所重視者即此一「仁」，他認爲五達九經的本源就是此「一性之仁」。知者一定會瞭解這個道理，勇者也一定會努力去實踐，所以說「行之者一」。

　　換言之，第八章所強調的五達道、三達德與九經之教的根源都在於「仁」，「仁」是從性善的層面來說的，若論盡性，則最終都統歸於誠，善就是用以明此誠的，而一則以行此誠。黎立武認爲，這就是第八章「首之以仁，終之以誠」的原因，而這也是《中庸》所再三強調的忠恕之道。因此，第八章以下的各章都是用以說明此「誠」之義的。譬如第九章圖所欲突出的即爲「誠者天之道」、「誠之者人之道」，以及「自誠明謂之性」、「自明誠謂之教」四者之間的關係，而第十章與十一章皆爲「至誠盡性，至誠能化之事」。〔註73〕

　　黎立武認爲至誠能化是盡性之事，也是中庸之極功，這些天德之事，皆與乾九五大人位有關，而「維天之命，於穆不已」就是「忠」，乾道變化，各正性命，即爲「恕」，「天之忠恕，即乾之中庸，即乾之誠化，即乾元之仁」，也就是說，於穆天道成就了乾道的變化與各正性命，這是天道的忠恕表現，我們也可以將之視爲乾道的中庸、誠化或乾元之仁的表現。而天道之所以能夠終萬物、始萬物，原因就在於「艮」，因爲「艮」含有反身之義，所謂君子反身而誠，就有取於「艮」之道的意思。〔註74〕

　　────────────

〔註73〕〔宋〕黎立武：《中庸分章（及其它二種）》，頁10。
〔註74〕〔宋〕黎立武：《中庸分章（及其它二種）》，頁12～13。

第九章

誠者天之道
誠之者人之道

不勉，不思，從容，中道，擇善，博學，審問，慎思，明辨，篤行，人一己百，人十己千。困知勉行　明善修身　矣。

生知安行　誠則明　率性

自誠明謂之性　　至此　則盡　性矣，　教至　於此　則化

自明誠謂之教

第十章

至誠

盡其性
盡人性
盡物性
可與天地參
贊天地化育
天地位焉萬物育焉

致中和

其次致曲
曲能有誠
誠明
形　著
化
動　變
誠　至　如神
能　化能
如神

第十一章

自第十二章起，直到第十四章，黎立武認爲都是感歎中庸可以參天地、贊化育之道的偉大與峻極於天，以及對時王之不爲與聖人之不遇的感傷。最末一章，黎立武以爲仍是對「天命謂性」之妙的會歸，因爲誠如本節開頭所說的：「人以七尺之軀，而欲參贊天地，發育萬物，散之彌滿六合，斂之退藏於密，庸非一中之妙，非盡性至命，索隱知微，何足以知此？中庸一書，隱見顯微之論，悉矣。」〔註75〕

若取《中庸指歸圖》與《中庸分章》並讀，便可以發現，黎立武對《中庸》的解讀，實較朱熹爲高明。黎立武是結合了《易》、《庸》之學，對「中庸」一詞作出極爲創發性的詮釋，這種詮釋方式本身就有迹可循，而朱熹卻是以本身的理學思想體系去重新詮釋《中庸》，其理論基礎就略顯薄弱，讀之難免有不得暢通的窒礙感，反不如黎立武洋洋灑灑的痛快。

（二）《易中庸虛中圖》

黎立武的《易中庸虛中圖》，是由兩個大圓形來呈現的，這兩幅大圓圖的基本結構是一樣的，都由一個上白下黑的外環所組成，但其中一個只有一個上白下黑的外環，裏面沒有任何內環，另外一個則除了上白下黑的外環之外，裏邊還有一個全白的內環。這兩個虛空的內環所欲指代的即爲「中」或「易」的本體，也就是作者所欲點明的「虛中」位置。

此處必須特別留意的是，黎立武此「易中庸虛中圖」的結構並不像周敦頤的太極圖，反而更像《道藏·周易圖》裏的「太極圖」及《上方大洞真妙經圖》裏的「道妙恍惚之圖」。〔註76〕所不同的是《周易圖》裏的「太極圖」是以「氣」爲核心，《上方大洞真妙經圖》裏的「道妙恍惚之圖」以「炁」爲核心，二者皆主「氣」，而黎立武的《易中庸虛中圖》則以「中」或「易」爲核心。換言之，黎立武是企圖以此二圖來解釋《易》和《中庸》的本體都是「虛中」，也就是說，兩者是可以相互貫通的。（見圖一與圖二）

〔註75〕〔宋〕黎立武：《中庸分章（及其它二種）》，頁18。
〔註76〕圖見鄭吉雄：《易圖像與易詮釋》，臺北：臺大出版中心，2004，頁220～221。

圖一   圖二

　　圖一與圖二的特色是兩圖的文字內容是相關聯的，如圖一的「天地設位，易行其中」，與圖二的「成性存存，道義之門」，便是出自《易‧繫辭上》的「天地設位，而易行乎其中矣。成性存存，道義之門。」至於圖一的「無極而太極，動而生陽……」，與圖二的「無極之眞，二五之精……」，則是出自周敦頤的《太極圖說》。同樣的，圖一的「立天之道曰陰與陽」，與圖二的「立地之道曰柔與剛」，也是出自《易‧說卦傳》：「立天之道曰陰與陽，立地之道曰柔與剛，立人之道曰仁與義。」

　　圖一應爲解釋《易》之虛中者，圖二則應爲解釋《中庸》之虛中，也就是「吾心之易」者，二者實際是相關聯的，因此，我們基本可以將它們視爲同一解釋原理，而此原理，黎立武乃作如下解釋：

> 先天一眞之理，上古聖人以易名之，曰易無體，又曰道形而上，又曰上天之載，無聲無臭，亦曰大易。大易者，未見氣也。亦曰無極，無以無體言，極以至道言。無極而有則太極，太極而分則兩儀。

　　自乾坤成列，而易立乎其中，則乾坤爲易之蘊。乾正中，坤正中，
而易之體立焉。自天地設位而易行乎其中，則成性爲道義之門。帝
降衷，民受中，而易之用行焉。然則天位乎上，地位乎下，六合之
內，天地一虛中也。所謂周流六虛者，非大易之道乎？人生兩間，
頭圓象天，足方象地，而心爲身之主，黃中通理，人心一虛中也。
所謂退藏於密者，非吾心之易乎？太虛寥廓必有事焉，彌滿乎其中
謂氣也。大化之混融無外者，元之體，生理之胚渾無間者，仁之根。
大道之悠久不息者，誠之源，無非一先天妙體而已，超形越數而爲
形數之主，居中位正而立天地，故以太極而上一眞之理言之，是爲
無體之易。以三才既奠自然之則言之，是爲大本之中，於戲斯道也，
龍河龜洛兆之矣。易變一而萬化出，中正而萬法存。聖人者，體易
以探造化，作易以順性命，執中以傳心法，建中以立世教，明中庸
以垂萬世則，而太極之蘊，人極之本，皇極之道大備矣。〔註77〕

若以當今白話文去理解這一段話，那麼，所謂的「先天一眞之理」，就是無
體之「易」或「大易」，也就是形而上之道，又叫做「無極」。「無」就是「無
體」，「極」就是「至道」，「無極」而「有」就是「太極」，然後分兩儀。而
整個宇宙的開始，即始於乾坤成列、易立乎其中，因此說自天地設位以來，
易便行乎其中，「帝降衷」、「民受中」都是說易之用。因此，在天地之間，
隱然有一無體之虛中運行其間，生化萬物。反觀吾人，「頭圓象天，足方象
地」，而心就似吾身之主，又如黃中通理，正位居體，儼如我們人心之「虛
中」。所謂「退藏於密」，說的無非就是這個「吾心之易」了。因此，這個混
融無外的大化世界實有一「元之體」，悠久不息，這就是「誠」之源，「誠」
之源無非就是此一居中位正的先天妙體而已，而我們人身則有一「仁之根」。

　　是故黎立武認爲，《易》和《中庸》都能以「虛中」的「先天一眞之理」
貫通起來。爲證其說，他大量引用了《尚書・大禹謨》「人心惟危，道心惟微，
惟精惟一，允執厥中」、《左傳》「民受天地之中以生」、邵雍「性者，道之形
體；心者，性之郭郭」，以及《周易・坤》「君子黃中通理，正位居體，美在
其中而暢於四支，發於事業，美之至也」等句來說明此一「虛中」與《中庸》
的關係，又引用了周敦頤的《太極圖說》與《繫辭上》來說明「吾心之易」
的「虛中」原理，以強化其《中庸指歸》的義理解說部分，可謂用心良苦。

〔註77〕〔宋〕黎立武：《中庸指歸圖》，《中庸古本（及其它三種）》，頁14。

（三）《易中庸貫通圖》

黎立武的《易中庸虛中圖》要證說的是先天一眞之理的「虛中」問題，而其《易中庸貫通圖》所要證說的則是《中庸》與《易》之乾、坤二卦是如何相貫通的問題，都是爲了加強《中庸指歸》一書的理論解說而作的。

黎立武《易中庸貫通圖》（圖一）〔註78〕

〇 亢龍

飛龍在天

誠　誠

聖蹟性成

或躍在淵

上焉者雖善無征，不信，民弗從。有其德，無其位，貴而無位，高而無民，賢人在下位而無輔。

誠者天之道，至聖有臨，凡有血氣，莫不尊親，大德得位，浩浩其天，淵淵其淵，溥博如天，淵泉如淵，鳶飛戾天，魚躍於淵，上下察也。

聖人作，萬物覩，天親上，地親下，位乎天德。

進德修業欲及時也。

知進退存亡而不失其正者，其惟聖人乎？

大人造也，天地合德，日月合明，四時合序，鬼神合吉凶。

如天覆地載，四時行，日月明。

重剛不中，上不在天，下不在田，中不在人。

〔註78〕〔宋〕黎立武：《中庸指歸圖》，《中庸古本（及其它三種）》，頁15。

〔註 79〕

〔註 79〕〔宋〕黎立武：《中庸指歸圖》，《中庸古本（及其它三種）》，頁 16。

黎立武《易中庸貫通圖》（圖二）

○ 龍戰於野 首

―――――――――

○ 黃裳 誠 明
［心君之位］
文在中也

黃中通理，正位居體，美在其中，暢于四支，發於事業，美之至也。

喜怒哀樂未發謂之中，發而皆中節謂之

―――――――――

○ 括囊 手
慎不害也

天地變化，草木蕃，天地閉，賢人隱。括囊，無咎，無譽，蓋言謹也。

既明且哲，以保其身。

―――――――――

○ 含章
［坤為腹］
含章可貞，以時發也。或從王事，知光大也。

陰雖有美，含以從王事，弗敢成也，地道也，妻道也，臣道也。

達達道。

―――――――――

○ 直方大 誠 明
六二之動，直以方也。不習無不利，地道光也。

直其正也，方其義也。敬以直內，義以方外，敬義立而德不孤。

敬義。

―――――――――

○ 履霜堅冰至 足
履霜，陰始凝也，馴至其道。

積善之家，必有餘慶，積不善之家，必有餘殃。

栽者培之，傾者覆之。

圖一由上至下（共六個部分）分別是乾卦上九、九五、九四、九三、九二與初九的爻辭與《文言》部分的內容，並於其旁摘錄《中庸》之內容以證之，如以「戒愼」、「恐懼」、「愼獨」證「乾‧九三」之「終日乾乾」，以「學問」、「思辨」、「篤行」證「乾‧九二」「見龍在田，利見大人」之君德，蓋朱子亦謂「學以聚之，問以辨之，寬以居之，仁以行之」四者，是成大人之德的途徑，由此再言君德，以深明九二之爲大人。〔註 80〕又如以「隱見顯微」證「乾‧初九」之「龍德而隱，不易乎世，不成乎名，遯世無悶，不見是而無悶」〔註 81〕，以見聖人之德的隱顯。

至於圖二（亦爲六個部分）則分別是坤卦上六、六五、六四、六三、六二與初六的爻辭及《象》辭與《文言》的內容，同時亦摘錄了《中庸》部分內容以旁證之，如以「喜怒哀樂未發謂之中，發而皆中節謂之和」證「坤‧六五」之「黃裳元吉，文在中也」（《小象》），說明「中順之德，充諸內而見於外」〔註 82〕之象。又如以爲「坤‧六三」之「妻道、臣道」乃說明五達道者，以「坤‧初六」之「履霜堅冰至」來證《中庸》之「栽者培之，傾者覆之」，以見愼獨與謹言愼行的重要性。

是以黎立武認爲，太極既分乾坤，就賦予了乾陽坤陰、乾天坤地、乾君坤臣、乾父坤母、乾性坤身、乾體坤用等之特性，乾坤可說是萬物之始生與成質之關鍵。而九二因是內卦之中，亦是人道之始，因此可說是「龍德而正中」，「中庸」之名於此確立。坤之六五則爲「歸藏之所，心君之位，大生眞土，五位中央，故曰黃中通理，正位居體，美在其中，暢於四支，發於事業」，因此可說是「中和之體用全」者。「執中相傳，所以明其體」，「中庸垂教，所以著其用」，因此說「中庸之道出於易」。〔註 83〕

「中庸之道出於易」，也是黎立武的《中庸指歸》和《中庸指歸圖》所一再強調的重點。其圖表雖多，而道理實一，閱其圖，則其意愈明，實無王梓材所謂之「務爲高論」〔註 84〕之弊，閱者不妨細察。

〔註 80〕轉引自柴棲鷟：《周易本義表解》，臺北：北方出版社，2008 年修正版，頁 7。
〔註 81〕柴棲鷟：《周易本義表解》，頁 6。
〔註 82〕轉引自柴棲鷟：《周易本義表解》，頁 23「朱子注」。
〔註 83〕〔宋〕黎立武：《中庸指歸圖》，《中庸古本（及其它三種）》，頁 20。
〔註 84〕〔清〕王梓材，馮雲濠撰；張壽鏞校補：《宋元學案補遺》，頁 1421。

小　結

　　《易》、《庸》一體之說非黎立武所創，古已有之。蕭萐父先生亦曾說過，《易》、《庸》的天道觀、人道觀基本架構，以及以「中」作爲規範個體的道德行爲和普遍價值尺度，從而「把『天道』與『人道』、『天文』與『人文』相提並論，貫通起來考察，是《易》、《庸》之學的一個重要思路。」〔註 85〕可見《易》、《庸》確有其可以融貫之處，而此相互融貫的思維，不僅只是一種學術思想，更是中國古已有之的精神傳統，伊川之學原「以性爲本，以《中庸》、《易》爲先」〔註 86〕，可說是沿襲了中國此一傳統精神的一貫思路，郭忠孝只是承傳伊川之學術精神，把伊川未及系統化的《易》、《庸》融貫大旨加以精確地表述出來，至黎立武，此一學術思想方才得以發揮至極處，而《易》、《庸》一貫的思想精髓，始得以流傳於世。

　　黎立武既得此《易》、《庸》一貫之思想精髓，又將之與《大學》相聯繫，而謂：

> 　　《大學》，其曾子之書乎，曾子傳道在一貫，悟道在忠恕，造道在《易》之「艮」。曾子嘗曰：「君子思不出其位」，此「艮」象也。學《大學》者，其以是求之。《大學》之道，其要有三，曰明明德，曰新民，曰止至善。申之以知止，又申之以於止知。其所止者，所謂致其知，知之至也，是知止善爲三要之基，其大法存乎止。《大學》之事，其條有八，始之以致知、格物，而道之以明，終之以齊家、治國、平天下，而道之以行，中之以誠意、正心、修身者，其本也。存諸我爲誠於中，推諸物爲心誠求之，是知誠意爲八條之的，其大旨存乎誠。誠所以盡性，止所以存誠。止其所止，非所謂貫於一乎？

此一表述思維，即爲以《易》、《庸》融貫之學詮釋《大學》的模式，是以大法存乎止、大旨存乎誠爲宗旨，而將《大學》、《中庸》與《易》學融貫於一的詮釋法，可說是以《易》、《庸》融貫爲核心的中國傳統精神之表述方式。對於吾人進一步瞭解中國傳統精神的核心價值，有著很大的幫助。

〔註 85〕 蕭萐父：《儒門《易》、《庸》之學片論》，《吹沙二集》，成都：巴蜀書社，1999，頁 99。
〔註 86〕 〔宋〕黎立武：《中庸指歸》，《中庸古本（及其它三種）》，頁 7。

第四章　儒家道德理想境界與朱、袁、黎之四書詮釋

第一節　儒家的道德理想境界

　　《大學》、《中庸》、《論語》與《孟子》雖是經朱熹之手始集成《四書》，但我們若分別對它們作解讀，便會發現它們之間其實皆有一個共同的對性與天道的特殊關懷在相互聯繫著，而此特殊情懷，不僅反映出《四書》作者對「德化生命」的完美追求，亦可體現出《四書》作者亟欲以之建構道德理想社會的完美境界。在此，我們不妨稱之為擁有「性——天思想」〔註1〕關懷的儒家情結。

　　雖然此一思想特點並不全是此四部經典的主要著重點，但在《論語》，此性與天道之觀念可被視為儒家道德形上學的基礎，我們可以通過「天生德於予」〔註2〕（《論語・述而第七》）一句來對此思想做初步的瞭解。「天生德於予」這一句話其實已明顯道出了「德」與「天道」的關係，就跟郭店竹簡《五

〔註1〕　「性天思想」是一個以「天—命—性—道—教」為心性論基調的思想模式，重點在「性」與「天」。它所要講的是「性」的起源，所要解釋的，是心性問題，以及如何「存養省察」的修養功夫，並系統地解釋了宇宙道德生命是上天降命、賦予人性而衍化的原理。人們通過誠、敬之道，盡心、知性、知天，就能以天之德為法則，而致力於使道德生命與「天」合而為一，達到形上與形下的超越性統合，終臻己立立人、己達達人、人人成聖成賢的社會終極目標。詳見拙著：《試論思孟學派的「性——天思想」模式》，《江漢論壇》2009年第5期（總第369期），頁65～69。

〔註2〕　〔宋〕朱熹撰：《四書章句集注》，頁98。

行》所說的「德之行五，和謂之德。四行和謂之善。善，人道也；德，天道也。」〔註3〕的意思相近。「德之行五，和謂之德」的「德」，即是天道所賦予者，而此五項德之行，是指「仁、義、禮、智、聖」五行。由此可見，「仁」與「天道」之間，應有極爲密切的關係。而《大學》的「明明德」與「顧諟天之明命」、《中庸》的「天命之謂性」，以及《孟子》的「盡心、知性、知天」（《孟子‧盡心上》）和「夫仁，天之尊爵」〔註4〕（《孟子‧公孫丑上》），甚至後來出土的郭店竹簡《五行》篇與馬王堆帛書《五行》篇的「德，天道也」，皆是在孔子此一思想基礎上加以開展、發揮而擴充出來的。

至於孔子的思想，我們都知道是對西周文化的繼承和改造，這也可以從孔子的「周監於二代，郁郁乎文哉！吾從周。」〔註5〕（《論語‧八佾》）一說中獲得明證。因此，孔子可說是在西周全面改造上古文化的倫理化與理性化的文化氛圍中，開創出他的一套完整思想體系，以解決當時禮崩樂壞、天下失序的動亂局面。他的哲學，因爲是起源於這種憂患意識，故思想核心是「仁」，而並不直接談「性與天道」的形上層面，因此，子貢才會有「夫子之言性與天道，不可得而聞也」〔註6〕（《論語‧公冶長》）的感歎。

如今，在備受大部分人認同爲子思或其後學所作的出土竹簡《五行》篇裏，我們也可以看到仁、義、禮、智、聖五行之「德」乃由天所賦予之說，這證明了「性——天思想」一直是孔子後學的關注重點，而在《孟子》裏頭也提及了「夫仁，天之尊爵」〔註7〕（《孟子‧公孫丑上》）的說法，認爲「仁」是天所賦予的尊貴爵位。可見孟子和子思皆把孔子思想的核心觀念「仁」，視爲是人得自於天的秉性，後來，更在此基礎上充分開展與發揮，而形成了「性——天思想」，用以解釋道德生命的起源，並處理人生憂患的課題。此一系統思想所欲成就的，是可與天合一的德性人格，是心性問題，所以他們選擇的路向是從個體出發，對人性本身做一個瞭解，向上探源以與天道合一，此即「性——天思想」的道德形上學基礎。其思想脈絡，是以「性」與「天」爲主要核心，所要講的是「性」的起源，所要解釋的，是心性問題，以及如何「存養省察以臻聖神功化之極」的修養功夫。

〔註3〕荊門博物館編：《郭店楚墓竹簡》，北京：文物出版社，1998，頁149。
〔註4〕〔宋〕朱熹撰：《四書章句集注》，頁238。
〔註5〕〔宋〕朱熹撰：《四書章句集注》，頁65。
〔註6〕〔宋〕朱熹撰：《四書章句集注》，頁79。
〔註7〕〔宋〕朱熹撰：《四書章句集注》，頁238。

　　我們在此一基礎上回頭檢視朱熹、袁甫與黎立武對《四書》的詮釋，便可判斷出他們究竟有無遠離聖人之本意，此一研究之意義可說是極為重大，因為在朱熹、陸九淵與兼山學派皆各據其詞之際，我們究竟應該如何理解儒家精神，又如何看待各個學派的《四書》詮釋，以及他們通過《四書》詮釋以達到流傳本身學派之學術理論的舉動？本研究認為，實際可以據以作出判斷的，只有對儒家精神的理解與掌握，以及對經典詮釋的客觀瞭解，而將《大學》、《中庸》、《論語》、《孟子》與《五行》篇視為廣泛意義的先秦儒家代表作，則離本書所謂的儒家精神就庶幾不遠了。

一、儒家的道德形上學建構

　　我們若將《中庸》與郭店竹簡子思佚籍相對照，即可見《中庸》與子思學派思維脈絡之相近處，而此一思維脈絡，恰足以彰顯出《中庸》「性——天思想」之旨，就在於闡發以「誠」貫通「天之道」與「人之道」，以成就內聖外王、成己成物之道的核心學說上。

　　「誠」，是《中庸》的核心概念，也是其道德形上學〔註8〕的建構基礎。

　　《中庸》第二十章提出：「誠者，天之道也；誠之者，人之道也。」〔註9〕此處之「誠」，依朱熹之見解，即「真實無妄之謂，天理之本然」〔註10〕，因知，真實無妄之「誠」即為天道之本質，乃一本體之論述。而人道則是通過「誠之」的方法去追求此「誠」，以通天人、合內外於至誠，達到「致中和，天地位焉，萬物育焉」〔註11〕，以及「盡己性，盡人性，盡物性，贊天地之化育，與天地參」的聖人境界。聖人境界，即為「天人合一」的至誠境界。

〔註8〕　本書所強調的儒家道德理想境界是以《四書》所共同體現出來的「性——天思想」模式為根基，而此「性——天思想」即是指一個以「天—命—性—道—教」為心性論基調的思想模式，此思想模式的重點在於系統地解釋了宇宙道德生命是上天降命、賦予人性而衍化出來的原理，人們只要通過誠、敬之道，盡心、知性、知天，就能以天之德為法則，而致力於使道德生命與「天」合而為一，達到形上與形下的超越性統合，終臻己立立人、己達達人、人人成聖成賢的社會終極目標。因此，本書是根據上述思想模式以及《易傳‧繫辭》「形而上者謂之道」的定義，而將儒家此一貫徹道德實踐的學問簡稱為「道德形上學」。其他有關「道德形上學」之定義，可參閱牟宗三的《心體與性體》、《中國哲學的特質》以及《智的直覺與中國哲學》等著作。

〔註9〕　〔宋〕朱熹撰：《四書章句集注》，頁31。

〔註10〕　〔宋〕朱熹撰：《四書章句集注》，頁31朱熹注。

〔註11〕　〔宋〕朱熹撰：《四書章句集注》，頁18。

　　《中庸》自二十章至二十六章皆講「誠」，講如何以「誠」修身和治國的內聖外王之道。從內聖到外王、達德到達道，到治天下有九經的政治學說，處處闡發其重要性，然後帶出「誠」為天道之本然的特性，說明「誠者，天之道也；誠之者，人之道也。誠者不勉而中，不思而得，從容中道，聖人也。誠之者，擇善而固執之者也。」〔註12〕全書用了很多篇幅來講「天道之誠」與「人道之誠」，並對它們作出了許多論證。

　　根據朱熹的注解，人之道，就是「由教而入者也」〔註13〕，也就是「自明誠」〔註14〕或盡心、知性以知天的過程。「自明誠」即「謂之教」〔註15〕，是指通過後天教化涵養來「明」此天所賦予我之性，以復其初，而與天道之本然「誠」相貫通的過程。因此，「思知人，不可以不知天」〔註16〕，若不知「天道之誠」與人性之關係，便不知如何「誠之」以臻至誠的境界，也就無法體現聖人的人格了。

　　至於天之道，則為「自誠明」〔註17〕的歷程，「自誠明」即「謂之性」〔註18〕，此為天道下貫人心而為性的道德生命起源的過程。天之道與人之道兩者必須加以貫通，方能完成德性實現、與天道合一的境界。

　　因此，講天道之誠並不是《中庸》的終極目標，《中庸》最終要落實的，是「天人合一」的至誠境界。而此一至誠境界，是通過聖人的人格來表現的，換言之，聖人的人格就是恰足以體現天道的典範；也唯有至誠之聖人，方能盡其性。盡其性，就能如孟子所言的，充分將「仁、義、禮、智」四善端擴充發揮至極致之境，而臻於至誠，如此則既「能盡其性，則能盡人之性。能盡人之性，則能盡物之性。能盡物之性，則可以贊天地之化育。可以贊天地之化育，則可以與天地參矣。」〔註19〕此即「成己成物」之說，「成己成物」，即為仁、知之境。因此，《中庸》第二十五章說：「成己，仁也。成物，知也。性之德也，合外內之道也。」〔註20〕此說充分指出人性之德，就是這種「成

〔註12〕〔宋〕朱熹撰：《四書章句集注》，頁 31。
〔註13〕〔宋〕朱熹撰：《四書章句集注》，頁 32。
〔註14〕〔宋〕朱熹撰：《四書章句集注》，頁 32。
〔註15〕〔宋〕朱熹撰：《四書章句集注》，頁 32。
〔註16〕〔宋〕朱熹撰：《四書章句集注》，頁 28。
〔註17〕〔宋〕朱熹撰：《四書章句集注》，頁 32。
〔註18〕〔宋〕朱熹撰：《四書章句集注》，頁 32。
〔註19〕〔宋〕朱熹撰：《四書章句集注》，頁 32。
〔註20〕〔宋〕朱熹撰：《四書章句集注》，頁 34。

己成物」、合外內之道的體現，而這一切，皆爲「至誠」的效驗。凡能達至上述至誠境界之人，即爲聖人。

由「至誠」而至「成己成物」，使人人皆可爲聖人，是《中庸》建構理想社會的主要途徑。《中庸》第二十章說：「或生而知之，或學而知之，或困而知之，及其知之一也；或安而行之，或利而行之，或勉強而行之，及其成功一也。」〔註21〕因此，我們可以說，聖人就是生而知之、安而行之者，賢人是學而知之、利而行之者，而凡人則是困而知之、勉強而行之者。此三類人，雖然天資稟賦不同，但卻都能通過「誠之」的管道，達到「天人合一」的至誠境界，故說「一也」。

《中庸》這種「性──天思想」的模式，也在《五行》篇裏有充分的論述。《五行》篇亦強調人德與天德之合一，認爲凡仁、義、禮、智、聖五行形於內者，即謂之「德之行」，不形於內者，則謂之「行」，唯有聖，是形不形於內都謂之「德之行」。郭齊勇先生認爲《五行》篇強調的是：「第一，『聖』與仁、義、禮、智有所區別，它形不形之於內都是『德之行』。第二，仁、義、禮、智、聖並不在外，通過身體力行、道德實踐，這些德目返流之於內心，成爲君子內在的德性。這樣一種心靈的流向（『心之行』），與《性自命出》所說的『德生於中』相類似，但更哲學化。這就是仁、義、禮、智、聖的內化！」〔註22〕

郭店竹簡《性自命出》的作者，目前雖然還沒有一致的說法，但其爲儒家著作的結論卻是公認的。在此篇儒家著作裏，也同樣提到了「教，所以生德生中者也」（第 18 簡）的觀念，郭齊勇先生認爲此一觀念和《五行》篇的「德生於中」觀念相類似，但《五行》篇的表述更加哲學化。丁四新先生也認爲此一觀念在《五行》篇裏有更爲重要和深入的闡發：「中，或性或心，心爲身之中，性爲形之中，心性是生命的核心。教的眞正目的、最終目的是『生德於中』。成德於中的觀念，在《五行》篇中似乎更顯重要，闡發得也更仔細深入。」〔註23〕

此外，馬王堆帛書《五行・說》也提到：「禮智生於仁義也。」〔註24〕「四

〔註21〕〔宋〕朱熹撰：《四書章句集注》，頁 29。
〔註22〕郭齊勇：《中國哲學智慧的探索》，北京：中華書局，2008，頁 56。
〔註23〕丁四新：《郭店楚墓竹簡思想研究》，北京：東方出版社，2000，頁 184。
〔註24〕龐樸：《帛書五行篇研究》，濟南：齊魯書社，1988，頁 75。

行之所和，言和仁義也。」〔註25〕又曰：「四行之所和，和則同，同則善。」〔註26〕故知此四行可由仁義之端開始統和而至於善，這與《孟子》的四善端之說也有相通處。它強調如若通過「目而知之」〔註27〕、「譬而知之」〔註28〕、「喻而知之」〔註29〕、「機而知之」〔註30〕等洞察法、比較法、比喻法和自覺法的實行，於此仁義之端再進而擴充出去，即可將五行統和「爲一」。若不能將五行統和於心者，亦可各止於仁義之端，是謂之臻「善」，「善」是人道。若能將此五行形於內而統和於心者，則謂之「集大成」的君子，集大成的君子也是由仁義之端進發而臻五行合一，並達於「己人而以人仁，己義而以人義」〔註31〕的大成至神之境，故《說》曰：「君子集大成。成也者，猶造之也，猶具之也。大成也者，金聲玉振之也。唯金聲而玉振之者，然後己人而以人仁，己義而以人義。大成至矣，神耳矣！」。〔註32〕

此集大成的境界，與《孟子・萬章下》的「集大成也者，金聲而玉振之也。金聲也者，始條理也；玉振之也者，終條理也。始條理者，智之事也；終條理者，聖之事也」〔註33〕一說，可謂十分吻合，亦與《中庸》的至誠感通萬物之境相似。《五行》篇將此「大成至神」的境界稱爲「德」，「德」，即爲天道；換言之，五行統和於心之德，即是天道至誠之表現。而若欲促成此五行合一，則須用心去「思」，思則得智，不思的結果就會無德。因此，《五行》所主張之「由教而入」的功夫是「愼獨」和「爲一」；能「愼獨」、「爲一」者，方能爲君子。此《五行》篇以「性——天思想」爲基礎的道德形上理論。

以上所述的「性——天思想」思路，充分展示出了子思學派對道德生命起源的看法，以及由天道大化流行向人道的道德修養轉化的心性論特色。而這一切轉化的動力，乃是來自於「天」。因爲有「天」降「命」，所以人道與天道之間，可以互爲貫通，並可以通過禮樂教化的道德實踐，下學上達，而

〔註25〕龐樸：《帛書五行篇研究》，頁 75。
〔註26〕龐樸：《帛書五行篇研究》，頁 74。
〔註27〕龐樸：《帛書五行篇研究》，頁 84。
〔註28〕龐樸：《帛書五行篇研究》，頁 85。
〔註29〕龐樸：《帛書五行篇研究》，頁 86。
〔註30〕龐樸：《帛書五行篇研究》，頁 87。
〔註31〕龐樸：《帛書五行篇研究》，頁 79。
〔註32〕龐樸：《帛書五行篇研究》，頁 79。
〔註33〕〔宋〕朱熹撰：《四書章句集注》，頁 315。

求得人人皆可爲堯舜的終極「德化生命」之實現，從而建構一道德圓滿形態
之理想社會。

孟子的「性善論」，則可說是對子思「五行說」的開展發揮。《五行》篇
說仁、義、禮、智四行和謂之善，乃人道之表現，若再加上「聖」而五行合
一，則謂之德，是天道的表現。而孟子則說：「口之於味也，目之於色也，耳
之於聲也，鼻之於臭也，四肢之於安佚也，性也，有命焉，君子不謂性也。
仁之於父子也，義之於君臣也，禮之於賓主也，智之於賢者也，聖人之於天
道也，命也，有性焉，君子不謂命也。」〔註34〕（《孟子·盡心下》）此說已
分明道出了仁、義、禮、智、聖「五行」。而其「惻隱之心，仁之端也；羞惡
之心，義之端也；辭讓之心，禮之端也；是非之心，智之端也。人之有是四
端也，猶其有四體也」〔註35〕（《孟子·公孫丑上》）之說，亦已分明點出屬
於人道表現的仁、義、禮、智四行，並將之擴展爲惻隱之心、羞惡之心、辭
讓之心與是非之心之四善端，而強調由「聖」統率此四行，以與天道合一，
故曰：「始條理者，智之事也；終條理者，聖之事也。」〔註36〕（《孟子·萬
章下》）換言之，「聖」即是終極目標，是人的德行得以與天道合一的終極表
現。

孟子的性善論，即是在此基礎上開展出來的道德形上哲學。在孟子而
言，人性之所以善，是因爲天賦之德性，而此德性之所在即「心」，故曰：「君
子所性，仁義禮智根於心。」〔註37〕（《孟子·盡心上》）可知孟子言性，是
即心言性，即如牟宗三所言：「抑孟子不只進之以『性』，而且即心以言性，
又盛言『心』，心之地位自孟子始正式挺立起。」〔註38〕而此心，乃仁義禮
智之根本，亦爲善性之所在。

是故孟子曰：

> 人皆有不忍人之心。先王有不忍人之心，斯有不忍人之政矣。
> 以不忍人之心，行不忍人之政，治天下可運之掌上。所以謂人皆有
> 不忍人之心者，今人乍見孺子將入於井，皆有怵惕惻隱之心，非所
> 以內交於孺子之父母也，非所以要譽於鄉黨朋友也，非惡其聲而然

〔註34〕〔宋〕朱熹撰：《四書章句集注》，頁369。
〔註35〕〔宋〕朱熹撰：《四書章句集注》，頁238。
〔註36〕〔宋〕朱熹撰：《四書章句集注》，頁315。
〔註37〕〔宋〕朱熹撰：《四書章句集注》，頁355。
〔註38〕牟宗三：《心體與性體（一）》，頁281。

也。

> 由是觀之，無惻隱之心，非人也；無羞惡之心，非人也；無辭
> 讓之心，非人也；無是非之心，非人也。惻隱之心，仁之端也；羞
> 惡之心，義之端也；辭讓之心，禮之端也；是非之心，智之端也。

> 人之有是四端也，猶其有四體也……凡有四端於我者，知皆擴
> 而充之矣，若火之始然，泉之始達。苟能充之，足以保四海，苟不
> 充之，不足以事父母。(《孟子·公孫丑上》)〔註39〕

我們從孟子的「今人乍見孺子之入於井」的論證之中，看見了人人皆有的自
覺自發的善心，此善心，不是經過理智處理後的表現，完全是出於自然。因
此，孟子認為，人性本善，沒有惻隱、羞惡、辭讓與是非之心者，皆非人。
而此四心，反映在德行上，亦即仁、義、禮、智四端。

孟子認為，人若能努力擴充此四端，存養天所賦予的善性，則雖四海之
遠，亦無難保者；若不能加以擴充，則必將表現不善，就算近至侍奉父母，
亦難以做到。孟子此說，正解釋了人所以會有不善，完全是因為無法擴充此
四端的緣故。即如唐君毅所言：「此心之喪失陷溺梏亡，即孟子所謂不善之原。
然此由心之喪失而有不善，並不證此心之性之不善，而正反證此心之為善之
原。」〔註40〕心的「喪失陷溺梏亡」，就是「不善之原」，換言之，人性所以
不善，不是因為人性本惡，而是因為人們無法保存與長養這天賦之善性；相
反的，人若能持恒長養此善性，把「四善端」加以涵養成熟，並從中瞭解到
「天」的運做法則與人性的關係，即可經由存心、養性和事天的過程，達至
窮理盡性至命的至誠境界。

因此，「天」，在孟子的道德形上哲學體系裏，是為了支撐人的道德本質
而存在的，是道德的形上本體，而具有思考能力的「心」則是天所生者，故
曰：「心之官則思，思則得之，不思則不得也。此天之所與我者。」〔註41〕(《孟
子·告子上》)

為了達到這個人性與天道合一的道德理想境界，孟子提出了「盡心、知
性、知天」的開悟途徑，以及「存心、養性、事天」和「知言養氣」等長養
善性的工夫哲學，以求直接在心性思維上獲得本體智慧的了悟。「盡心」，就

〔註39〕〔宋〕朱熹撰：《四書章句集注》，頁237～238。
〔註40〕唐君毅：《中國哲學原論·原性篇》，北京：中國社會科學出版社，2005，頁
20。
〔註41〕〔宋〕朱熹撰：《四書章句集注》，頁335。

是將心的四善端發揮至極致之境，如此一來，則可知人「性」之本質，實與天道相通，此為孟子「盡心、知性、知天」以達天人合一的開悟途徑，亦是孟子「性——天思想」之表現模式，與《五行》和《中庸》的道德形上哲學論述，可說是一脈相承的。

　　至於《大學》，對此「性——天思想」的表述雖然並不像以上三部經典那麼直接，但卻也在篇首提出了「大學之道，在明明德，在親民，在止於至善」的三綱領，並隨後通過《康誥》的「克明德」、《太甲》的「顧諟天之明命」，以及《帝典》的「克明峻德」來作出解釋。此三句皆是以「明德」為重點，《康誥》的「克明德」與《帝典》的「克明峻德」，都表達了能夠自明德行、以德化民的期許，而《太甲》的「顧諟天之明命」則更進一步提到了上天賦人以德的說法，是對《大學》三綱領的一個最佳注解。它不僅提出了上天賦人以德行的觀念，也將之和「親民」、「止於至善」聯繫在一起，通過儒家「己立立人，己達達人」的推己及人之模式，進一步構建一個至善的道德圓滿社會。所謂「古之欲明明德於天下者」，就是「成己成物」的一個過程，它強調通過修身、正心、誠意、致知、格物等步驟，去完成修、齊、治、平的「德化生命」與「建構道德理想社會」的內聖外王境界。

　　因此，《大學》與《中庸》、《論語》、《孟子》、《五行》的道德形上哲學基礎都是一樣的。

二、儒家修養功夫論的開展

　　當我們談到儒家修養功夫論的根源時，《論語》必為其首，因為在《論語》裏，我們可以看見孔子提出了許多諸如為仁、忠恕、行孝、四教（文、行、忠、信）、四絕（毋意、毋必、毋固、毋我）、四勿（非禮勿視、非禮勿聽、非禮勿言、非禮勿動），以及克己復禮、禮樂教化等修養概念與方法，以作為門下弟子進德修業之渠道。他雖然不像《中庸》、《五行》和《性自命出》那樣明確提出「天命」與「性」的關係，但也提出了「天生德於予」（《論語・述而》）的觀念，同時也企圖通過各種修養方法將此一天生之德鞏固於內心。徐復觀認為「春秋時代代表人文世界的是禮，而孔子則將禮安放於內心的仁，所以他說『人而不仁，如禮何』（《論語・八佾》）？此即將客觀地人文世界向內在地人格世界轉化的大標誌。」〔註42〕

〔註42〕徐復觀：《中國人性論史（先秦篇）》，頁69。

此處所謂的「向內在地人格世界轉化」，從另一個角度去看，即是內化於吾心之意。此一過程需要通過一個系統的修養功夫去完成，而孔子提倡的方式是「下學上達」。他說：「不怨天，不尤人。下學而上達。知我者其天乎！」（《論語・憲問》）「下學上達」就是循序漸進的「反己自修」〔註43〕的功夫，最終亦可上達天道，是君子成就與天道合一之德性的修養方法。因此，孔子說「君子上達，小人下達」（《論語・子路》），而能夠循序漸進，將「仁」內化或深化於內心而得以體現天道者，即爲君子。君子是《論語》裏極爲重要的人格境界。

同樣的，在《五行》和《中庸》裏，君子也是成就德性、體現天道、達到至誠之境的人格境界。《中庸》的君子，是知道通過「誠」的工夫來達到極高明而道中庸的大智者；而《五行》篇的君子，則是能將仁、義、禮、智、聖五行統合於心而時常身體力行的智者。他們的智慧，產生於憂患，《五行》篇認爲，若無憂患經歷或意識，就不會產生過人的智慧。無智慧，即無發自內心的喜悅與安寧，無內心之安寧，就不會快樂，不快樂，就永遠不會有此智慧悟得與天道之德合一之修養。同樣的，有志於君子道的志士，如果不去實踐仁、義、禮、智四行之和於心者，就永遠無法接近善的境界；如果永遠不去追求五行合一之德，也不可能成就君子的修養境界；如果永遠不用心反思其道，也不可能獲得智慧。所以，產生於憂患的智慧，是必須用心的、長久的去勤加反思，才能體現出它的與天道之德「爲一」的智慧，故曰：「能爲一然後能爲君子，君子慎其獨也。」〔註44〕因此，「爲一」、「慎獨」與「思」，皆可說是將仁、義、禮、智、聖五行統合於內心，以成就君子道的爲德與爲君子的重要方法。

《中庸》亦講「思」，它說「博學之，審問之，慎思之，明辨之，篤行之」〔註45〕，此五者是「誠」之目，缺一不可。而《孟子》也講「心之官則思，思則得之，不思則不得也。此天之所與我者。」〔註46〕可知，「思」是獲得智慧的重要方法，「思」則能知「道」，亦知「道不可離自身」，因之必須凡事符合庸言、庸行、庸德的標準。因此《中庸》第十一章說：「君子依乎中庸」〔註47〕，不僅要依乎中庸，更要「遵道而行」〔註48〕。第十三

〔註43〕〔宋〕朱熹：《四書章句集注》，頁157。見朱熹注。
〔註44〕龐樸：《帛書五行篇研究》，頁51。
〔註45〕〔宋〕朱熹撰：《四書章句集注》，頁31。
〔註46〕〔宋〕朱熹撰：《四書章句集注》，頁335。
〔註47〕〔宋〕朱熹撰：《四書章句集注》，頁22。
〔註48〕〔宋〕朱熹撰：《四書章句集注》，頁22。

章又說：「庸德之行，庸言之謹，有所不足，不敢不勉，有餘不敢盡；言顧行，行顧言，君子胡不慥慥爾！」〔註49〕由此可見，君子對道德實踐的修行，是唯恐一日不盡心的，可謂戰戰兢兢，如臨深淵，如履薄冰。是故《中庸》首章即提出「莫見乎隱，莫顯乎微。故君子慎其獨」〔註50〕的觀念。《大學》也強調「所謂誠其意者：毋自欺也，如惡惡臭，如好好色，此之謂自謙，故君子必慎其獨也！」〔註51〕而認為這就是「誠於中，形於外」的修養進路。可見「慎獨」的觀念在《中庸》、《大學》和《五行》裏，皆為修養君子道的重要功夫。

此處所謂之「慎獨」所強調的是即使自己一人獨處，別人看不到自己的行為、聽不見自己說的話，自己也能謹慎地自我約束、自我監督，時刻反諸身以誠，因為「道不遠人」〔註52〕，而且，「道也者，不可須臾離也；可離，非道也。」〔註53〕就是君子道不離自身的修行原則，而此不可須臾離之「道」，即為內在於人「性」中的「道」，因此，它是一刻也不能分離的，只能時刻「率性」而行。而「率性」，亦即依循上天所賦予之「性」，要求內心時刻保持「誠」，然後通過「誠」的工夫來加以修養。因此《中庸》十分強調欲修身則當先從「孝道」做起，因為「孝悌也者，其為仁之本與」〔註54〕而且，「君子不可以不修身；思修身，不可以不事親；思事親，不可以不知人；思知人，不可以不知天。」〔註55〕。由此「為仁」之本，則必將思及人「性」之本質與善性，實乃上天所賦予之善性，故而能進一步瞭解天道與人道之關係。

此修身、事親、知人、知天的歷程，是《中庸》體悟天人合一的途徑，可以通過「誠之」的修養功夫來實現。盡心、知性、知天，則可達到至「誠」的境界；而「誠之」，則為體現天道內涵的方法，故《中庸》第二十章云：「誠者，天之道也；誠之者，人之道也。誠者不勉而中，不思而得，從容中道，聖人也。誠之者，擇善而固執之者也。」〔註56〕

朱熹認為，聖人之誠，乃能與天道融為一體之境界，故能夠「發而皆中

〔註49〕〔宋〕朱熹撰：《四書章句集注》，頁23。
〔註50〕〔宋〕朱熹撰：《四書章句集注》，頁17。
〔註51〕〔宋〕朱熹撰：《四書章句集注》，頁7。
〔註52〕〔宋〕朱熹撰：《四書章句集注》，頁23。
〔註53〕〔宋〕朱熹撰：《四書章句集注》，頁17。
〔註54〕〔宋〕朱熹撰：《四書章句集注》，頁48。朱熹注：「為仁，猶曰行仁。」
〔註55〕〔宋〕朱熹撰：《四書章句集注》，頁28。
〔註56〕〔宋〕朱熹撰：《四書章句集注》，頁31。

節」，即「致中和」，從而達到《中庸》首章所言的「天地位焉，萬物育焉」的天人合一境界。若是凡人，則須下一番實踐工夫，即由明善而誠身，以「人之道」發見「天之道」，始能憑藉「誠」以實現擴充性之德與成己成物的天人合一境界。〔註57〕

是故《中庸》曰：「誠者非自成己而已也，所以成物也。成己，仁也；成物，知也。性之德也，合外內之道，故時措之宜也。」〔註58〕此句正說明了「誠」非僅止於成己而已，更須成物。一個君子，只要能擴充此「性之德」至天下「至誠」的境界，就能感通萬物之性，贊助天地的生化發育，在宇宙間具有與天地同等的地位，故能立天下之大本，知天地之化育，知道仁，知道天，知道天降命而爲人之性，以及率性之謂道、修道之謂教的極高明道理。因此，《中庸》以「天命之謂性，率性之謂道，修道之謂教」爲全書的總綱領。此總綱領，即爲典型的「性──天思想」模式。

我們在《孟子》裏，亦可發現孟子通過「思誠」和種種存養天賦善性的修養功夫來擴充和完善仁、義、禮、智「四端」，達至天人合一的修養論。在孟子而言，爲存養此天賦善性，首先必須立其大，知道「大體」對心性修養的重要性，然後才能談「求放心」和養心養氣。

《孟子・告子》篇記載：

> 公都子問曰：「鈞是人也，或爲大人，或爲小人，何也？」
>
> 孟子曰：「從其大體爲大人，從其小體爲小人。」
>
> 曰：「鈞是人也，或從其大體，或從其小體，何也？」
>
> 曰：「耳目之官不思，而蔽於物。物交物，則引之而已矣。心之官則思，思則得之，不思則不得也。此天之所與我者。先立乎其大者，則其小者不能奪也。此爲大人而已矣。」（《孟子・告子上》）
>
> 〔註59〕

大人，是孟子極爲重視的一個概念。大人者，即「從大體」之人，「大體」，也就是所謂的「心」，而「小體」，則爲「耳目」之類。此「大體」與「小體」的概念，也同樣出現在《五行・說》中：「耳目鼻口手足六者，心之役也。耳目也者，悅聲色者也；鼻口者，悅臭味者也；手足者，悅勶（佚）餘（愉）

〔註57〕〔宋〕朱熹撰，黃珅校點：《四書或問》，頁87～89。
〔註58〕〔宋〕朱熹撰：《四書章句集注》，頁34。
〔註59〕〔宋〕朱熹撰：《四書章句集注》，頁335。

者也。心也者，悅仁義者也。之（此）數體者皆有悅也，而六者爲心役，何〔也〕？曰：心貴也。……曰：幾不〔勝〕□，小不勝大，賤不勝貴也哉！故曰心之役也。耳目鼻口手足六者，人□□，〔人〕體之小者也。心，人□□，人體之大者也。故曰君也。」〔註60〕又曰：「小體變變然不（患）於心也，和於仁義。仁義，心也。……同則善耳。」〔註61〕是「小體」和於仁義之心而與心若一，故爲善。

是故能了悟「心」爲「四端」之門，具有「思」的能力，而「從心」存養天賦善性之人，即可稱爲「大人」。人，唯有擴充了此「大體」，本性才不會爲外在物欲所奴役而昏昧的放失了本心。有了這一份以「思」來「反求諸己」的能力，才能講求擴充「四端」，存養天性。若不知求此心，則爲人生最大的悲哀。因此，孟子曰：「仁，人心也；義，人路也。舍其路而弗由，放其心而不知求，哀哉！人有雞犬放，則知求之；有放心，而不知求。學問之道無他，求其放心而已矣。」〔註62〕（《孟子·告子上》）

能求「放心」，「則不違於仁而義在其中矣」〔註63〕。因此，孟子認爲，求放心，才是學問之道。而欲求放心，則須存心養性，故曰：「君子所以異於人者，以其存心也。君子以仁存心，以禮存心。」〔註64〕（《孟子·離婁下》）君子所存養於心者，即仁與禮，此二者，表現在外，即爲不忍人之心，以及「約之以禮」的行爲。君子因爲懂得存心養性，所以方可謂異於常人，而存心養性的方法之一，則爲「知言養氣」。「知言」，是以心約言；養氣，則爲以心御氣，兩者皆強調以心爲主宰，通過「思」的功夫來涵養至大至剛的浩然正氣。因此，除了存仁、禮之心外，孟子更強調「養心寡欲」與「長養浩然之氣」。孟子說：「養心莫善於寡欲。其爲人也寡欲，雖有不存焉者，寡矣；其爲人也多欲，雖有存焉者，寡矣。」〔註65〕（《孟子·盡心下》）人若能清心寡欲，再加上道德實踐，則善性與浩然正氣方可不受物欲之蒙蔽而得以長養。若將此至善、至剛的浩然正氣擴充出去，則同樣能達到至誠、至善，感通天地萬物，而至成己成物之境界，使人人皆可爲堯舜。

〔註60〕龐樸：《帛書五行篇研究》，頁82。

〔註61〕龐樸：《帛書五行篇研究》，頁83。

〔註62〕〔宋〕朱熹撰：《四書章句集注》，頁333。

〔註63〕〔宋〕朱熹撰：《四書章句集注》，頁334朱熹注。

〔註64〕〔宋〕朱熹撰：《四書章句集注》，頁298。

〔註65〕〔宋〕朱熹撰：《四書章句集注》，頁374。

綜上所述，孟子亦視「性」為天命之所賦，只要盡心，通過「思誠」、「養心寡欲」與「善養浩然之氣」等之修養功夫，即可知性、知天，一體「萬物皆備於我矣。反身而誠，樂莫大焉」〔註66〕（《孟子‧盡心上》）的「天人合一」經驗。

至於《大學》也同樣講「誠」，講「慎獨」、「誠意」，認為格物致知是誠意的先決條件，唯有誠意以後才能正心，使此善心永不受忿懥、恐懼、好樂、憂患之影響，然後方能身修，並在圓滿了自身德行後，再進而齊家、治國和天下平，最終達至與《中庸》相同的成己成物之境。

根據上述各經典所彰顯的「性——天思想」之思路，我們即可知《四書》所追求的終極目標即為「德化生命」或道德生命的圓滿境界，此境界亦是它們據以建構道德圓滿形態社會之理念。在《中庸》，此一道德圓滿境界之追求途徑「誠」，即為貫通天人之間的橋梁，只要依乎中庸之道，修養至此「至誠」之境，即能達到「天人合一」，而參贊天地之化育，同時盡己之性、人之性而至物之性；在《五行》，強調的是「思」、「慎獨」與「為一」；在《大學》亦強調「慎獨」、「誠意」；在《孟子》則強調「盡心、知性」與「存心、養性」，以「知天、事天」，從而達到「天人合一」的境界。「盡心、知性」與「存心、養性」，就是「反身而誠」的主要內容，既是道德主體的自我實現，也是自我超越。孟子的思想體系，包括他的政治理想和道德理想，皆以此信仰為基石。

因此，此追求「德化生命」與道德理想社會之儒家情結所彰顯的，不只是《四書》作者追求個人道德生命完滿的理念，同時亦反映出了《四書》作者追求整體社會道德完滿的努力，因此可說是儒家道德理想社會的終極理念。當我們重新詮釋《四書》時，此一儒家精神實不應被忽略，因為它所代表的是儒家的一個道德形上境界，亦是儒家所以異於道家或佛家之處。而此一道德圓滿的理想境界，更是孔子、子思和孟子周遊列國，終身為之奔走推廣的理想，研究《四書》者實不應不知此儒家精神而徒作章句訓詁之解，否則則離儒家精神過遠矣。

第二節　朱、袁、黎三家的境界體驗

朱熹是宋代理學的集大成者，以集大成之理學為其學術思想的核心，袁

〔註66〕〔宋〕朱熹撰：《四書章句集注》，頁350。

甫則是南宋象山心學的重要傳人，以忠於陸九淵思想之心學爲學術核心，而
黎立武則代表了南宋伊川門人的其中一個分派之傳人，以《易》、《庸》一體
的兼山學派特色爲主。他們在學術上可說是各有本身特色，在《四書》的詮
釋上，也分別作出了截然不同的解釋。在此層面上，我們究竟應該如何看待
他們的《四書》詮釋，又該如何據其詮釋以理解儒家精神，以及他們通過《四
書》詮釋以達到流傳本身學派之學術理論的舉動呢？在本章之首，我們就已
經提到了依據儒家精神來加以判斷的方法，並擬在經典詮釋的原則上對他們
作一客觀、同情的理解。此一節所謂的「境界體驗」，就是指他們三人對《四
書》或曰儒家境界的體驗。據此而對他們三人的《四書》詮釋作一個境界上
的比較，不僅可以鑒別他們在詮釋儒家精神方面有無失眞之處，亦可在注經、
說經、思想創造〔註 67〕等經典詮釋的原則之下公平看待不同學術流派的詮釋
風格。故試爲分析如下。

一、朱熹四書詮釋之境界

　　以注釋和章句訓釋的形式來建構本身的思想體系，是朱熹四書詮釋的主
要特色。誠如劉笑敢所指出的：「借經典的注釋和詮釋的形式進行思想創構是
中國哲學發展的主要載體或主要形式，我們將這個特點簡稱爲中國哲學的詮
釋傳統。」〔註 68〕乍看之下，我們似乎都會認爲朱熹、袁甫和黎立武的四書
詮釋都屬於這個中國哲學詮釋的傳統，但如果仔細查驗，我們又會發覺其實
他們三人應該分屬於兩個不同的小傳統，袁甫和黎立武是通過章句訓釋的形
式來闡發本身學派的學術理論，並不直接創構理論；而朱熹的詮釋，除了有
通過注釋和章句訓釋的形式來建構本身思想體系的情況之外，還存在一種以
本身創建中的思想體系來詮釋四書，以更進一步豐富本身思想體系的情況，
因此他的理論創構與經典詮釋是屬於雙向迴環性質的，無法以簡單的定義去
表述它。

　　他們三人的經典詮釋特色，似乎都沒有被容納進劉笑敢上述的中國哲學
詮釋傳統之定義裏。如果我們要豐富上述那個中國哲學詮釋傳統的定義，那
麼我們應該將原話改爲「借經典的注釋和詮釋的形式進行思想創構或本身學

〔註 67〕劉笑敢：《詮釋與定向：中國哲學研究方法之探究》，北京：商務印書館，2009，
　　　　頁 38。
〔註 68〕劉笑敢：《詮釋與定向：中國哲學研究方法之探究》，頁 43。

派之學術理論的闡發，是中國哲學發展的主要載體或主要形式，我們將這個特點簡稱為中國哲學的詮釋傳統。」因為學派傳承是中國哲學發展的一大特色，在各學派的第一代傳人或以後之再傳、續傳中，擁有通過經典詮釋以創構本身思想體系的人已經不多，我們翻開《四庫全書》「四書類」的目錄，有不少作者是朱熹的傳人，他們的經典詮釋已經不具有思想創新或體系建構的特點，即使是單一背景的作者，他們的詮釋也不見得有新創意。可是我們不能忽略這些人的四書詮釋成果，因為他們也在這個中國哲學詮釋的傳統裏面。當然，在四書詮釋的領域裏面，還有一些是屬於通過經典詮釋以隱喻現實政治的例子，如張栻的《癸巳孟子解》。這些特殊個案應該如何被容納進這個「中國哲學詮釋的傳統」裏面，是一個有待未來進一步研究的問題，此處暫且不論。

我們前面說到朱熹的四書詮釋，除了有通過注釋和章句訓釋的形式來建構本身思想體系的情況之外，還存在一種以本身創建中的思想體系來詮釋《四書》，以更進一步豐富本身思想體系的情況，具有雙向迴環的詮釋特質。這是朱熹四書詮釋的最大特色，也是其四書詮釋的最高價值所在，但是他之以其理氣思想體系來詮釋《四書》，卻也是他最受後世非議之處。一則是因為以理學來詮釋《四書》存在相應與否的爭議；〔註69〕二則是因為理學的概念在宋代以前並不多見，在明代陽明心學出現以後，它也不再佔據主流地位（雖然依舊保持了一定程度的影響力），後人在這種情況下看朱熹的四書詮釋，難免就比較容易欠缺認同感，或者應該說比較容易產生「由於陌生或僵化所造成的遮蔽和困境」〔註70〕，因而導致理解困難，不容易融入朱熹的歷史視域裏面，當然，這並不只是朱熹四書詮釋的一己問題而已，在很多古代經典的詮釋領域裏也都面對同樣的問題。但是這麼一來，朱熹的四書詮釋究竟是否貼近聖賢心意，就相對而言變成了一個爭議性的課題。這也是朱熹四書詮釋的最大問題所在。

然則，究竟朱熹的四書詮釋有沒有把聖賢之意詮釋出來呢？對朱熹本身而言，他是希望能夠如此，也一直積極於這麼做。他曾經說過：「故必先觀

〔註69〕 譬如牟宗三就認為朱熹所詮釋的四書，除了《大學》之外，其餘的都不相應。請參見本書第一章第二節。

〔註70〕 何衛平：《概念史的分析：伽達默爾解釋學的方法與實踐》，《中州學刊》2007年3月第2期（總第158期），頁135。

《論》、《孟》、《大學》、《中庸》，以考聖賢之意」〔註71〕，換句話說，他讀《四書》都是把「考聖賢之意」作為前提條件，以之作為準繩的，但是「聖賢之意」究竟何指呢？朱熹並沒有明說。

我們看他的《大學》詮釋，他說「《大學》首三句說一個體統，用力處卻在致知、格物。」〔註72〕單就這一句話來說，黎立武就不表贊同了，黎立武認為著力處應是「誠」，兩人的著手處明顯不同。因此，我們心裏難免就會浮現一個疑惑，不清楚《大學》作者的原意是否要著力於談「格物所以致知。於這一物上窮得一分之理，即我之知亦知得一分；於物之理窮得二分，即我之知亦知得二分；於物之理窮得愈多，則我之知愈廣。」〔註73〕若說此格物致知是朱熹讀《大學》的最大發明之處，那麼朱熹所體會到的聖賢之意究竟是什麼呢？〔註74〕他說：「《大學》是為學綱目。」〔註75〕而「小學涵養此性，大學則所以實其理也。忠信孝悌之類，須於小學中出。然正心、誠意之類，小學如何知得。須其有識後，以此實之。大抵《大學》一節一節恢廓展布將去，然必到於此而後進。」〔註76〕

這是朱熹所體會到的《大學》。對他而言，三綱領並不是著力處，致知格物才是支撐此綱領之體統的切入點。而他對三綱領的解釋，最精彩之句子並不在《大學章句》裏，而是在其《大學或問》。由於這一段話相當精彩，足以代表其思想體系的全部，因此雖然篇幅過長，亦不得不全錄於下：

> 天道流行，發育萬物，其所以為造化者，陰陽五行而已。而所謂陰陽五行者，又必有是理而後有是氣，及其生物，則又必因是氣之聚而後有是形。故人物之生必得是理，然後有以為健順仁義禮智之性；必得是氣，然後有以為魂魄五臟百骸之身。周子所謂「無極之真，二五之精，妙合而凝」者，正謂是也。然以其理而言之，則萬物一原，固無人物貴賤之殊；以其氣而言之，則得其正且通者為人，得其偏且塞者為物，是以或貴或賤而不能齊也。彼賤而為物者，既梏於形氣之偏塞，而無以充其本體之全矣。惟人之生乃得其

〔註71〕《朱子語類》卷十一「讀書法下」，《朱子全書》（第十四冊），頁345。
〔註72〕《朱子語類》卷十四「經上」，《朱子全書》（第十四冊），頁432。
〔註73〕《朱子語類》卷十八「大學五或問下」，《朱子全書》（第十四冊），頁607。
〔註74〕此處朱熹所謂的聖賢之意應理解為作者本意方為貼切。
〔註75〕《朱子語類》卷十四「大學一：綱領」，《朱子全書》（第十四冊），頁422。
〔註76〕《朱子語類》卷十四「大學一：綱領」，《朱子全書》（第十四冊），頁422。

氣之正且通者，而其性爲最貴，故其方寸之間，虛靈洞徹，萬理咸備，蓋其所以異於禽獸者正在於此，而其所以可爲堯舜而能參天地以贊化育者，亦不外焉，是則所謂明德者也。然其通也或不能無清濁之異，其正也或不能無美惡之殊，故其所賦之質，清者智而濁者愚，美者賢而惡者不肖又有不能同者。必其上智大賢之資乃能全其本體，而無少不明，其有不及乎此，則其所謂明德者已不能無蔽而失其全矣。況乎又以氣質有蔽之心，接乎事物無窮之變，則其目之欲色，耳之欲聲，口之欲味，鼻之欲臭，四肢之欲安佚，所以害乎其德者，又豈可勝言也哉！二者相因，反覆深固，是以此德之明，日益混眛，而此心之靈，其所知者不過情欲屬害之私而已。是則雖曰有人之形，而實何以遠於禽獸，雖曰可以爲堯舜而參天地，而亦不能有以矣。然而本明之體，得之於天，終有不可得而昧者，是以雖其昏蔽之極，而介然之頃一有覺焉，則即此空隙之中，而其本體已洞然矣。是以聖人施教，既已養之於小學之中，而後開之以大學之道。其必先之以格物致知之說者，所以使之即其所養之中，而因其所發，以啓其明之之端也；繼之以誠意、正心、修身之目者，則又所以使之因其已明之端，而反之於身，以致其明之之實也。夫既有以啓其明之之端，而又有以致其明之之實，則吾之所得於天而未嘗不明者，豈不超然無有氣質物欲之累，而復得其本體之全哉！……今吾既幸有以自明矣，則視彼眾人之同得乎此而不能自明者，方且甘心迷惑沒溺於卑污苟賤之中而不自知也，豈不爲之惻然而思有以救之哉！故必推吾之所自明者以及之，始於齊家，中於治國，而終及於平天下，使彼有是明德而不能自明者，亦皆有以自明，而去其舊染之污焉，是則所謂新民者，而亦非有所付畀增益之也。……欲明德而新民者，誠能求必至是而不容其少有過不及之差焉，則其所以去人欲而復天理者，無毫髮之遺恨矣。大抵《大學》一篇之指，總而言之，不出乎八事，而八事之要，總而言之，又不出乎此三者，此愚所以斷然以爲《大學》之綱領而無疑也。（《大學或問上》）〔註77〕

〔註77〕〔宋〕朱熹撰，黃坤校點：《四書或問》，頁4。

朱熹這一大段話，由釋陰陽五行之理氣生物，賦人以形與仁義禮智之性說起，談理氣之清濁對「明德」之影響，而引出「去人欲復天理」之「明明德」與推己及人之「新民」，至於「止至善」的終極目的，在此一過程中，「格物致知」可謂扮演了「使明之」的重要角色。同時，朱熹也很清楚地表明了《大學》一篇之旨就在「八條目」，而其要則在此「三綱領」。這一段詮釋，比《大學章句》的訓釋更為精彩，我們可以說朱熹對《大學》的畢生心得就呈現在此一段話裏，而通過這一段話，我們也可以瞭解到朱熹完整的理學思想體系。

因此，朱熹可說是通過《大學》闡發了他的理學思想，也通過訓釋《大學》的方式而完善了他的理學思想體系，因為他的理學思想絕非在此時方始發生與展開，這一點，我們可以在其年譜裏找到根據。這是朱熹以為自己最得意的一件事，而除了少數幾位門徒對「格物補傳」的疑惑之外，我們在《朱子語類》裏沒發現多少時人對其《大學章句》的評論或反對意見，可是問題卻很明顯的出在朱熹此一解釋是否符合聖賢心意，也就是說是否符合《大學》作者的原意呢？在此，我們姑且不論朱熹對《大學》的移文補傳之舉，而僅將上述的一段話與上一節的儒家「德化生命」與道德理想社會之情結做對照，那麼我們還是可以發現，朱熹的《大學章句》其實只是一種轉換了全新語境的詮釋手法，儒家的「德化生命」理想，以及建構道德理想社會的終極目標始終沒有被摒棄。也就是說，朱熹對《大學》的詮釋，在大方向上是無違於儒家聖賢心意的，用現代話語來說，朱熹的理學詮釋只不過是一種語境的轉換，但是此一轉換卻創構了一套新的詮釋話語體系，並且也使得他的理學思想得以透過《大學》被闡發出來，而豐富、完整了他的思想體系。

我們在他的《中庸章句》裏也能找到同樣的詮釋語境。他釋「天命之謂性，率性之謂道，修道之謂教」，曰「此先明性、道、教之所以名，以見其本皆出乎天，而實不外於我也。天命之謂性，言天之所以命乎人者，是則人之所以為性也。蓋天之所以賦與萬物而不能自己者，命也；吾之得乎是命以生而莫非全體者，性也。」〔註78〕此句再次強調了天賦人以性的觀念，並對性與命作出了區分。而「率性之謂道，言循其所得乎天以生者，則事事物物，莫不自然，各有當行之路，是則所謂道也」〔註79〕、「修道之謂教，言聖人因是道而品節之，以立法垂訓於天下，是則所謂教也」〔註80〕此二者之間，朱

〔註78〕〔宋〕朱熹撰，黃坤校點：《四書或問》，頁46。
〔註79〕〔宋〕朱熹撰，黃坤校點：《四書或問》，頁46。
〔註80〕〔宋〕朱熹撰，黃坤校點：《四書或問》，頁47。

熹同樣用理氣清濁的觀念來加以聯繫，謂人依循上天所賦予之性以行，本「不假人爲而無所不周」，但因形氣清濁厚薄的緣故，使得私意人欲橫生其間而障蔽了此性（或曰「明德」），唯有修道立教，方可去人欲、復天理。

　　由此可見，朱熹之釋《中庸》，其本旨亦與《大學》同，對於儒家的「德化生命」理想，以及建構道德理想社會的終極目標之追求，由始至終皆沒有改變。

　　這一點，在《論語集注》裏，也獲得了同樣的詮釋，如謂「仁何以爲愛之理」〔註81〕，其解釋是「人稟五行之秀以生，故其爲心也，未發則具仁義禮智信之性，以爲之體，已發則有惻隱羞惡恭敬是非誠實之情，以爲之用。蓋木神曰仁，則愛之理也，而其發爲惻隱。火神曰禮，則敬之理也，而其發爲恭敬。金神曰義，則宜之理也，而其發爲羞惡。水神曰智，則別之理也，而其發爲是非。土神曰信，則實有之理也，而其發爲忠信。是皆天理之固然，人心之所以爲妙也，仁之所以爲愛之理，於此其可推矣。……若君子以此爲務而力行之，至於行成而德立，則自親親而仁民，自仁民而愛物，其愛有差等，其施有漸次，而爲仁之道，生生而不窮矣」〔註82〕，說的也是人稟陰陽五行之氣以生的觀念，謂人心之未發則具仁義禮智之性，已發則爲惻隱羞惡等之情，前者爲體，後者爲用，人若據此以行至行成德立，則可發爲親親、仁民、愛物，由己身推擴出去而及於萬事萬物。此理亦無違於儒家「德化生命」與建構道德理想社會的終極追求。

　　對《孟子·盡心上》之「盡心、知性、知天」，朱熹則謂「心者，人之神明，所以具眾理而應萬事者也。性則心之所具之理，而天又理之所從出者也。人有是心，莫非全體，然不窮理，則有所蔽而無以盡乎此心之量。故能極其心之全體而無不盡者，必其能窮夫理而無不知者也。」〔註83〕並認爲若以《大學》觀之，則「知性」就是物格，「盡心」就是「知至」，可見格物致知的觀念也出現在《孟子》之詮釋裏，而「盡心、知性、知天」說到底亦不過是格物致知之事。他若「萬物皆備於我，反身而誠，樂莫大焉。強恕而行，求仁莫近焉」（《孟子·盡心上》），亦是「萬物之理具於吾身，體之而實，則道在

〔註81〕見《論語集注》卷一「學而」第二章朱熹注，〔宋〕朱熹：《四書章句集注》，頁48。

〔註82〕〔宋〕朱熹撰，黃珅校點：《四書或問》，頁108。

〔註83〕〔宋〕朱熹：《四書章句集注》，頁349。

我而樂有餘；行之以恕，則私不容而仁可得」〔註84〕的推己及人之事。要亦無違於儒家「德化生命」與建構道德理想社會的終極追求。

於此可見，朱熹對四書的詮釋，可謂大本在聖賢之心意，而其獨特之詮釋語境，則不僅足以以之闡發本身之理學思想，亦可創構出另外一個話語體系，可謂經典詮釋之典範。至於其詮釋是否與文本相應，則屬思想體系之邏輯範疇，是另外一個討論層面，本書第一章經已討論過其思想發展之層次性與矛盾性，此處不擬再議。至如其四書詮釋之境界，若與袁甫及黎立武相比，則又是另外一種境界。

二、袁甫四書詮釋之境界

誠如第二章所述，袁甫著作所存者僅《蒙齋中庸講義》與《蒙齋集》二十卷，其《孟子解》早已亡佚，僅能於《蒙齋中庸講義》內擷取一、二精華片段而已，譬如孟子言性命章，他釋曰：

> 孟子之言性命，則亦曰形色天性也，又曰知其性則知天矣，是故指耳目鼻口四肢之於色聲臭味安佚而曰性也，又繼之曰有命焉，蓋謂天命一定，凡所謂貴賤貧富生死壽夭，莫不各有定分，而聲色臭味安佚，雖人之所同欲，然有得焉，有不得焉，非命然也，苟制於命矣，則不專於性也，性不可離命而言也，指仁義禮智天道之於父子君臣賓主賢者聖人而曰命也，又繼之曰有性焉，蓋謂天性在我，則仁者必壽，大德者必受命，而所謂仁義禮智天道乃吾性之所固有耳，既謂之性，則不專於命也，命不可離性而言也。孟子所以反覆言此者，誠以性不離命則當聽其在天，命不離性則當儘其在我，聽其在天者即我也，儘其在我者即天也。〔註85〕

袁甫認為「民受天地之中以生，所謂命也，夫苟曰受中則謂之性，宜也，而乃謂之命何哉？命即性也，合而言之一也。」〔註86〕因此，命與性對袁甫來說是一體之兩面，用於釋《孟子》之性命章時，他所強調的亦是性不離命、命不離性之說。此一觀念，在《蒙齋中庸講義》裏有反覆之論證。

徐復觀在其《中國人性論史（先秦篇）》裏也有提到：「孔子所證知的天

〔註84〕〔宋〕朱熹：《四書章句集注》，頁350。
〔註85〕〔宋〕袁甫：《蒙齋中庸講義》，王德毅主編：《叢書集成續編》，頁309。
〔註86〕〔宋〕袁甫：《蒙齋中庸講義》，王德毅主編：《叢書集成續編》，頁309。

道與性的關係，乃是『性由天所命』的關係。天命於人的，即是人之所以爲人之性。」〔註87〕這個「以『天命』爲即是人之所以爲人的性，是由孔子在下學而上達中所證驗出來的。」〔註88〕因而明確地提出了天命即是人性的說法。此一說法與《中庸》的「天命之謂性」相似，亦與黎立武的「性不離命、命不離性」的說法暗合。

另一方面，袁甫亦再三強調孔子、曾子、子思和孟子之間的一貫傳承道統，認爲他們所傳承的忠恕、中庸和仁義等概念是名異而實一，皆爲儒家一貫之妙道。因此，其釋《論語》、《孟子》和《中庸》，即是貫徹著象山心學「發明本心」之特色，有其一貫的系統。要之，亦不過是集中闡述天地萬物與我本一，只要沒有了天地萬物與我爲二的區別心，實現了「宇宙便是吾心，吾心便是宇宙」的境界，那麼即可感受到周遍於天地萬物之間的禮，隨而自然感受到天下歸仁的境界。

此爲袁甫據象山心學以釋《論語》「克己復禮」與「天下歸仁」章之說法，而此一解釋的先決條件即是必須先達到天地萬物與我無有間隔，己即人、人即己的境界，此一境界亦即楊簡所說的「覺天地萬物通爲一體，非吾心外事」〔註89〕、「天下皆在吾仁之內也，禮之復也，非是外復，仁之歸也，非是外歸，本一而非二」〔註90〕的體驗，此說無疑是道明一切皆由「心」起，因此可視爲「心即理」的最佳詮釋。

袁甫在此前提下更進一步提出了「爲仁之要，不外乎克己復禮」〔註91〕的觀念，而此「克己復禮」是爲仁之要的觀念，亦是陸九淵所強調者，我們在本書第二章已經說過陸九淵認爲顏淵的克己之學，是直接於意念所生起處加以克制，而楊簡便是在此一基礎上創生出「不起意」的克己工夫，因此，袁甫之論「克己復禮」二章，實是發明象山心學的最重要處。而袁甫不僅只在君王經筵上發明象山心學的精髓，更處處針對政治時弊提出己見，亦是他將「發明本心」之學運用到現實政治領域，以期建構一個儒家道德理想社會的最佳體現。

〔註87〕徐復觀：《中國人性論史（先秦篇）》，頁117。
〔註88〕徐復觀：《中國人性論史（先秦篇）》，頁116。
〔註89〕〔清〕黃宗羲原著，〔清〕全祖望補修，陳金生、梁運華點校：《宋元學案（三）》，頁2466。
〔註90〕〔宋〕袁甫：《蒙齋集（一）》，頁5。
〔註91〕〔宋〕袁甫：《蒙齋集（一）》，頁7。

　　至於袁甫的《蒙齋中庸講義》，亦大體是闡述陸九淵「宇宙便是吾心，吾心便是宇宙」的體驗境界，譬如在釋「中庸」一詞時，袁甫說「中」是自堯舜起至孔子、曾子、子思、孟子所傳的一貫道統，「一中之外秋毫莫加」〔註92〕，即如「易有太極，是生兩儀，兩儀生四象，四象生八卦，太極之中固是有兩儀四象八卦之理存焉，兩儀四象八卦又曷嘗有外於太極哉？中者，先天地而存，即太極也。」〔註93〕而此「中」並不在「曆數之外」，而是在「爾躬」之中，袁甫認為這即表示「中」在「天」之中，又因為「天命之謂性」說明了人人皆有此「天命之性」，而「天與我同一太極也，元命自我作，哲命自我貽，天命自我度，天固在我也，豈蒼蒼者為天也？」〔註94〕這一段話亦分明是陸九淵「宇宙便是吾心，吾心便是宇宙」的思想體現。

　　在釋「天命之謂性，率性之謂道，修道之謂教」時，袁甫又說：「性不離命，命不離性，性命一中庸也。性命降自天，率性由道存乎人，人不離天，天不離人，天人一中庸也。道自道也，成己也，推此教人成物也，己不離物，物不離己，物我一中庸也。」〔註95〕說的便是天地萬物與我本一，「宇宙萬物通為一體」，故須於本心上用功夫的觀念。因此而曰：「當其不睹不聞，非但屋漏闇室而已，覿面對語，一念潛動，人知之乎？人不吾知，己自知耳。念之未動己知之乎？至隱也，至微也，己尚不知，奚可名狀？強名之曰獨。……慎獨非他，常中而已，不離道而已，非不離也，無可離也，離將安之？」〔註96〕

　　於此一觀念推闊出來的便是「不起意」的克己功夫，是在意念未起時便欲克制之，時時克制意念之生起即「時中」〔註97〕，而「慎獨」、「時中」所憑藉的便是「誠」，「誠」亦是「天命之性」的屬性，故曰：「盈宇宙之間皆性命也，皆中庸也，皆誠也，而皆備於我」〔註98〕，並謂雖然人人之氣稟或有清濁薄厚之不齊，但是此一本善之性卻大抵相近，只是「患不力於誠耳，既能弗措，則變化氣質以復性命之正，乃必然之理也。」〔註99〕

〔註92〕〔宋〕袁甫：《蒙齋中庸講義》，王德毅主編：《叢書集成續編》，頁308。
〔註93〕〔宋〕袁甫：《蒙齋中庸講義》，王德毅主編：《叢書集成續編》，頁308。
〔註94〕〔宋〕袁甫：《蒙齋中庸講義》，王德毅主編：《叢書集成續編》，頁310。
〔註95〕〔宋〕袁甫：《蒙齋中庸講義》，王德毅主編：《叢書集成續編》，頁311。
〔註96〕〔宋〕袁甫：《蒙齋中庸講義》，王德毅主編：《叢書集成續編》，頁312。
〔註97〕〔宋〕袁甫：《蒙齋中庸講義》，王德毅主編：《叢書集成續編》，頁313。
〔註98〕〔宋〕袁甫：《蒙齋中庸講義》，王德毅主編：《叢書集成續編》，頁343。
〔註99〕〔宋〕袁甫：《蒙齋中庸講義》，王德毅主編：《叢書集成續編》，頁344。

因此，袁甫強調吾人既有此性，便有此「誠」，「誠」並非外來之物，只是為妄所障蔽而已，只要能夠去妄便能存「誠」，所謂贊化育之事，也不是指別有另外可贊化育之事，因為「人人有太極，物物具太極，人物之太極即我之太極，太極在我則化育已行乎其中，非別有所謂贊化育之事也。天地不出吾性分之內，非別有所謂參天地之妙也，一言以蔽之，曰至誠而已」〔註 100〕，也就是說，一切參天地、贊化育之事皆在吾心性之中，只要發明此本心，即可參天地贊化育，成己成物。

此為袁甫所認為的《中庸》大旨，「吾固謂是書之作，無一語非中庸，無一語非性命，而切己功夫則不過曰慎獨而已矣。」〔註 101〕

由此觀之，袁甫所詮釋的《四書》皆不離於儒家對「德化生命」與建構道德理想社會的追求，其大本皆不違聖賢之心意，而且，通篇皆象山心學一派之語言特色。我們可以說袁甫是以象山心學之思想體系去詮釋《四書》，同時也借著詮釋《四書》而將象山心學的思想流傳於後代，但他並沒有借著詮釋《四書》來創發出自己的思想體系，而是借著詮釋《四書》將「發明本心」的思想落實於現實政治之中，企圖改變現實環境，挽救時局，這可說是其家學之影響。由於袁甫「問民疾苦，薦循良，劾奸貪，決滯獄」，愛國愛民，故深受百姓愛戴，亦得君王之器重，可說是象山心學一脈的出色傳人。

三、黎立武四書詮釋之境界

袁甫對「中庸」之「中」的詮釋，與黎立武對「中」的詮釋有些相似之處，兩人都認為此「中」就是上天降衷而民受中之「中」，也就是指「天命之謂性」。黎立武說：「蓋中者，天道也，天德也，降而在人，人稟而受之，是謂之性。」〔註 102〕而袁甫則謂：「中者，先天地而存，即太極也。」〔註 103〕但「民受此天地之中以生」〔註 104〕則謂之性卻是兩人的共同觀點，這種說法也可以說是源自於中國古代之傳統，袁甫和黎立武都是在此一傳統思想的基礎上，以本身學派的思想特色對「中庸」一詞作出了全新的解釋。

袁甫的說法我們在上一節已分析過，我們知道其思想與陸九淵極為接

〔註 100〕〔宋〕袁甫：《蒙齋中庸講義》，王德毅主編：《叢書集成續編》，頁 346。
〔註 101〕〔宋〕袁甫：《蒙齋中庸講義》，王德毅主編：《叢書集成續編》，頁 370。
〔註 102〕〔宋〕黎立武：《中庸指歸》，《中庸古本（及其它三種）》，頁 6。
〔註 103〕〔宋〕袁甫：《蒙齋中庸講義》，王德毅主編：《叢書集成續編》，頁 308。
〔註 104〕〔宋〕袁甫：《蒙齋中庸講義》，王德毅主編：《叢書集成續編》，頁 309。

近，皆「以『心』爲最高範疇，認爲天地萬物皆發生於心中，存在於心中」
〔註 105〕，因此在其《蒙齋中庸講義》裏也曾經提到「元命自我作，哲命自
我貽，天命自我度，天固在我也，豈蒼蒼者爲天也」〔註 106〕的觀念，這種
「宇宙便是吾心，吾心即是宇宙」和「萬物與我心契」的心學觀，是其四書
詮釋的一個重要特色。

至於黎立武則是採用《易》、《庸》一體的方式來重新詮釋「中」，他認
爲：

> 中者，在中之義，正位居體之名也。先天大易，本無方體，所
> 以肇太極而生兩儀。既有太極，易立乎其中，而中之體立，兩儀既
> 判，易行乎其中，而中之體明。然則所謂中之體者易也，易者生生
> 之謂，生生之易曰仁，體仁之道曰誠，夫妙體之謂易，本體之謂仁，
> 貫全體大用之謂誠。中庸之道出於易、本於仁、極於誠。至道不可
> 以名也，故取正位居體，名之曰中，實古今道體攸在。(《中庸指歸》)
>
> 〔註 107〕

黎立武把「中庸」之「中」釋爲易之妙體，其生生不息之本體則爲「仁」，貫
全體大用者爲「誠，」而認爲中庸之道就是「出於易、本於仁、極於誠」，「中」
之得名，只是取其正位居體之說而已。此一說法，在本質上是貫通了《周易》、
《論語》和《中庸》的思想核心，在指出「中庸」是「出於易、本於仁、極
於誠」的同時，也揭示了古今道體之一貫性，與袁甫的想法相當接近，袁甫
既說「中者，即太極也」，也說無論是獨言「中」或「庸」，或兩者並論，「中」
都無所不在，而且「中庸也亦忠恕也，亦仁義也，斯其爲孔子、曾子、子思、
孟子相傳之道統乎」〔註 108〕，此一說法無疑即是黎立武的中庸之道乃「出於
易、本於仁、極於誠」的另類詮釋，所不同的是，袁甫並沒有明確對此三概
念作出本源或體用之分，也就是說，袁甫並不像黎立武那樣用如此決斷的語
氣去定義此三概念。

因此，對概念下明確的定義可說是黎立武獨有的特色，因爲他也曾經對
《大學》一書作過類似的概括與說明，說《大學》之大法乃存乎止，而大旨
則存乎誠，因此《大學》通篇講的無非是「誠」。我們通過黎立武的概括簡述，

〔註 105〕崔大華：《南宋陸學》，頁 142。
〔註 106〕〔宋〕袁甫：《蒙齋中庸講義》，頁 310。
〔註 107〕〔宋〕黎立武：《中庸指歸》，《中庸古本（及其它三種）》，頁 1。
〔註 108〕〔宋〕袁甫：《蒙齋中庸講義》，頁 308。

即可輕易地看出其書之宗旨大要，這是它的好處。我們若據此而與《中庸》相聯繫，則亦可見《中庸》全書亦是反覆推明「仁」、「誠」之道，因為所謂忠恕、誠化，就是指「忠者執中於心，誠者致中和之道，皆所以盡己之性，所謂中也，恕者道之推，化者教之至，皆所以盡人物之性，所謂中也，合而言之曰仁，則己立立人，己達達人。仁者中庸之本體也，貫而通之曰一，則體用一源，顯微無間。一者中庸之妙貫也。」〔註109〕也就是說，「中庸」的本體實際就是「仁」，而「忠」、「恕」、「誠」、「化」就是本於此「仁」體而展開的執中、盡性、致中和與教化的功夫，這一切貫而通之就是「中庸」體用一源之道，因此，「誠」就是盡「中庸」之性，極「中庸」之功的功夫，吾人只要通過學問思辨即可明白此「中」與「庸」的體用之道。

此一以正位居體之「中」來貫通《易》、《庸》之說所建立起來的思想體系是兼山學派的主要特色，也是黎立武學自於謝諤的學術特點，此特點在上述一段話裏可說得到了充分的發揮。黎立武將此以「中」貫通《易》、《庸》，並以「誠」為主要功夫論的兼山學派思想體系融合進了自己的《大學》詮釋裏，認為《大學》和《中庸》的閱讀次序，應為《中庸》在前而《大學》在後，也就是說，先打通《易》、《庸》一體的觀念之後，再以之詮釋《大學》，則可見貫通「中庸」體用一源之道的「誠」，實際上亦為《大學》一書之大旨，故曰：

> 大學之道，其要有三，曰明明德，曰新民，曰止至善。申之以知止，又申之以於止其知。其所止者，所謂致其知，知之至也，是知止善為三要之基，其大法存乎止。大學之事，其條有八，始之以致知、格物，而道以明。終之以齊家、治國、平天下，而道之以行。中之以誠意、正心、修身者，其本也。存諸我為誠於中，推諸物為心誠求之。是知誠意為八條之的，其大旨存乎誠，誠所以盡性，止所以存誠。〔註110〕

「大法存乎止」與「大旨存乎誠」二說，是在《易》之「艮」與《中庸》本體、功夫論思想相結合的基礎上所得出的《大學》詮釋概述，也是黎立武對兼山學派思想體系的進一步擴充與發揮。因此，其《中庸》、《大學》詮釋，可說是有其一貫之思想體系，而此一體系，又與朱熹之理學和袁甫之心學有

〔註109〕〔宋〕黎立武：《中庸指歸》，《中庸古本（及其它三種）》，頁3。
〔註110〕〔宋〕黎立武：《大學發微（及其它四種），頁1。

著極大的區別，三人各有其特色，惟若述其要，則亦與儒家「德化生命」與建構道德理想社會之追求宗旨相距不遠，因爲其學主要是奠基於《易》、《庸》的道德形上思想而建立，儒家特性明確，因此他論明德、新民、至善，亦不遠離儒家「德化生命」與建構道德理想社會之情懷，如曰：

> 明德者何？在天曰命，在人曰性，率性曰道。德者，得也，五常具於人，其性得諸天，其道得諸己，虛靈內徹，而輝光外著也。明明德者，緝熙光明之義，使內無間斷，而明益徹，外無壅蔽而明益著也。新民者，民同此性，同此德，但氣拘習染，不能全其本，然聖賢以道覺民，使人知有此明德，變化氣質，洗滌習俗，而新其德，蓋因其自有而覺之，如因物之舊而新之也。至善極至之理，蓋指物則言物，夫有必有則，乃理之至極者，至眞而無僞，至美而無惡，至純而不雜，至公平正直而無私詖邪枉，善之至也，然此極至之理，根於天性，隱於人心，是爲至善之所。何謂止？有堅凝而無轉移，誠存妄去，在得其所而止之。程子謂止於至善，反身守約是也。夫明德者，天命之本然，至善者，天則之當然，明明德，即自明之道也，新民即明明德於天下，率仁興孝之類，明民之道也，止於至善，即敬止止仁之類，誠之道也。通三要論之，所謂至誠能盡其性，則能盡人物之性，誠而明也歟。〔註111〕

此處人之本性會因「氣拘習染」而不能全其本的說法與朱熹之說十分相似，黎立武的詮釋更突顯出二人同出於伊川之門的事實，而黎立武強調聖賢以道覺民，使人知有此明德而進一步變化氣質、洗滌習俗的思想，亦與朱熹的「今且要收斂此心，常提撕省察」（《朱子語類》卷一百一十三）的說法有些共通處，因爲「覺民」與「提撕」，都是在道德覺醒的基礎上提出的，黎立武認爲聖賢通過經典「以道覺民」，可以使人知有此明德而達到自我道德覺醒與自新的目的，而朱熹則強調如今的學者「只就文字理會，不知涵養，便是一輪轉，一輪不轉」（《朱子語類》卷一百一十三），因此必須「將身心做根柢」（《朱子語類》卷一百一十三），「提撕省察」，「極論戒愼恐懼，以爲學者切要工夫」（《朱子語類》卷一百一十三），此一說法，無疑亦是「以道覺民」的方式之一，只不過他更強調以格物致知的方法來進行提撕省察的自我道德喚醒。

　　因此，黎立武與朱熹對《學》、《庸》所欲傳達的道德提撕、覺醒，以使

〔註111〕〔宋〕黎立武：《大學本旨》，《大學發微（及其它四種）》，頁1。

人覺有此明德而汲汲於變化自我氣質、洗滌社會舊習，己立立人，己達達人，進一步建構一個道德圓滿社會之終極目的的瞭解，可說是一致的，只不過二人的詮釋手法與途徑相異，切入角度亦自不同，一個以正位居體之「中」為本體，而以貫通「中庸」體用一源之道的「誠」為思想核心，一個則以「格物致知」為主要功夫，欲以通「理一分殊」之理、達忠恕一貫之旨，但基本上他們對於儒家之道德境界的追求，以及以聖賢之心意為要的詮釋特色，卻無有不同。

此外，我們在本書第三章也可看出黎立武與朱熹對《大學》和《中庸》的詮釋方式，或甚至對《大學》章句結構的安排，皆有不同之觀點，但誠如前一段所說，他們對於儒家道德境界的追求始終是立場一致的，章句結構或詮釋上的歧異，只是學術觀點不同的問題而已，無礙於對境界的共同體驗。

小　結

總結而言，朱熹、袁甫與黎立武的四書詮釋既可保留與發揚本身學派的學術特色，亦可藉以傳播所屬學派的學術理論，同時尚可在一定的程度上總結或創發自己的思想體系，而又不偏離儒家對「德化生命」與建構道德理想社會之追求目標，可說是達到多向並行發展的功效。在四書詮釋史上，朱熹、袁甫與黎立武都是守成與開創的成功例子。

接下來，我們更要進一步關注的是袁甫與黎立武四書詮釋著作的不聞於世，是否能夠說明該學派影響力不如朱熹理學？或其學說不如朱熹理學優秀？又或是該學派已經被朱學銷融了呢？這些影響至巨的問題，我們將留待下一節作深入的探討。

第五章　宋元之際朱熹理學、象山心學與兼山學派的流播

　　在本書緒論裏，我們曾經提到過所謂的「宋元之際」是指由宋入元，即端平二年（公元 1235）蒙古軍攻破德安府，也就是正式向南宋宣戰起，至祥興二年（公元 1279）南宋滅亡的這段時代更迭的歷史歲月，也就是說，「宋元之際」意味著南宋與蒙古南北對峙的混亂之世。我們知道，在宋端平元年（公元 1234），南宋與蒙古軍聯手滅金後，南宋又破壞盟約，趁蒙古軍撤回北方之際出兵突襲，意欲收復西京洛陽、東京開封與南京應天府，蒙古軍因此正式向南宋宣戰，派兵大舉入侵南宋，從此展開了長達四十五年之久的侵宋戰爭。咸淳七年（公元 1271），忽必烈定國號為元，建立了元朝，至祥興二年（公元 1279），南宋便宣告滅亡。

　　袁甫就是在這段長達四十五年的南北對峙歲月裏逝世的，也就是在蒙古軍宣佈大肆進攻南宋的第六年逝世，而黎立武則於袁甫逝世兩年後誕生，因此，袁甫和黎立武都是南宋人，可是在某個程度上，他倆都可以算是宋元之際的人物。至於朱熹，雖是南宋前期人物，但他所處的卻是南宋與金朝、西夏混戰的時代，因此可說是「宋金夏之際」的人物。

　　無論是「宋金夏之際」，抑或是「宋元之際」，南宋都是一個混亂不堪的時代，朱熹、袁甫與黎立武在這種局勢裏傳播四書學，都難免會遭遇到時代、政局變動與人事的打擊，因此，朱熹遭遇了偽學禁的厄運，而袁甫亦是在這段非常時期中成長的儒者，黎立武誕生時，黨禁雖已被解除，但南宋國運卻已走到盡頭。在這種顛簸失意的痛苦歲月裏，他們究竟是如何將本身學派的

學術思想傳播下去的呢？此一問題，我們已經通過他們的生平與年譜研究找到了答案，而重新詮釋四書似乎是他們的共同途徑。此外，我們在本書緒論的第三節也曾提到一個非常關鍵性的問題：究竟象山心學與其他各學派是不是自慶元黨禁以後就完全被朱學給銷融掉呢？這是非常值得研究的問題，可是至今為止，仍無人可提供比較有說服力的研究成果。

因此，本節所欲探討的就是把經過特點分析與釐清後的朱熹理學、象山心學與兼山學派，放在南宋與宋元之際的思想史上，尋找他們傳人的蹤迹，以回答此關鍵性問題：象山心學與其他各學派是不是自慶元黨禁以後就完全被朱學給銷融掉呢？而弟子人數的多寡又是否可以說明某個學派的生命力，或某一強勢學派的學說就是天下第一呢？

此一研究結果，實有助於我們還原歷史真相。

第一節　朱熹理學之流播

朱熹理學一派究竟有多少門人？這個問題恐怕不好回答，因為僅僅根據《宋元學案》所記載的第一代門人即有 225 人（包括朱熹的三個孩子），而第二代及第三代更是難以統計，因為身份重疊者太多，有一人跟從不同學派之明師學習的，也有一人跟從同門幾師兄弟學習的，更有拜了師傅又再跟自己的同學學習的，關係非常複雜，難以處理，若通過簡表方式來表達，或許可以讓問題更加突顯，也更容易梳理其中之脈絡。

一、朱熹理學傳人統計表（第一代至第七代）

由於研究範圍所限，本統計表（見附表四）只能整理到朱熹的第七代傳人為止，而朱熹在蔡元定這一支的第七代傳人如樂良雖生卒年不可考，我們卻可在《宋元學案》裏看見他是「（元惠宗）至正間，以賢良徵至京」〔註1〕，「見元政不綱，歸隱於大浹、小浹之間」〔註2〕，「（明）洪武初，辟為定海學教諭，循循善誘，課試有方，一時英俊若張信、陳韶輩咸出其門。」〔註3〕可

〔註1〕〔清〕黃宗羲原著；〔清〕全祖望補修；陳金生，梁運華點校：《宋元學案（四）》，頁 2941。
〔註2〕〔清〕黃宗羲原著；〔清〕全祖望補修；陳金生，梁運華點校：《宋元學案（四）》，頁 2941。
〔註3〕〔清〕黃宗羲原著；〔清〕全祖望補修；陳金生，梁運華點校：《宋元學案（四）》，

見他是生於元代而跨元入明的人物，而朱熹其餘的第七代傳人亦多爲生於元代而活至元明之際之人。至於第八代張信則已不在本表的統計範圍內，因爲他已是明代洪武二十七年的進士，屬於明代人物，故不在本研究範圍內。

在此必須聲明，《宋元學案》的統計也只能作爲參考數據之一，因爲該書並未列明數據出處與根據，我們無法得知爲何會有一人跟從同門幾師兄弟學習，而且還有人拜了師傅又再跟自己的同學學習的，甚至也不明白爲何有些人如朱熹的兒子竟然毫無傳人，連自己的兒孫也不繼承家學，當然更不明白他是如何判斷某人棄某學投朱，而非「帶藝拜師」。這些都可說是目前無法解決的問題，只能作爲備案處理。

此外，本統計表也無法處理一人跟從多位明師學習的個案，如：吳澄，對於這些多重角色的個案，我們究竟應該如何初置他們的傳人？即如吳澄，我們並不清楚他的傳人是否都是他在其草廬學派成型以後所招收的學生，而這些都是必須考慮的因素，因此，我們只能在其每一位明師之下略作注明。

另外一個值得注意的問題是若一人跟從多位明師者，其「前學歷」是否應該忽略不計呢？我們知道，每一階段的學習都可說是在爲自己的思想做準備，一個龐大的思想體系絕不可能是一蹴而就的，因此，《宋元學案》對於「前學歷」的重視無疑是正確的，但它雖然在師承表上有此說明，在爲文時卻心有餘而力不足，譬如：在陸九淵傳人方面，就遺漏了（或說篩選？）一百多人，而在朱熹傳人的師承表上則出現了很多象山心學的弟子，甚至連象山心學「四明學派」的舒璘也列入其中，但卻未能如傅夢泉那樣提供有力的說明，換言之，有關學派歸屬的處理手法實在不能令人滿意。

隨著朱熹理學傳人統計表的整理，各種複雜的問題陸續浮上臺面，我們相信這將有助於還原一個各學派在南宋與宋元之際的傳播原貌，同時也希望能藉此打破某些以弟子人數來判斷學派生存狀況的傳統想法。

在製作本表時，我們是根據《宋元學案》所載朱熹理學傳人的資料來加以連綴，也就是說，這是依據該書各學案所描述的資料，將所有人的師承關係聯繫起來的統計表。

結果顯示，此師承關係聯繫表的可操作性並不高，因爲重疊人數實在太多，而且一旦將有關師承關係連綴起來後，我們會發現他們的師承關係其實是相當複雜的，而且多有不可思議或荒謬之處。譬如當我們將吳澄的師承表

頁 2941。

聯繫起來之後，便會發現吳澄既是朱熹第一代傳人黃幹的第三代弟子，也是他的第四代弟子，同時還是李燔的第三代弟子、杜煜的第三代弟子、柴中行的第三代弟子、程端蒙的第五代弟子、董銖的第五代弟子以及黃幹的第三代弟子，同時還是陸九淵的續傳弟子以及黎立武的門生。這種關係看來就不僅只是混亂了，而且還令人費解，而更奇怪的是，朱熹有將近一半的學生是沒有傳人的，連自己的兒孫也不繼承家學，這種情形就顯得有些不合理了。究竟是什麼原因造成朱門子弟之間的師生關係如此複雜？爲何他們的師生關係會發展得如此不正常呢？目前我們還無法確定其原因，不知道這是因爲《宋元學案》的資料有誤，抑或是南宋及宋元之際的社會情況有別於現代，以至出現了這許多「拜師情況混亂」的情形。我們唯一可以肯定的是，目前我們所掌握的朱熹傳人數目實際上並不可靠。朱熹究竟有多少傳人？這個問題恐怕仍有待於進一步的探索。

二、朱熹理學傳人的主要地理分佈

若以《宋元學案》所提供的資料來作分析，朱熹的第一代 222 位傳人（不包括其三個兒子）的主要地理分佈可簡析如下：

1、**福建**（共計：86 人）：蔡元定、黃幹、蔡淵、蔡沆、蔡沈、陳淳、陳易、李方子、餘元一、趙師恕、趙善佐、張巽、胡大時、黃謙、高松、陳繽、蔡和、陳均、趙汝騰、李文子、劉燴、劉炳、劉剛中、詹體仁、林夔孫、傅伯成、任希夷、陳孔碩、陳孔夙、陳守、陳定、陳宓、方士繇、張宗說、陳駿、饒敏學、李閎祖、李相祖、李壯祖、王遇、李唐咨、林易簡、楊至、余大雅、游儆、鄭可學、許升、劉炎、黃士毅、劉鏡、李東、方壬、方禾、方大壯、上官謐、傅誠、黃寅、梁瑑、馮允中、呂勝己、楊仕訓、葉武子、俞聞中、吳英、黃孝恭、岳珏、饒幹、楊履正、周謨、鄭昭先、范念德、江默、楊與立、楊驤、楊道夫、劉砥、劉礪、王力行、吳壽昌、張顯父、葉湜、詹淵、童伯羽、李宗思、黃學皋、丘富國

2、**江西**（共計：53 人）：李燔、張洽、趙崇憲、趙崇度、趙蕃、劉黼、許子春、彭龜年、傅夢泉、周良、包揚、包約、包遜、柴中行、程洵、董彥約、董彥純、黃灝、宋斌、黃□、陳端蒙、董銖、王過、程珙、劉黻、林湜、李如圭、滕璘、滕珙、胡泳、曾三聘、歐陽謙之、孫調、楊楫、楊方、楊復、余宋傑、李輝、劉賁、劉孟容、蔡念成、李季札、嚴世文、

徐昭然、吳必大、甘節、曾祖道、陳文蔚、黃義勇、黃義剛、曹建、符敘、黃幹

3、浙江（共計：44 人）：輔廣、輔萬、陳埴、葉味道、杜煜、杜知仁、潘友端、王瀚、王治、詹儀之、李大同、周介、鄒補之、王介、呂喬年、傅定、舒璘、孫應時、諸葛千能、石斗文、石宗昭、喻仲可、趙師蒇、趙師雍、樓鑰、李大有、謝夢生、徐僑、趙綸、應純之、應謙之、應茂之、沈澗、郭磊卿、趙師淵、趙師夏、孫枝、潘友恭、杜斿、杜燏、徐寓、戴蒙、潘時中、李伯誠

4、安徽（共計：8 人）：廖德明、吳柔勝、詹初、程永奇、吳昶、孫自修、孫自新、孫自任

5、四川（共計：5 人）：宋之源、魏了翁、度正、宋之潤、宋之汪

6、江蘇（共計：5 人）：吳仁傑、竇從周、竇澄、湯泳、章康

7、重慶（共計：1 人）：□淵

8、湖北（共計：2 人）：李耆壽、萬人傑

9、湖南（共計：3 人）：李杞、李雄、黎貴臣

10、河北（共計：4 人）：潘植、潘炳、石洪慶、施允壽

11、廣西（共計：1 人）：林學蒙

12、廣東（共計：1 人）：龔蓋卿

13、未知（共計：9 人）：李道傳、趙汝談（大梁）、林至（葉亭）、姜大中、方誼（嘉禾）、廖晉卿、李周翰、劉定夫、賀善

　　以上統計數據顯示朱熹的第一代傳人主要集中在今福建、江西和浙江，人數分別為 86、53 和 44，其餘安徽、四川、江蘇、重慶、湖北、湖南、河北、廣西、廣東等地的人數皆不超過 10 人。

　　至於朱熹的一傳弟子之第一代門人：

1、蔡元培：以福建省居多；

2、黃幹：弟子多居於今福建、江西、浙江、四川、江蘇與湖南，其中又以福建、江西和浙江居多，情況與朱熹相似；

3、李燔：以湖南和江西為多，顯然已逐漸將朱子理學擴充到湖南；

4、張洽：只將其學傳了給二子，範圍局限在江西；

5、輔廣：弟子多在浙江與安徽；

6、陳塤：弟子皆爲浙江人；

7、葉味道：弟子以浙江人爲多；

8、杜煜：弟子皆爲同鄉浙江黃巖人；

9、陳淳：弟子以福建、浙江、四川爲多；

10、廖德明：弟子二人，各屬今福建和貴州；

11、李方子：弟子以福建、四川爲多；

12、舒璘：爲陸九淵高弟，「《宋史》本傳、《陸子學譜》卷七、《大大清一統志》卷二百二十五皆云初從張栻學，又從陸九淵遊，朱子、呂祖謙講學於婺，璘徒步往謁之。」〔註4〕若按《宋元學案》所載，舒璘的師承是極爲複雜的，不僅嘗從張栻、呂祖謙、朱子和陸九淵學，亦曾師從楊庭顯、童大定，又有淵源深厚的家學，故學識十分淵博，實不能單以朱子傳人譽之。其弟子以浙江人居多；

13、柴中行：弟子以江西爲多；

14、魏了翁：其弟子以四川居多，亦有來自廣西、重慶、江蘇、湖南、江西與浙江者；

15、蔡和：弟子多爲福建人；

16、詹體仁：僅眞德秀一個弟子，二人皆福建人；（因此眞德秀並非如一般材料所說的那樣是朱熹的私淑弟子，他實際上是朱熹的第二代傳人，但同時也是楊簡和袁燮的私淑弟子。）

17、董銖：所傳皆本家族子弟，程正則則爲其鄉鄰，皆江西人；

18、其餘弟子：多未見有傳人，或僅一、二門徒。

由此可見，朱熹理學的第一代和第二代傳人之範圍皆未出福建、江西、浙江、安徽、四川、江蘇、重慶一帶，湖北、湖南、河北、廣東、廣西、貴州的人數較少。此外還有一點值得注意的是，朱熹的第一代傳人似乎門徒不多，其中至少有 167 人是沒有門徒的，占弟子總人數的 74%，除蔡元定與黃幹等幾位主要弟子之外，其餘傳人的弟子人數則多在 1～5 人之內。這種傳播地域受限的情況一直維持到趙汝騰的續傳弟子趙復被元師俘至北方爲止，朱子的四書學及其理學思想才得以傳播到北方燕趙一帶。〔註5〕因此，《宋元學案》謂：「當是時，南北不通，程、朱之書不及於北，自先生（指趙復）而發

〔註4〕趙偉：《陸九淵門人》，北京：中國社會科學出版社，2009，頁219。

〔註5〕詳見本書緒論部分。

之。」〔註6〕可見趙復是朱熹四書學與理學思想北傳的關鍵，可惜其學北傳後的弟子名單卻不見載於《宋元學案》。

此外，朱熹的一傳弟子中，有大量的陸九淵門人，其中尤以槐堂諸儒為甚。惟誠如上言，舒璘的師承極為複雜，不僅嘗從張栻、呂祖謙、朱子和陸九淵學，亦曾師從楊庭顯、童大定，又有淵源深厚的家學，因此實不能單以朱子傳人目之，而且，槐堂諸儒同師朱、陸，並非就意味著他們叛變陸門，也可能是有部分人意欲摒棄門派、多親近大師以增長學問，即如包氏兄弟，有者以為其學實以宗陸九淵者為多，朱熹亦嘗謂包揚「忽略細微，徑趨高妙」，即指其學近於禪。可見我們不能因為包揚在陸九淵逝後率門生轉投朱子便說他們是背叛師門，因為當時的社會風氣或有異於今天，我們從朱子理學傳人統計表中亦可看出，一人從多師的現象是十分眾多的，這說明了陸九淵逝後其弟子轉投他師的現象極有可能是當時的社會風氣所致。

若以舒璘和朱熹對包氏兄弟思想的批評來看，這些轉投朱門或曾經一度投向朱門的陸子門人之思想其實並未完全脫離象山心學的影響，因此，我們無法根據上表所顯示的大量象山門人名單來判斷象山心學已逐漸被朱學給銷融掉，也許我們應該深入思考這是否朱、陸門人亟欲摒棄門戶之見，創造朱、陸和合之學術條件的努力？在朱熹理學的大量傳人名單背後，我們似乎看見了袁甫積極營造朱、陸大同的契機。

第二節　象山心學之流播

在本書第二章，我們已深入分析過象山心學的第二代傳人袁甫，知道袁甫是象山心學門下之「四明學派」中堅分子袁燮之次子並楊簡之高弟，其學以象山心學為本，宗於陸九淵，又位居高職，深受時君之重視，具有極大的社會影響力，故而堪稱是第二代象山心學的表徵人物，因此，本節乃以之為核心，對象山心學之流播情況作上關下聯之統計，以探討象山心學是否確實被朱熹理學所銷融的問題。

一、象山心學傳人統計表（第一代至第七代）

縱觀目前學術界對陸九淵門人的研究，其實成果並不算多，除《宋元學

〔註6〕〔清〕黃宗羲原著；〔清〕全祖望補修；陳金生，梁運華點校：《宋元學案》，頁 2994。

案》之外，比較有系統的研究成果就數清代陸王研究專家李紱的《陸子學譜》、萬斯同的《儒林宗派》與趙偉的《陸九淵門人》（北京：中國社會科學出版社，2009），以及臺灣學者徐紀芳的《陸象山弟子研究》（臺北：文津出版社，1990）一書。我們通過相互參究的方式，對上述著作做了深入的比較研究，從而發現《宋元學案》對陸九淵門人的記載其實是十分不完整的，遺漏者竟有逾百人，無怪乎造成象山心學自陸九淵歿後即已趨向沒落的刻板印象。

　　本節研究即以盡可能完善象山心學傳人名單爲出發點，從中分析象山心學對當時社會的影響力，以進一步瞭解朱熹理學與象山心學之間的此消彼長之關係。而本研究所謂之象山心學，實亦包括陸九淵之兄九韶與九齡之學，因全祖望謂「三陸子之學，梭山啓之，復齋昌之，象山成之。」〔註7〕九淵與九韶、九齡之學雖曰和而不同，但象山心學之成實無法脫離其二人啓發與昌盛之功，故一併列入象山心學譜系內，且其門人亦有重疊者，故亦一併列入。（見附表五）

　　此外，本統計表是採用上關下聯的方式，根據《宋元學案》的記錄而整理出來的象山心學首七代門人之關係表，結果顯示象山心學的第一代門人，有史料可供考察的共有 90 位，乍看之下，似乎比朱熹的 225 位遜色，但實際上這些數據並不能說明這個情況，因爲陸九淵和朱熹的第一代門人少說也有上千人，可是比較知名的，或者目前有史料可證的門人就只有這些。因此，我們整理他們的門人名單，並非是要作出孰強孰弱的比較，而是要深入歷史，盡可能尋找出他們的傳人蹤迹，以便瞭解他們的學派傳承情況而已。

　　若根據以上資料，則象山心學的第一代傳人（不包括其子陸持之）主要是分佈於以下地區，尤其集中於江西和浙江：

1、江西（49 人）：曾溓、李纓、曹建、李修己、饒延年、劉堯夫、傅夢泉、傅子雲、鄧約禮、黃叔豐、劉孟容、曾祖道、鄧遠、張商佐、彭興宗、利元吉、陳剛、朱桴、朱泰卿、李伯敏、周清叟、嚴滋、林夢英、張孝直、鄒斌、包揚、包約、包遜、孟渙、李雲、張明之、周良、董德修、危稹、吳紹古、章節夫、游元、李蕭、李復、徐子石、晁百談、王允文、黃枏、黃椿、黃棐、俞廷椿、江泰之、吳顯仲、劉堯夫

2、浙江（23 人）：楊簡、袁燮、舒璘、舒琥、舒琪、沈煥、沈炳、趙彥肅、

〔註7〕〔清〕黃宗羲原著；〔清〕全祖望補修；陳金生，梁運華點校：《宋元學案》，頁 1862。

詹阜民、諸葛千能、諸葛受之、石斗文、石宗昭、孫應時、胡拱、胡撙、
趙師雍、趙師蒇、高商老、豐有俊、潘友文、高宗商、邵叔誼
3、**湖北（1人）**：萬人傑
4、**江蘇（1人）**：胡大時
5、**遼寧（2人）**：符敘、符初
6、**山東（1人）**：姚宏中
7、**廣東（1人）**：陳去華
8、**河南（1人）**：趙子新
9、**福建（1人）**：丘元壽
10、**不詳（10人）**：嚴松、蔣元夫、李耆壽、劉定夫、熊鑒、黃裳、繆文子、
徐仲誠、危和
這顯示在陸九淵生前，象山心學的傳播地域都局限在江浙一帶。

二、被遺忘的弟子

　　除《宋元學案》外，我們在趙偉的《陸九淵門人》〔註8〕一書中，又找到
了96位不在《宋元學案》記錄之中的傳人名單如下，又在陸九淵的《與諸葛
誠之》書中發現了諸葛誠之此人。為證明他們和陸九淵的關係，特此簡析如
下：
1、**王遇**：根據《陸子學譜》卷十二的記載，王遇字子合，又字子正，雲潭州
　　龍溪人。師承關係複雜，曾從遊於張栻、呂祖謙、朱熹之門，又問學於
　　陸九淵。《象山語錄》有王遇和陸九淵的對話記錄。（《陸九淵門人》頁54）
2、**毛必強**：字剛伯，生平不可考，《陸子學譜》卷十三稱毛必強為陸九淵
　　門人。李才棟《江西古代書院研究》也說「在象山結屋從學之毛必強云：
　　『先生之講學也，先欲複本心以為主宰，欲得其本心，從此涵養，便日
　　充月明。讀書、考古欲明此理，盡此心耳。其教人為學端緒在此，故聞
　　者感動。』」〔註9〕可見毛必強曾是陸九淵的忠誠門人。（《陸九淵門人》
　　頁55）
3、**毛元善**：建昌南城人，《陸子學譜》卷十三稱其為陸九淵門人，並敘其從
　　學陸九淵之經歷。（《陸九淵門人》頁56）

〔註8〕趙偉：《陸九淵門人》，北京：中國社會科學出版社，2009。
〔註9〕李才棟：《江西古代書院研究》，南昌：江西教育出版社，1993，頁155。

4、包日庵：生平不詳，包恢《敝帚稿略・陳通判墓誌銘》云：「南城包公日庵得象山實學者也。」故應是江西南城人。（《陸九淵門人》頁 61）

5、馮傳之：生平不詳，《陸子學譜》卷十五據陸九淵與眾人之書信內容而推斷其為陸九淵門人，見《與王順伯》、《與薛象先》、《與劉志甫》等書。今觀《與王順伯》書，確曾提及馮傳之，而《與薛象先》書亦說「馮傳之氣質恢傑，吾甚愛之，恨向來相聚日淺，不能發其大端。若只如此，恐終不甚濟事也，每惋惜之！」〔註 10〕《與劉志甫》書亦云：「馮傳之氣稟恢然，當今難得，所當共愛惜之。向來相聚，失於懶散，不曾與之啟其大端。」〔註 11〕可見馮傳之並未真得陸九淵真傳。（《陸九淵門人》頁 66）

6、馮元質：生平不詳，《陸子學譜》卷十五列為陸九淵門人，有陸九淵在象山講學的文字記錄見於《象山語錄》。（《陸九淵門人》頁 67）

7、呂祖儉：字子約，號大愚叟，呂祖謙之弟，《陸子學譜》卷八列為陸九淵門人，云：「子約師事其兄，未嘗他有所師；而與先生（指陸九淵）及朱子，皆嘗問學。」可見其關鍵即在於「問學」者是否即為入門弟子。（《陸九淵門人》頁 69）

8、劉伯文：生平不可考，《陸子學譜》卷十四將之附於劉伯協傳後，同視為陸九淵門人。李才棟《江西古代書院研究》也說他是南城槐堂高弟之一，〔註 12〕因此，他極有可能是南城人。（《陸九淵門人》頁 71）

9、劉敬夫：《陸子學譜》卷十四說劉敬夫名思，建昌南豐人，「與弟定夫並師事先生，亦俱往問學於朱子。」嘗向陸九淵請教《周禮》事。（《陸九淵門人》頁 75）

10、劉仲夏：生平不詳，趙偉認為由朱熹《與劉仲復》書可看出劉仲復亦為向陸九淵問學者。（《陸九淵門人》頁 78）

11、劉深父：陸九淵有《與劉深父》書，陸九淵認為劉深父「進學工夫不甚純一」，因此給他指導為學的功夫，顯見劉深父是陸九淵門人。〔註 13〕惟《陸子學譜》記載劉深父有南城人和天台人者，不知哪個才是《與劉深父》書中所指的人。（《陸九淵門人》頁 79）

〔註 10〕〔宋〕陸九淵著；鍾哲點校：《陸九淵集》，頁 176。
〔註 11〕〔宋〕陸九淵著；鍾哲點校：《陸九淵集》，頁 136。
〔註 12〕李才棟：《江西古代書院研究》，頁 153。
〔註 13〕〔宋〕陸九淵著；鍾哲點校：《陸九淵集》，頁 34。

12、劉志甫：生平不詳，《陸子學譜》卷十五列爲陸九淵門人，說「先生答書，
言其與王順伯相繼入冊符」，又《與劉志甫》書中亦有殷切叮嚀劉志甫要
與有德之友交遊的勉勵話語。〔註14〕（《陸九淵門人》頁80）

13、劉德固：生平不詳，《陸子學譜》卷十五列爲陸九淵門人，說他和胥必先
同事陸九淵，必然是金溪人，而陸九淵《與胥必先》書亦云：「劉德固須
尙留山間。前此未得與渠同讀書，但說得《比卦》稍詳。」〔註15〕（《陸
九淵門人》頁82）

14、劉季蒙：生平不詳，《陸子學譜》據陸九淵《贈劉季蒙》之序而斷言劉季
蒙是陸九淵門人，說劉季蒙是在陸九淵守荊門時向他問學的弟子。（《陸
九淵門人》頁83）

15、朱克家：字幹叔，生平不詳，《陸子學譜》卷十列爲陸九淵門人。陸九淵
有一首詩題爲《簡朱幹叔諸友》，顯見在陸九淵門人中，也有過去與陸九
淵爲朋友關係者，如朱季繹、朱克家等，因此他們的關係既可算是朋友，
也可算是門人。在朱熹的《跋金溪陸主簿白鹿洞書院講義後》，記載了當
時跟隨陸九淵往江西南康軍拜訪朱熹的門人隨從名單，朱克家名列第
一，這已經很好地說明了朱克家是陸九淵門人的事實。（《陸九淵門人》
頁85）

16、朱益叔：生平不詳，《陸子學譜》卷十列爲陸九淵門人。有陸九淵《與朱
益叔》書一封，說起坊間流傳其僞文之事，顯然交情亦不淺。（《陸九淵
門人》頁86）

17、朱益伯：《陸子學譜》卷十說朱克家、朱益叔與朱益伯和陸九淵是同鄉，
皆同學於陸九淵。（《陸九淵門人》頁86）

18、朱元瑜：原名朱伯虎，後陸九淵改其名爲朱元瑜，字忠甫。臨川人。是淳
熙丁未暮春時期從陸九淵遊的眾多學子之一。（《陸九淵門人》頁86）

19、朱季繹：生平不詳，李退溪和陳榮捷都以爲是朱子門人，惟《陸子學譜》
卷十四列爲陸九淵門人。今觀《象山語錄》有陸九淵對朱季繹說的話：
「吾友（指朱季繹）且道甚底是本？又害了吾友甚底來？」〔註16〕可見
陸九淵與朱季繹本是朋友關係，而朱季繹卻抱著不恥下問的精神向陸九
淵問學，如果凡問學者皆爲門人關係，那麼朱、陸二人的關係就變得既

〔註14〕〔宋〕陸九淵著；鍾哲點校：《陸九淵集》，頁136。
〔註15〕〔宋〕陸九淵著；鍾哲點校：《陸九淵集》，頁186。
〔註16〕〔宋〕陸九淵著；鍾哲點校：《陸九淵集》，頁437。

是朋友又是師生了，此外，在《朱子語類》中其實也可見朱季繹與朱子門人蔡季通和直卿的對話，但這也無法說明朱季繹是朱子的門人而非陸九淵門人。因此，總結而言，我們只能說朱季繹嘗向陸九淵問學，而且與朱子門人的關係也很好，或是朱、陸調和的主張者也不一定。（《陸九淵門人》頁 87）

20、許中應：生平不詳，《陸子學譜》卷十二列爲陸九淵門人，說「陸子知荊門軍時，中應爲鄂州教授，師事陸子，信道甚篤。」許中應在陸九淵逝後曾爲之作祭文。（《陸九淵門人》頁 89）

21、許昌朝：生平不可考，《陸子學譜》卷十四列爲陸九淵門人。《象山語錄下》記有陸九淵批評許昌朝喜歡以自己所集的朱熹、呂祖謙《學規》教人，令學者每月一觀之事。可見許昌朝或亦爲朱、陸調和者。（《陸九淵門人》頁 91）

22、喬德占：陸九淵《與喬德占》書曾訓斥喬德占知過不改，說他「不唯不改，抑以有益甚者」，可見喬德占亦是陸九淵的門人，或是未能確實掌握象山心學要訣者。〔註17〕（《陸九淵門人》頁 95）

23、楊楫：字通老，福建長溪人，淳熙五年進士。黃勉齋《記楊恭老敦義堂》云：「吾與通老從遊於夫子之門二十年矣，通老長於吾十年，而首與之交想好也。」可見楊楫確是朱熹門人，諸書亦皆持此論，惟《陸子學譜》卷八列爲陸九淵門人，認爲楊楫初學於朱子，復問學於先生。其歸也，先生爲序以送之。此序即爲陸九淵《送楊通老》，結尾寫著「長溪楊楫通老，忠實懇到，有志於學，相見雖未久，而其切磋於此甚力。於其歸，書以勉之。」〔註18〕這一段話已明確點出楊楫「有志於學」，並且曾經互相「切磋」，可惜相見時間不長，可見楊楫確實曾經向陸九淵問學，因此也應該以門人視之。（《陸九淵門人》頁 101）

24、楊方：字子直，號澹軒先生、澹軒老叟，諸書皆列爲朱熹門人，惟《陸子學譜》卷十二列爲陸九淵門人，說他知建昌軍時謁陸九淵問學。《象山語錄》裏也有一段陸九淵和楊方的對話，記載了陸九淵問楊方「學問何所據」的問題，楊方回答說相信聖人之言，陸九淵便反問他如何盡信所有聖人言？從而提到「人謂某不教人讀書，如敏求前日來問某下手處，

〔註17〕〔宋〕陸九淵著；鍾哲點校：《陸九淵集》，頁 44。
〔註18〕〔宋〕陸九淵著；鍾哲點校：《陸九淵集》，頁 244。

某教他讀《旅獒》、《太甲》、《告子》『牛山之木以下』，何嘗不讀書來？只是比他人讀得別些子」的話，由此可知，楊方確是遊走於朱、陸二門之間的人，陸九淵此話也是欲通過楊方傳達給朱熹的一個辯護。（《陸九淵門人》頁102）

25、吳郁：生平不詳，但知為金溪人，《陸子學譜》卷十五根據明人宋濂《故東吳先生吳公墓碣銘》所記載的吳郁子孫吳儀（東吳先生）之墓誌銘內容：「唯吳氏初自延陵而分，圖譜之局廢，不能詳其爵里世次。五季末有諱嗣者，自廣信遷撫之金溪，其諸孫宋含光尉邦基生郁，從象山陸文安公傳道德性命之學。」由此可知，吳郁確是陸九淵門人。（《陸九淵門人》頁107）

26、吳伯顯：名顯若，是陸九淵妻子吳氏的弟弟，厚若、誠若皆是吳氏之弟。根據陸九淵《吳伯顯墓誌》所載，吳伯顯是臨川人，生於紹興戊辰（1148）年，卒於紹熙庚戌（1190）年。《陸子學譜》卷十說他們三兄弟皆從學於陸九淵，是陸九淵門人。陸九淵有《與吳伯顯》書一封。（《陸九淵門人》頁108）

27、吳仲時：名厚若，《陸子學譜》卷十列為陸九淵門人。陸九淵有《與吳仲時》書一封。參見吳伯顯條。（《陸九淵門人》頁109）

28、吳叔有：名誠若，《陸子學譜》卷十列為陸九淵門人。陸九淵《與吳叔有》書云：「近來所學如何？嘗思初至此時，感發甚盛。但當時以信向之篤，心誠感通，如草木遇春而生，蓋有不自知其所以然者。」〔註19〕參見吳伯顯條。（《陸九淵門人》頁109）

29、吳景立：金溪人，世居沙崗地方，《陸子學譜》卷十根據元人虞集的《故梅隱先生吳君墓銘》而列之為陸九淵門人，說他「師陸子，友傅琴山」，此說和李存的《吳公君明行述》所記者相同。此外，《故梅隱先生吳君墓銘》還提到：「陸先生起於金溪，吳氏之族祖子孫所從遊者，多陸門之人。」因此，《陸九淵門人》認為「吳景立為陸子之學，而至吳君明以宗朱子之學的程若庸為師，是其家學又轉向朱學矣。」可見吳景立應是陸九淵門人，至其後代子孫方轉向朱學。（《陸九淵門人》頁110）

30、吳元子：《陸子學譜》卷十一列為陸九淵門人，說他字子嗣，臨川人，慶元二年丙辰科進士，「因居喪，欲復古禮，以書問復於先生，往復再三，

〔註19〕〔宋〕陸九淵著；鍾哲點校：《陸九淵集》，頁89。

先生責其所居近在百里之內，不亟求見長者，而徒數以書來。子嗣遂至象山築室受業焉。」吳子嗣創齋之事確是屬實，但吳元子是否即吳子嗣卻有爭議，因爲《宋元學案》是以吳紹古爲吳子嗣，而《陸九淵集》卷十九《經德堂記》也有提到「雲錦吳生紹古，遠來從余遊，求名其讀書之堂，余既名而書之，且爲其說，使歸而求之。」陸九淵《與吳子嗣》書亦提到其去信請教喪禮而被陸九淵責備不親臨請教之事。〔註 20〕惟吳紹古與吳子嗣是否同一人？或吳紹古是否又有別字或別號叫做元子，卻未有確實證據。因此，吳元子身份暫時存疑。（《陸九淵門人》頁 111）

31、吳君玉：生平不詳，《陸子學譜》卷十五列爲陸九淵門人，說他：「或云臨川人，即淳熙十年甲辰科進士吳琮；或云名鑒，即葉水心所薦於執政三十四人之一也。君玉至槐堂從學，乃先生三十歲成進士後初歸家講學時。」此事可見於《象山語錄》。（《陸九淵門人》頁 113）

32、陳武：字蕃叟，瑞安人，陳傅良族弟，《陸子學譜》卷八列爲陸九淵門人。陸九淵《與徐子宜》書在歷數弟子們的求學進度時，也有提到蕃叟，因此，蕃叟亦爲陸九淵門人。〔註 21〕（《陸九淵門人》頁 113）

33、陳縉：字晉卿，福建福唐人，《陸子學譜》卷十二列爲陸九淵門人。陸九淵《贈陳晉卿》書有向陳縉講述發明本心之道，此書作於紹熙辛亥年，因此，陳縉應是此一時期從學的弟子。〔註 22〕（《陸九淵門人》頁 114）

34、陳師淵：生平不詳，《陸子學譜》卷十五根據陸九淵《題翠雲寺壁》所說的「陳師淵作飯供；胡無相作茶供」之說而列之爲陸九淵門人。遊翠雲寺是淳熙己酉年之事，那時陸九淵寓居許昌朝家，和許昌朝、劉伯協、胡無相、陳師淵等人相約遊翠雲。〔註 23〕可見陳師淵是此一時期從遊的弟子。（《陸九淵門人》頁 118）

35、陳詠之：字之道，官池州通判。宋人包恢《陳通判墓誌銘》說陳詠之讀陸九淵之文而得發明本心，慰滿素志，更在其家鄉創辦書院，「以寓其尊事之意」，還聘請了象山門人傅公子雲爲之師，而南城包公日庵便是其中深得象山實學者。由此可知，陳詠之是陸九淵的私淑弟子。（《陸九淵門人》頁 118）

〔註20〕〔宋〕陸九淵著；鍾哲點校：《陸九淵集》，頁 144、236。
〔註21〕〔宋〕陸九淵著；鍾哲點校：《陸九淵集》，頁 66。
〔註22〕〔宋〕陸九淵著；鍾哲點校：《陸九淵集》，頁 248。
〔註23〕〔宋〕陸九淵著；鍾哲點校：《陸九淵集》，頁 251。

36、陳君舉：生平不詳，元人趙汸《華川書舍記》說他是「薛之徒也，乃自以書請益於陸氏。」而陸九淵《與陳君舉》書則稱陳君舉爲「尊兄」，說他是「以尊兄之才之美，下問之勤，懇然情實，眞以能問於不能，以多問於寡，尤用降歎！」可見陳君舉年齡或地位或高於陸九淵，卻能眞心問學於陸九淵。〔註24〕（《陸九淵門人》頁119）

37、李性傳：字成之，嘉定四年進士，《陸子學譜》卷八列爲陸九淵門人。陸九淵《與李成之》書中提到「李尉處附至三月晦日書，發讀，慰浣之極！別紙尤見情實，歷述病狀，可謂自知之審矣。」同時亦勉勵他努力克己復禮。〔註25〕但由於李性傳家學出自伊川一脈，雖非朱子門人，全祖望亦不認爲李性傳是陸九淵門人。實際上若以當時問學從遊者皆爲門人的定義來看，李性傳亦當爲陸九淵門人，否則他亦無需向陸九淵「歷述病狀」，以向陸九淵問學了。（《陸九淵門人》頁119）

38、李伯誠：生平不詳，諸書皆列李伯誠爲朱熹門人，唯《陸子學譜》根據楊簡代李伯誠寫的陸九淵祭文語「某於象山先生文安公受罔極之恩，言頓覺如脫桎梏、清明光大到於今」而列之爲陸九淵門人，說他「或云慶元人也。與楊、袁、沈、舒四君子同事先生。」《朱子語類》卷一百二也記載了李伯誠和朱熹的對話，朱熹和他討論了打坐之事，由此可見，李伯誠應爲朱、陸門人。（《陸九淵門人》頁128）

39、李季遠：生平不詳，《陸子學譜》卷十五列爲陸九淵門人。陸九淵《與包詳道》書說：「近嘗得李季遠書，盛陳別後爲學工夫，大抵以爲朝夕不懈涵泳，甚有日新之意。又以詳道力以『本無事』之說排之，渠又論不可無事之故。」〔註26〕陸九淵在信中提到李季遠與包詳道和包敏道往復辯論學問之事，可見三人關係密切，應該都是陸九淵的門人。（《陸九淵門人》頁130）

40、李叔潤：生平不詳，《陸子學譜》卷十五根據陸九淵《與徐子宜》書所提及的「見李叔潤，與之言惡俗交戕之處，泫然流涕，感激良深，自此亦可以爲學，第恨相處不久耳」〔註27〕而列之爲陸九淵門人。（《陸九淵門人》頁130）

〔註24〕〔宋〕陸九淵著；鍾哲點校：《陸九淵集》，頁127。
〔註25〕〔宋〕陸九淵著；鍾哲點校：《陸九淵集》，頁129。
〔註26〕〔宋〕陸九淵著；鍾哲點校：《陸九淵集》，頁84。
〔註27〕〔宋〕陸九淵著；鍾哲點校：《陸九淵集》，頁67。

41、邵中孚：生平不詳，《陸子學譜》卷十四列爲陸九淵門人。陸九淵《與邵中孚》書開首即曰「所示進學證驗，此乃吾友天資樸茂，立志堅篤，故能如此，可喜可慶。」陸九淵信中對邵中孚開示了養護本心的道理與方法，又推薦他讀《尚書》的《皋陶》、《益稷》、《大禹謨》、《太甲》、《說命》、《旅獒》、《洪範》、《無逸》等篇，讓他常讀，以便他日相聚時再向他當面報告心得。〔註28〕此信既稱邵中孚爲「吾友」，又要求他讀了《尚書》以後向他報告，可見邵中孚原是陸九淵之友輩，後來向他問學。（《陸九淵門人》頁 132）

42、張衍：字季悅。《陸子學譜》卷十三列爲陸九淵門人，說他「官階、里居未詳，或曰南城人。事先生最久，性質剛嚴，排斥異端，疾惡如仇。先生嘗勸其開導異己者，不必嫉之，而季悅防衛不少假，蓋門牆之禦侮也。先生既沒，首收集遺文刻之。」此事見於陸九淵《與張季悅》書。（《陸九淵門人》頁 134）

43、張行己：生平不詳，《陸子學譜》卷十四列爲陸九淵門人，說「或云即象山之山主也。師事先生，結屋於象山之上，先生題其所居之室，曰明德。」另外，《陸九淵年譜》也記載了陸九淵五十歲居象山精舍時，張行己也在象山同住。（《陸九淵門人》頁 136）

44、張少石：《陸子學譜》卷十四根據《陸九淵年譜》的資料而列之爲陸九淵門人，說他名「張鎮，字少石。建昌南城人。淳熙八年進士，十四年從先生講學，結屋於象山之上，先生題其所居齋名曰佩玉，以其下澗水清錚可聽也；又題其所居小室曰封庵。」（《陸九淵門人》頁 136）

45、張伯強：生平不詳，《陸子學譜》卷十四列爲陸九淵門人，說「或云亦象山山主行己之群從也。淳熙十四年，結屋於象山之上，從象山問學，象山精舍正廳□曰養正堂，左爲居仁齋，右爲由正齋，伯強讀書其中。又自爲退休之室，在林壑幽處，與行己同居，先生題其額曰儲雲。」（《陸九淵門人》頁 137）

46、張次房：生平不詳，但知爲臨川人，《陸子學譜》卷十四列爲陸九淵門人，說他「初事文達公，嘗居官，有列於朝，棄官歸，問學於先生。」棄官事見於《象山語錄》，《語錄》亦云臨川張次房於歷子賦《歸去來辭》，棄官而逃，來見陸九淵，得陸九淵開導。〔註29〕（《陸九淵門人》頁 137）

〔註28〕〔宋〕陸九淵著；鍾哲點校：《陸九淵集》，頁 91。
〔註29〕〔宋〕陸九淵著；鍾哲點校：《陸九淵集》，頁 422。

47、張季忠：生平不詳，《陸子學譜》卷十五列爲陸九淵門人，說他「從事先生，勇往力學，爲同輩所推服。」陸九淵有《與張季忠》書一封。（《陸九淵門人》頁 138）

48、張宏：字符度，臨川人，《陸子學譜》卷十五列爲陸九淵門人，說他晚年始來從學，中嘉定十一年進士。楊簡有《與張元度》書一封，說「臨川張元度，以鄉舉至禮部，持陸先生書踵門就見。」此話已說明張宏是陸九淵門人。（《陸九淵門人》頁 138）

49、宋復：字無悔，臨川人，《陸子學譜》卷十三列爲陸九淵門人。陸九淵《與嚴泰伯》書三封，其中有「學之不講久矣。吾人相與扶持於熟爛之餘，何敢以戲論參之」語，又曰「宋無悔來，得書，知彼時消息，甚。答君玉書極佳，足見新功，度今又當日進。文範必數得往還，此公明白可喜，未易得也。宋秀才志向可喜，而氣習中多病。」又勉勵宋復「勉自奮拔，不必他求。來日得暇見過，以觀新功。」信中既向宋復報告宋無悔、文範、宋秀才等學習之進展，又期待他日與宋復見面時，可以看見宋復的進步，顯見宋複本是陸九淵的門人。〔註 30〕（《陸九淵門人》頁 142）

50、羅獻：字章夫，建昌南豐人，《陸子學譜》卷十四列爲陸九淵門人，說他「登慶元二年丙辰科進士，早歲師事先生。比登第時，先生卒已四年，不及見矣。其歷官未詳。」陸九淵《與羅章夫》書一封。（《陸九淵門人》頁 145）

51、周伯熊：南城人，《陸子學譜》卷十四列爲陸九淵門人，李才棟《江西古代書院研究》也說他是南城槐堂高弟之一。〔註 31〕（《陸九淵門人》頁 146）

52、周孚先：生平不詳，但曾與張行己、張少石、張伯強同時結廬於象山，向陸九淵問學，陸九淵題其所居室爲「志道」。《陸子學譜》卷十四列爲陸九淵門人。（《陸九淵門人》頁 147）

53、周康叔：生平不詳，《象山語錄》中有陸九淵對他和曾充之言學的記錄，《陸子學譜》據此列其爲陸九淵門人。（《陸九淵門人》頁 149）

54、趙焯：字景昭，開封人，《陸子學譜》卷十五列爲陸九淵門人，說「其兄景明，名熠，先從學於呂伯恭，尋來爲撫州府守。景昭與先生爲同年

〔註30〕〔宋〕陸九淵著；鍾哲點校：《陸九淵集》，頁 183。
〔註31〕李才棟：《江西古代書院研究》，頁 153。

進士，在臨安與先生相款，亦有意於學者，以省兄至撫，遂來問學。鵝湖之會，景昭從行，與聞講論，深相信服。」而《宋元學案》卷五十一稱他爲東萊門人，卷四十六則稱他爲汪應辰門人，可見趙焯曾經從學於多師，陸九淵亦爲其一。（《陸九淵門人》頁 158）

55、項安世：字平父，又作平甫，號平庵。其先括蒼人，後遷居江陵，淳熙二年進士。《陸子學譜》卷九列爲陸九淵門人，說「淳熙九年，先生任國子正，平甫奉親之官越中，多見先生高弟。又嘗受傅子淵警發，遂以書來問學，自謂心師之久，不可不以尺紙布萬一。明年復以書來，謂欲望尊慈特賜指教。」又說「平甫信服先生逾於朱子，嘗致書朱子推尊先生」，因此說他「蓋平甫雖兼師朱、陸，尤信陸學」。（《陸九淵門人》頁 162）

56、胥訓：字必先，《陸子學譜》卷十列爲陸九淵門人。陸九淵《宋故吳公行狀》中，說胥訓爲其妻吳夫人之第三妹之婿。朱熹《跋金溪陸主簿白鹿洞書堂講義後》說「淳熙辛丑春二月，陸兄子靜來自金陵，其徒朱克家、陸麟之、周清叟、熊鑒、路謙亨、胥訓實從。」可見胥訓確是陸九淵門人。陸九淵有《與胥必先》書四封，楊簡亦有《侍象山先生遊西湖，舟中胥必先、周元忠奕》詩一首。（《陸九淵門人》頁 165）

57、胡無相：臨川人，《陸子學譜》卷十五列爲陸九淵門人，說他名妙明。並引《撫州府志》曰：「少時遇一僧，教其面壁靜坐，遂有頓悟能文，自號無相，名公卿多與之交。象山先生講《易》，一日無相亦來聽講。先生問理會得否？對曰：『三畫未分露消息，六爻才動錯商量。』意譏當時章句訓詁者穿鑿也，先生頗許之。自是來侍學。」陸九淵有《與胡無相》書一封。（《陸九淵門人》頁 170）

58、祝才叔：生平不詳，《陸子學譜》卷十五根據陸九淵爲其在象山所結廬居題名爲「規齋」而列之爲陸九淵門人，說他「或曰臨川南欒人。結廬象山之上，聰先生文學。先生題其所居曰規齋，才叔固以爲號。凡先生爲諸弟子題象山結廬齋額，並見淳熙十四年先生四十九歲《陸九淵年譜》。」爲諸弟子象山所結廬題名之事可見於《陸九淵年譜》固然沒錯，但此事乃淳熙十五年五十歲時事，而非四十九歲。（《陸九淵門人》頁171）

59、郭震：生平不詳，《陸子學譜》卷十二列爲陸九淵門人，說他是成都人，

「自蜀中來學於先生，先生嘗教以學先知本，因以『本』名齋，求先生記之，先生爲之文。」此處所爲之文即指陸九淵《本齋記》。〔註32〕（《陸九淵門人》頁183）

60、郭逍遙：字邦逸，《陸子學譜》卷十四列爲陸九淵門人。諸書皆說郭逍遙是朱子門人，而郭逍遙亦曾拿朱熹說的話去請教陸九淵，陸九淵在寫信作覆時，也把自己寫給朱熹的回信，以及史評、兩本書、宜章學、王文公祠二記都一起寄去給郭逍遙看，似乎也把郭逍遙看作門人。〔註33〕由此看來，郭逍遙應是遊走於朱、陸二家門下的朱、陸調和分子。（《陸九淵門人》頁183）

61、郭邦瑞：生平不詳，《陸子學譜》卷十四列爲陸九淵門人，是郭邦逸的兄長。陸九淵《與郭邦瑞》書中提及「前此辱令弟邦逸遣人臨存」，又云「別後遷除，未足爲門下言也」，「姪孫濬處太學，家書戒令求見。此子近亦少進於學，幸與進，以子弟視之可也。」〔註34〕「門下」二字用得奇特，看來陸九淵是指因爲官職的變遷，以至不能時常給郭邦瑞講學，而且陸九淵希望郭邦瑞能夠以子弟身份看待他的姪孫陸濬，這說明二人的關係非淺。（《陸九淵門人》頁185）

62、倪伯珍：生平不詳，《陸子學譜》卷十五列爲陸九淵門人。《陸九淵門人》說倪伯珍是眾多跟隨陸九淵在象山之上結廬而居的門人，陸九淵爲其居處題名爲「愈高」，《陸子學譜》因而猜測倪伯珍大有可能是「同郡或信州人」。（《陸九淵門人》頁188）

63、倪九成：生平不詳，《陸子學譜》卷十五列爲陸九淵門人，因爲陸九淵《與倪九成》書裏有提到「九成精神意向，皆已汩沒，追念向時從遊之意，無復彷彿矣。遂獻愚衷，或冀自此幡然，爲益不細。」〔註35〕可見陸九淵是以師長身份開導倪九成，希望他能回覆以前從遊時候的精神狀態，這也表示倪九成那時候應該已經離象山心學的精神有些遠了，或許指的是沾染到禪學習氣而言吧！（《陸九淵門人》頁189）

64、桂昭然：字德輝，信州貴溪人，《陸子學譜》卷十四列爲陸九淵門人，說他「師事先生最久。乾道八年，先生既成進士，歸家需次，德輝即來從

〔註32〕〔宋〕陸九淵著；鍾哲點校：《陸九淵集》，頁240。
〔註33〕〔宋〕陸九淵著；鍾哲點校：《陸九淵集》，頁171。
〔註34〕〔宋〕陸九淵著；鍾哲點校：《陸九淵集》，頁172。
〔註35〕〔宋〕陸九淵著；鍾哲點校：《陸九淵集》，頁166。

學。」此處「最久」之說值得商榷，因爲楊簡也大概是那個時候拜陸九淵爲師的。（《陸九淵門人》頁 190）

65、陶贊仲：生平不詳，《陸子學譜》卷十四列爲陸九淵門人，說「或云南城人，即慶元五年進士陶述；或云嘉泰二年進士陶述堯也。嘗從學於先生，踐履篤實。先生既之荆門，贊仲聞晦翁因無極之辨，與先生牴牾，以書書請問其故」。因此，即使我們不能確定陶贊仲是陶述還是陶述堯，我們也知道他就是那個曾經爲了朱熹和陸九淵辯論無極太極課題而寫信向朱熹問難的象山弟子。（《陸九淵門人》頁 190）

66、曹廷：字挺之，《陸子學譜》卷十三列爲陸九淵門人，說「曹立之，名建，餘干人，與弟廷俱學於先生」，而《陸九淵門人》一書也說在朱熹的《曹立之墓表》中有提及曹建在去世前有「語其弟廷曰」之語，因此可知曹廷是曹建的弟弟。兩人都是陸九淵的門人，但所學不精，陸九淵《與曹挺之》書對他有所批評。（《陸九淵門人》頁 199）

67、黃文晟：南豐人，是黃栩、黃椿、黃裴之父，世稱壺隱先生，《宋元學案》卷七十七《槐堂諸儒學案表》黃栩名下注「父文晟」，言並象山門人。（《陸九淵門人》頁 206）

68、黃日新：生平不詳，《陸子學譜》卷十四列爲陸九淵門人，說他「或云金溪人。先生嘗與書云同舉選，則先生鄉舉同年也。先生無意應舉，紹興三十二年壬午歲，以李侍郎浩勸駕，始以《周禮》應試，舉第四人。十月丁母憂，未赴禮部試。又十年，至乾道七年辛卯歲，復以《易經》與鄉舉，明年成進士。日新與先生同舉，未知是壬午，抑係辛卯也。」這一段話裏頭所提到的「日新與先生同舉」一事，未知是否屬實，查陸九淵的《與黃日新》書中，並未見此事，不知是否指「不以今日之同舉送而以其同心志也」一句，但此句似乎無法看作是一同中舉的證據，因爲「同舉送」應該是連讀的，不能把「同舉」和「送」斷開，而且正確句子到底是「同舉送」還是「同舉選」，目前尚無法確定，因而他們的師生關係也就無法獲得證實。（《陸九淵門人》頁 206）

69、黃循中：生平不詳，《陸子學譜》卷十四列爲陸九淵門人。陸九淵《與黃循中》書有告誡黃循中不可貪戀富貴虛名，而應以學道爲本的話。（《陸九淵門人》頁 207）

70、傅聖謨：生平不詳，《陸子學譜》卷九據包恢《祠堂記略》所云之「先君

子受業於陸象山先生，邑中同志者，時則有若傅公子淵、聖謨、仲昭、齊賢、克明諸前輩，而象山尤屬意者，必首屈子淵指」而列傅聖謨爲陸九淵門人。陸九淵《與傅聖謨》書三封曾批評傅聖謨「非特其志之病，亦坐聞見之陋」，而且「漸於陋習，膠於謬說」，因此每次和他通信都要像「授小兒」那樣詳盡解說，對他表達了極大的不滿。《象山語錄下》又記有門人批評傅聖謨「無志，甘與草木俱腐」的話，陸九淵回應說「他甘得如此，你還能否？」可見傅聖謨雖從學於陸九淵，但實未得其學之精髓。（《陸九淵門人》頁215）

71、傅仲昭：生平不詳，《陸子學譜》卷九列爲陸九淵門人，理由同於上條傅聖謨。陸九淵《與廖幼卿》書曾以傅仲昭批評廖懋卿「坐間假寐」爲主題與廖幼卿展開討論，足見廖懋卿、廖幼卿和傅仲昭三人皆同學於陸九淵。（《陸九淵門人》頁216）

72、傅齊賢：生平不詳，《陸子學譜》卷九列爲陸九淵門人，理由同於上條傅聖謨。陸九淵有《與傅齊賢》書一封與之討論學問。（《陸九淵門人》頁216）

73、傅克明：生平不詳，《陸子學譜》卷九列爲陸九淵門人，理由同於上條傅聖謨。陸九淵有《與傅克明》書一封，與之切磋本心說。（《陸九淵門人》頁217）

74、曾敬之：生平不詳，《陸子學譜》卷十四據陸九淵《與曾敬之》書所討論的爲學本末問題而將之列爲陸九淵門人。（《陸九淵門人》頁232）

75、曾友文：生平不詳，《陸子學譜》卷十四列爲陸九淵門人，說他「少聰穎，應試不售，以相人術遊於士大夫家，先生愛其才，勉令爲學。」陸九淵有《贈曾友文》書與之討論相人之術與以德爲學二者，孰爲本孰爲末之事。（《陸九淵門人》頁233）

76、曾充之：生平不詳，《陸子學譜》卷十四列爲陸九淵門人。《象山語錄下》記有「周康叔來問學」和「曾充之來問學」的話，足見二人都是陸九淵弟子無疑。（《陸九淵門人》頁233）

77、董元錫：生平不詳，《陸子學譜》卷十五列爲陸九淵門人，說他從學於陸九淵，後來又師事文達公（陸九齡）。陸九淵《與董元錫》書曾批評他氣質不厚重，並勉勵他「唯新是圖，則本心可以立復，舊習可以立熄。」（《陸九淵門人》頁234）

78、程敦蒙：生平不詳，《陸子學譜》卷十四列爲陸九淵門人。《象山語錄下》
記載李伯敏呈所編《語錄》予陸九淵，「時朱季繹、楊子直、程敦蒙先生
在坐」，足證程敦蒙、楊子直和朱季繹都是陸九淵門人。（《陸九淵門人》
頁 235）

79、葛少良：金溪人，爲葛德載的第五子，陸九淵《葛致政墓誌銘》詳細地
介紹了其生平事迹與家學，並說「曰宗允；曰少良，嘗從余遊。」〔註36〕
足證葛少良是陸九淵的門人。《陸子學譜》卷十五亦列爲陸九淵門人。（《陸
九淵門人》頁 236）

80、葛宗允：金溪人，是葛少良的兄長，理由同於上條葛少良。（《陸九淵門
人》頁 236）

81、童伯虞：生平不詳，《陸子學譜》卷十五列爲陸九淵門人。陸九淵《與童
伯虞》書記述了陸九淵秋試不第，曾寓居童伯虞家長達半年之事。（《陸
九淵門人》頁 236）

82、路謙亨：生平不可考，《陸子學譜》卷十列爲陸九淵門人。朱熹《跋金溪
陸主簿白鹿洞書堂講義之後》亦記載了當年跟隨陸九淵前往拜訪朱熹的
門人名單，當中有路謙亨之名。（《陸九淵門人》頁 237）

83、蔡幼學：字行之，號溪園，溫州瑞安人，乾道八年進士，授廣德教授。
《宋元學案》將他列爲鄭波熊、芮煜和陳傅良的門人，《儒林宗派》卷
十一列爲陳傅良門人，《宋史》也沒說他是陸九淵門人，惟《陸子學譜》
卷八根據《陸九淵年譜》所述「時永嘉蔡幼學行之爲省元，連日無所問
難，似不能言者。先生從容問其所志，乃答曰：『幼學之志，在於爲善
而已。』先生嘉歡而勉勵焉」這一段話而斷定蔡幼學是陸九淵門人，其
證據私嫌不足。（《陸九淵門人》頁 240）

84、戴溪：字肖望，又稱少望，永嘉人，爲別頭省試第一，監潭州南嶽廟。
《宋史》有傳。《陸子學譜》卷八列爲陸九淵門人。陸九淵有《與戴少
望》書與之討論爲學。（《陸九淵門人》頁 248）

85、蔡公辨：生平不詳，《陸子學譜》卷十五列爲陸九淵門人。舊版《陸九淵
集》曾誤作薛公辨與蔡公辨，今已改正爲蔡公辨。陸九淵《與蔡公辨》
書有陸九淵批評蔡公辨的信「詞語病痛極多，讀之甚不滿人意」的話，
又說「今觀吾子之文，乃如未嘗登吾門者，即此便可自省。」足見蔡公

〔註36〕〔宋〕陸九淵著；鍾哲點校：《陸九淵集》，頁 330。

辨是陸九淵不太滿意的門人之一。(《陸九淵門人》頁 247)

86、顏子堅：生平不詳，陸九淵《與詹子南》書說「顏子堅既已去髮胡服，非吾人矣。此人質性本亦虛妄，故卒至此。」是顏子堅棄儒學而出家，陸九淵只好將之逐出門牆了。因此顏子堅其實是曾經為陸九淵門人，但最後卻選擇了出家。(《陸九淵門人》頁 246)

87、廖懋卿：是廖幼卿的兄長，陸九淵《與廖幼卿》書便是以討論廖懋卿「坐間假寐」為主題而展開討論的。(《陸九淵門人》頁 244)

88、廖幼卿：生平不詳，陸九淵有《與廖幼卿》書一封，與之討論廖懋卿「坐間假寐」之事。足見廖氏兄弟都是陸九淵門人。《陸子學譜》卷十五列為陸九淵門人。(《陸九淵門人》頁 243)

89、羅點：據《陸九淵門人》所載，羅點字春伯，號此庵，撫州崇仁人，其行狀見於袁燮《絜齋集》卷十二之《端明殿學士通議大夫僉書樞密院事崇仁縣開國伯食邑七百戶食實封一百戶累贈太保羅公行狀》。《儒林宗派》卷十一和《陸子學譜》卷八皆列為陸九淵門人，獨《宋元學案》卷五十八列為陸九淵學侶，但又說他曾經從學於陸九淵。(《陸九淵門人》頁 143)

90、鄭學古：生平不詳。據《陸九淵門人》所載，陸九淵論補試得失時，言其與曹立之、萬正淳不為利害所動，似乎對之頗為讚賞，《陸子學譜》卷十四據此列為陸九淵門人。(《陸九淵門人》頁 151)

91、鄭湜：字溥之，乾道二年蕭國梁榜同進士。《宋元學案》卷九十七列入慶元黨禁中，全祖望《奉臨川帖子》亦明言其非陸九淵門人，惟《陸子學譜》卷十五列為陸九淵門人，而陸九淵《與鄭溥之》亦有評論其學問之提點語言，當是曾問學於陸九淵者。((《陸九淵門人》頁 151)

92、趙端顧：字養正，家臨川，嘉定七年進士。《陸子學譜》卷十一引《撫州府志》本傳列為陸九淵門人，說他聞陸九淵之子持之得象山家學，因相與講貫，因此或為陸九淵私淑弟子，但《陸子學譜》並列入弟子行列。((《陸九淵門人》頁 154)

93、倪巨川：字濟甫，生平不詳。《陸子學譜》列為陸九淵門人，說他「然從學於象山精舍，自是同鄉近地人。濟甫與饒壽翁交好，壽翁則先生群從親黨也。」陸九淵亦有《與倪濟甫》書。((《陸九淵門人》頁 188)

94、陶贊仲：生平不詳。《陸子學譜》卷十四列為陸九淵門人，說他「嘗從學於先生，踐履篤實。先生既之荊門，贊仲聞晦翁因無極之辨，與先生

牴牾，以書請問其故。」陸九淵亦有《與陶贊仲》書二封。（《陸九淵門人》頁 190）

95、劉恭：字伯協，建昌南城人，紹熙元年庚戌進士。全祖望列爲陸九淵門人，王梓材則認爲不應爲陸九淵門人，而應爲陸九淵學侶。《陸子學譜》卷十四則列爲陸九淵門人，說他「早從先爲學。淳熙十六年己酉歲，侍先生遊翠雲寺。」陸九淵亦有《與劉伯協》書二封。（《陸九淵門人》頁78）

96、劉伯正：字直卿，饒州餘干人，淳祐四年拜端明殿學士。《陸子學譜》卷九因陸九淵《與徐子宜書》中提及劉伯正之事而列其爲陸九淵門人。惟《陸九淵門人》並不認同此說。

其實，除了上述兩種研究成果以外，我們在《象山語錄》裏也可以再找到一些被遺漏的弟子名單，譬如：

1、黃元吉：《象山語錄上》記載：「松問先生，今之學者爲誰？先生屈指數之，以傅子淵居其首，鄧文範居次，傅季魯黃元吉又次之。且云：『浙間煞有人，有得之深者，有得之淺者，有一見而得之者，有久而後得之者。廣中陳去華省發偉特，惜乎此人亡矣！』」又曰：「元吉得老夫鍛鍊之力。元吉從老夫十五年，……元吉善學，不敢發問。」可見黃元吉是陸九淵甚爲寵愛的弟子，已追隨陸九淵十五年之久，不知爲何《宋元學案》竟不列入陸九淵門人行列。有《與黃元吉》書一封。〔註37〕

2、鄧文範：是陸九淵心目中僅次於傅子淵的門人，詳見上條。有《與鄧文範》書三封。

3、傅季魯：是陸九淵心目中僅次於傅子淵和鄧文範的弟子，詳見上條。有《與傅季魯》書一封。

4、傅子淵：是陸九淵心目中最出色的弟子，詳見上條。有陸九淵《與傅子淵》書四封，事迹可見於《象山語錄》。

5、諸葛誠之：陸九淵《與諸葛誠之》書三封云諸葛誠之嗜學甚篤，可惜患有「未夜而睡」、「氣昏體倦」的毛病，更曾動念別求道術以解決心中憂慮，爲陸九淵所阻止。陸九淵常與之討論學問。足見諸葛誠之亦是陸九淵門人。〔註38〕

〔註37〕〔宋〕陸九淵著；鍾哲點校：《陸九淵集》，頁 422。
〔註38〕〔宋〕陸九淵著；鍾哲點校：《陸九淵集》，頁 49。

6、盧孝孫：李才棟《江西古代書院研究》說他字新之，號玉溪，亦信州貴溪人，與葉夢得同遊於傅子雲之門，亦登嘉泰二年進士，後卒業於真德秀。〔註39〕真德秀雖說是朱子門人詹體仁唯一的傳人，但亦是楊簡和袁燮的私淑弟子，盧孝孫既是傅子雲門人，又卒業於真德秀，就不能不承認他是陸九淵門人，至少也應該說他曾經是陸九淵門人才對，今《宋元學案》、《陸子學譜》、《陸九淵門人》和《陸象山弟子研究》皆不著錄其名於陸九淵門下，是不對的。

綜合此 102 位門人之資料，可知此 102 人主要是分佈在以下地區：

1、江西（37 人）：毛元善、包日庵、呂祖儉、劉伯文、劉敬夫、劉德固、朱元瑜、吳郇、吳伯顥、吳仲時、吳叔有、吳景立、吳元子、吳君玉、張衍、張少石、張次房、張宏、宋復、羅獻、周伯熊、胡無相、祝才叔、倪伯珍、桂昭然、陶贊仲、曹廷、黃文晟、黃日新、葛少良、葛宗允、羅點、趙端顧、倪巨川、劉恭、劉伯正、盧孝孫

2、浙江（4 人）：陳武、李伯誠、蔡幼學、戴溪

3、福建（3 人）：王遇、楊楫、陳縮

4、湖北（1 人）：項安世

5、河南（1 人）：趙焞

6、四川（1 人）：郭震

7、不詳（55 人）：毛必強、馮傳之、馮元質、劉仲夏、劉深父、劉志甫、劉季蒙、朱克家、朱益叔、朱益伯、朱季繹、許中應、許昌朝、喬德占、楊方、陳師淵、陳詠之、陳君舉、李性傳、李季遠、李叔潤、邵中孚、張行己、張伯強、張季忠、周孚先、周康叔、胥訓、郭逍遙、郭邦瑞、倪九成、黃循中、傅聖謨、傅仲昭、傅齊賢、傅克明、曾敬之、曾友文、曾充之、董元錫、程敦蒙、童伯虞、路謙亨、蔡公辨、顏子堅、廖幼卿、廖懋卿、鄭學古、鄭湜、陶贊仲、黃元吉、鄧文範、傅季魯、傅子淵、諸葛誠之

由此可見，象山心學的勢力範圍主要還是在江西一帶。

若總結以上所有陸九淵的第一代門人，不包括其他尚未通過方志、史冊、史料等所記載者，數目實為 192 人，而《宋元學案》卻只記載了 90 位，這無疑是缺漏太多，令人無法相信。我們分析以上資料後發現，關鍵處有二，一

是《宋元學案》的整理者尚未遍閱所有史料，以至掛一漏萬，但問題是即使他書沒讀，我們尚可諒解，但《象山語錄》裏頭被陸九淵視爲門人的弟子爲何也會被看漏，才是一個大問題；其二，《宋元學案》編撰者對於其研究對象之門人，持有偏執的標準，該書並不認爲轉投他師者或思想不純宗於其師者也應該列入，同時也不認爲凡問學者或從遊者皆是門人，但問題是爲何某些問學者或從遊者被列爲門人，而某些人卻又不列入呢？其根據何在？

此外，陸九淵的名氣在當時可說是堪比朱熹，門下弟子少說也有上千人，《宋元學案》的統計數據無疑是缺漏太多。若我們按照《宋元學案》目前的統計，象山心學一脈的弟子人數至少比朱熹理學一脈少一半，而且還出現不少轉投朱學的案例，此一現象會讓人以爲象山心學派系已經步上窮途末路了。近代便有些學者根據這些數據而判斷象山心學在陸九淵逝後便逐漸被朱熹理學勢力所銷融掉，可是這種研究是否能夠反映事實呢？而且，一個學派的存活是否全賴弟子的人數來反映？對於那些潛伏的弟子們，歷史應該將他們列入何領域？

因此，本研究認爲在目前的研究著作裏所記錄的弟子人數之多寡並非學派生命力的最有力表徵，當我們在研究中國古代各個學術派別的存活情況時，不應該純粹依賴現有的統計數據就草率作出判斷，應該加以多方面的考覈，包括重新審視統計數據或加入生命力或影響力的評估等，如此，才能作出公允的評價。

第三節　兼山學派之流播

上一節我們由象山心學的門人數據，談到《宋元學案》在這一方面的統計缺失，進而提出若欲研究中國古代各個學術派別的存活情況時，不應該純粹依賴現有的統計數據就草率作出判斷，應該加以多方面的考覈，包括重新審視統計數據或加入生命力或影響力的評估等，以便得出更加客觀的數據，否則我們實在無法在現有的研究成果裏判斷出朱熹和陸九淵究竟哪一位的第一代門人比較多，或是到底存不存在誰銷融了誰的問題。

此一方法，對於研究門人數量看來奇少的兼山學派來說，也是很重要的，因爲兼山學派的傳人數目和朱熹、陸九淵比較起來的確相差懸殊，但是經過創始人郭忠孝的三傳弟子黎立武的忠貞發揚之後，兼山學派的學術思想卻也能通過黎立武的弟子袁俊翁而在元、明二代的科舉裏發揮過重大的影響力，

而且，黎立武在官撫州時，曾經校文舉吳澄充貢士，間接協助吳澄成為了元代的一代大儒，因此若論吳澄今日的成就，我們實不應排黎立武的提攜之恩於外。因此，弟子人數的多寡，固然是學派傳承的重要條件，但在傳人不多的情況下，有關學派如何充分發揮其生命力的問題，就變成最重要的考量了。

因此，本節雖然也會採用像朱熹理學和象山心學那樣的七代門人統計方式，但卻不會以此一統計數據來定奪兼山學派的傳播勢力，因為黎立武雖創辦了蒙峰和金鳳二書院，所造就的學子以上千計，但他們的名字卻都不傳於世，獨有袁俊翁因為《四書疑節》一書成為科場必用書，而得以留下了大名，因此，我們的研究將專注于謙山學派對後世的影響力，而非其生徒分佈地理區域。

一、兼山學派傳人統計表（第一代至第六代）

我們在本書第三章裏已經提到過兼山學派開創人郭忠孝是伊川晚年所收的弟子，精於《易》、《庸》，郭忠孝傳其子郭雍，郭雍傳謝諤和蔣行簡，而黎立武則是謝諤的私淑弟子，因「官秘省時，閱官書，愛二郭氏《中庸》。郭遊程門，新喻謝尚書仕夷陵，嘗傳其學。將由謝泝郭，以嗣其傳。」兼山學派之學，便是如此由黎立武一力傳承了下來，其他正傳門人的作為表面上看來都不及他。

若據《宋元學案》所載，則兼山學派只傳了四代，袁俊翁和吳澄皆不在名單內。袁俊翁不在名單內，自然是《宋元學案》的遺漏缺失之罪，至於吳澄的身份，我們也同樣採用了朱熹和陸九淵門人的認定方法來確認他和黎立武的關係，覺得他既自認是門人，且又公開將此關係書諸墓誌銘上，門人的關係便是證據確鑿的，無法抵賴，因此，不得免除於黎立武門人的行列之外，故一併列入第四代名單之內，而其門生就自然成為了第五代和第六代了。

在此，我們必須再次聲明，《宋元學案》的記錄是非常粗略的，確實無法反映出現實情況，但我們在沒有辦法查找出蒙峰書院和金鳳書院學生名單的情況下，只好姑且整理出一個極其簡單的傳承表（見附表六）。

若按照此表的統計歸類法，兼山學派便只傳了六代六十二人：

第一代郭雍是河南洛陽人；

第二代謝諤是江西新喻人，蔣行簡是浙江永嘉人；

第三代歐陽樸和黎立武都是江西新喻人，孟程是江西豐城人，左揆是江

西永新人，曾震、曾機和曾雩皆江西吉水人；

第四代曾氏兄弟自是江西吉水人，而袁俊翁是江西袁州人，吳澄則是江西崇仁人（今屬樂安）。

因此，兼山學派前四代的傳佈範圍主要都在江西一代，而浙江人蔣行簡因為門人名單並未見流傳，因此無法列入統計。此一傳佈範圍受限的情況，一直要到吳澄門人方才有所改變。

至此，兼山學派有史料可考的傳人總共是六十二位，這和史書上所記載的黎立武創辦之蒙峰書院，學生眾至不能容的描述相差甚遠，因為蒙峰、金鳳二書院辦了數十年，少說弟子也有數百人，可是為何卻只留下了一個袁俊翁呢？到底是什麼原因促使此一學派的流傳記錄消失於歷史中？抑或是還有很多書院史料無人整理，以至他們的史迹暫時被塵封起來了？這些都是有待我們進一步去考證的重要事項，但在目前史料不完整的情況下，我們唯有通過其他的途徑去探討他們的生命力。

二、兼山學派的影響力

既然兼山學派門人的數目無法統計，那麼我們只好轉而去評估該學派對社會的影響力了，這是比較能夠看出該學派生命力的方法。誠如全祖望所言：「兼山以將家子，知慕程門，卒死王事。白雲高蹈終身，和靖所記黨錮後事，恐未然也。郭門之學雖孤，然自謝良齋至黎立武，綿綿不絕。」〔註40〕既云綿綿不絕，便可知其門人之盛，原是《宋元學案》所無法盡載的，因此，其學派之生命力，便可說是充分反映在全祖望此說中了。

（一）兼山學風，綿延元明科舉

兼山學派自開創者郭忠孝與其子郭雍起，便已是宋代著名的易學家。郭氏父子不僅秉承了程門義理解《易》之風，且盡得伊川《中庸》之傳，其所特具的《易》、《庸》一體觀思維，經由謝諤而傳於黎立武，並在黎立武手中發揚光大。根據清初黃虞稷的《千頃堂書目》所載，黎立武亦撰有一部《周易說約》一卷，雖今已不傳，但由其他著作，我們亦可看出黎立武也是一個易學家，其釋《大學》、《中庸》，亦採《易》、《庸》一體之詮釋思維，可見他

〔註40〕〔清〕黃宗羲原著；〔清〕全祖望補修；陳金生，梁運華點校：《宋元學案（二）》，頁 1026。

確是深得兼山學派之眞傳。〔註41〕

　　黎立武之後，被譽爲「吾《易》東矣」〔註42〕的山齋學生袁俊翁（字敏齋，袁州人，元統元年進士，生卒年與生平事迹皆不詳，只知他當在元朝中前期在世）亦深得其傳，不僅留下了一部《四書疑節》，且該書還在元代數朝科舉考試中扮演了辨疑析難的應試教材作用，影響了成千上萬的應試學子。另一方面，他的《四書疑節》相對於從未曾正式注解、詮釋過《論語》、《孟子》的郭氏父子和黎立武而言，無疑是跨向全方位研究領域的一個新標誌，也是超越兼山學派過往研究領域的一個新嘗試，因此也是一項重大的突破。

　　《四書疑節》全書以讀書筆記的方式呈現，專就《論語》、《大學》、《中庸》和《孟子》中的疑難點作詳細解答，共計二百二十四條，譬如：「中庸二字何以析言而偏舉之？」「中和中庸二中字同否？」等問題，袁俊翁皆標問於前，列答於後。

　　考書中對於「中庸」之解釋，實亦不出黎立武兼山學派之影響，但其中又有自己獨特的闡發，譬如對於「中庸」一詞的解釋，袁俊翁曰「『中庸』云者，正指此『中』之道常久而不易，初非『中』之外他有所謂『庸』也。」又說「要不過闡明此『中』之道而已。故『中庸』之『中』，大旨只在『時中』也。」此語之義實同於黎立武所說的「艮齋謝氏嘗敍所授郭氏中庸說，爲中爲人道之大，以之用於天下國家，是子和所以學而伊川兼山之淵源也。」〔註43〕由此看來，以「中」爲人道之大，是兼山學派的重要理念，袁俊翁秉承了此一思想，對「中」又作出了新的闡發，認爲此「中」的大旨亦不過是「時中」而已，「若推其本，則自喜怒哀樂未發之『中』，發而爲『時中』之『中』。未發之『中』是體，『時中』之『中』是用，體用均此『中』耳。」所強調的是「中」的體用一貫之特質。〔註44〕

　　袁俊翁此一思想，實際上也和黎立武的「時中」觀念相同，黎立武亦認爲「在書曰執中，在中庸曰時中。執中者，持守於人心道心之幾；時中者，權輿於由體達用之際」〔註45〕，因此，無論是「時中」或「執中」，都是指由

〔註41〕 詳見本書第三章。
〔註42〕 〔宋〕黎立武：《所寄先生序》，〔元〕袁俊翁撰；謝蒼霖點校：余讓堯審訂：《四書疑節》，江西省高校古籍整理領導小組編：《豫章叢書・經部二》，南昌：江西教育出版社，2007，頁 498。
〔註43〕 〔宋〕黎立武：《中庸指歸》，《中庸古本（及其它三種）》，頁 7。
〔註44〕 〔元〕袁俊翁撰；謝蒼霖點校：余讓堯審訂：《四書疑節》，頁 589。
〔註45〕 〔宋〕黎立武：《中庸指歸》，《中庸古本（及其它三種）》，頁 1。

體達用的修養境界。因此，袁俊翁的解釋，無疑只是在不打著兼山學派旗號的情況下，對兼山學派思想的另外一種形式之傳揚而已，無怪乎黎立武在序中強調「『子亦疑吾言乎？凡吾所以藉子文重吾榜者，為其道之合也，義之明也。非其義也，非其道也，求一幸吾選不可得也。凡吾所以嘉子文者，千言非多，一言非寡。』為書帙端以歸。吾《易》東矣。」〔註46〕

「凡吾所以藉子文重吾榜者，為其道之合也，義之明也」一語，說的正是袁俊翁透過《四書疑節》把黎立武的學術思想給傳揚開去，因此，黎立武視之為「吾《易》東矣」的得意門生。而這一部《四書疑節》，我們在本書緒論裏頭已經提到過，它和王充耘的《四書經疑貫通》，皆為元代科舉「經疑」而寫之書，對當時士人影響甚深。

廖雲仙的《論兩部元代舉業類《四書》著作——袁俊翁《四書疑節》與王充耘《四書經疑貫通》》一文，對袁俊翁的《四書疑節》和王充耘的《四書經疑貫通》有極為深入的分析。該文指出，漢族在元代科舉考試中，是試以「明經、經疑二問」及「經義一道」，「形成了『經義、經疑』並重的考試方式。元代士人為了因應這種科舉考試，坊間遂出現了一種『設為答問、辨別疑似，發明義理』的舉業類《四書》著作，這種著作雖與科舉有關，但歷來評價甚高，決非兔園冊子一類的考前猜題而已。」〔註47〕而在眾多舉業類《四書》之中，又以袁俊翁和王充耘的最為重要，因為此二書「經義、經疑並用，故學者猶有研究古義之功。」〔註48〕相對於明代八股文盛行後，士子只發揮《四書章句集注》之義而忽略經義來說，袁俊翁和王充耘二書之特色與成就就更加明確了。

此二書之流傳，是直至明太祖洪武十七年廢除經疑之法後，方始轉弱。因此，《四書疑節》對元代和明代科舉考試的影響力，是十分之重大的。雖然《四書疑節》並沒有單獨打上兼山學派的旗號，但它實際上也已將其學派思想融貫在裏面了，黎立武所感到欣慰的，只怕也是這一點了。可惜後人無法辨明兼山學派的思想特色，也不清楚袁俊翁就是兼山學派黎立武的門生，因

〔註46〕〔宋〕黎立武：《所寄先生序》，〔元〕袁俊翁撰；謝蒼霖點校；余讓堯審訂：《四書疑節》，頁498。

〔註47〕廖雲仙：《論兩部元代舉業類《四書》著作——袁俊翁《四書疑節》與王充耘《四書經疑貫通》》，《興大中文學報》第十六期，2004年6月，頁233。

〔註48〕廖雲仙：《論兩部元代舉業類《四書》著作——袁俊翁《四書疑節》與王充耘《四書經疑貫通》》，頁241。

此該書雖流傳了數百年，卻竟始終無人將之歸入兼山學派的代表作裏，實屬
遺憾。

（二）舉鄉貢得一代大儒吳澄

我們在本書緒論和第三章裏已經提到過，吳澄的師承關係非常複雜，他
既是朱熹第一代傳人黃幹的第三代弟子，也是他的第四代弟子，同時還是李
燔的第三代弟子、杜煜的第三代弟子、柴中行的第三代弟子、程端蒙的第五
代弟子、董銖的第五代弟子、以及黃幹的第三代弟子，而這些師承關係都一
直被忽略了。對於吳澄的恩師，比較普遍被認同的是朱熹弟子程若庸以及陸
九淵弟子程紹開，但實際上，吳澄也曾經因為宋度宗咸淳六年（公元 1270）
時，校大撫州的黎立武舉他充貢士，而讓他得中撫州鄉貢二十八名，因此一
直自稱為黎立武的門人。

我們從吳澄和黎立武的往來書信裏頭，也可以看出吳澄對黎立武十分景
仰，說他「一覯容貌，心醉神融，喟然曰：世有斯人與，世有斯人與。廊廟
器也，福德身也，蓋雍容和粹，氣象彷彿河南程伯子云。」〔註 49〕對於黎立
武的高貴氣質，吳澄是仰慕了數十年，在他的《吳澄贊大座主黎寄翁書》中
就提到「遂以三十八年之門生，而向稽座主之拜」〔註 50〕，也就是說，直至
三十八年後，吳澄依然以黎立武的門生自居，且在寫給黎立武的信中也自稱
是其門人，可見他們二人的師生關係是互相認可的，而且二人之間也一直有
書信往來問學。

因此，吳澄也是黎立武的門生這一點關係是不容置疑的，雖然《宋元學
案》並未提及這一點，但我們從吳澄撰寫的《元中子碑》和他寫給黎立武的
書信裏頭，都可以找到證據證明吳澄自認是黎立武的門生，而且也獲得黎立
武的認可。

在這兒必須特別聲明一點，黎立武舉吳澄充貢士是很重要的一件事，對
吳澄來說，這也是其人生很大的一個轉捩點，因為吳澄平生未曾中過進士，
只是在二十二歲時中過鄉貢二十八名而已，二十三歲他進士落第後，便一直
在家鄉開館授徒。因此，鄉貢二十八名便是吳澄一生中唯一的功名了，雖然
吳澄並不十分在意功名，也志不在此，但他畢竟二十三歲時又去參加了省試，

〔註 49〕〔元〕吳澄：《元中子碑》，〔宋〕黎立武：《中庸分章（及其它二種）》，頁 20。
〔註 50〕〔宋〕文天祥：《文天祥與隆興節判黎所寄書》，《中國方志叢書·江西省新喻
　　　　縣志（四）》，臺北：成文出版社，民 78（公元 1989），頁 1399。

而且還落第了，因此我們還是必須將考取功名看作是吳澄比較重要的人生目標，即使那是為了順應雙親之意。

如此一來，黎立武舉薦吳澄充貢士之舉便有著三層意義了，其一是黎立武協助吳澄達成了其雙親的部分心願，圓滿了吳澄作為孝子的節操；其二，黎立武此舉無疑是標誌著他的「知人」之卓見，因此史書上稱作「鄉貢得吳澄」，「得」之一字，可說是「知人」、「得人」之謂；其三，中鄉貢即意味著中舉人，也就表示初步取得了做官的資格，這對吳澄來說意義也很大，因為若無此基本資格，就沒有以後被程鉅夫強請出山做官，以至後來擔任國子監丞，以「尊德性」糾正言語訓詁之偏的教學改革。因此，吳澄對黎立武的感恩之情並非是虛假的，單就以上三點看來，黎立武無疑就是吳澄的大恩人了。

那麼，吳澄的思想究竟有沒有受到過黎立武的影響呢？這一點我們確實不好說，但是我們看吳澄中貢士的文章題目是《乾卦保合太和萬國咸寧賦》，也就是說，他是以《易》學賦文而獲得黎立武的青睞，後來，吳澄又寫了《易纂言》、《易纂言外翼》，以及《易敘錄》十二篇（見《千頃堂書目》），明顯是對《易》學有相當大的興趣，而在這撰寫過程中究竟有沒有和黎立武展開過討論的問題，我們現在因為欠缺史料，也已經無從考證。但是吳澄除了是經學家之外，也是比較知名的易學家這個事實，卻是眾所周知的，因此，他與黎立武之間的師生關係或許也可以說是建立在提拔之恩與共同對《易》學的喜好之上。

即如他的《道統圖並敘》，也是「用《易經》所說的元、亨、利、貞之間的循環更替來描述道統的演進。」〔註51〕方旭東認為吳澄早年作的這個《道統圖並敘》代表了吳澄「慨然有接續道統之志」，在虞集所寫的吳澄《行狀》裏頭，虞集也是「有意識地將吳澄放在儒家的道統譜系中加以描述，以此來顯示吳澄為正學真傳」，而吳澄此舉也表明了「儒家的道統在異族（蒙古人）統治的元代並沒有中斷，而斯文之所以未喪，吳澄之功大矣。」〔註52〕

方旭東給吳澄的這個評價，其實也可說是對吳澄之所以會被譽為元代一代大儒的最佳注解，此一代大儒稱號，若撇開了受異族統治的不利因素，其意義將會大大被削弱。而在此一貢獻之外，吳澄還有另外一個在國子監教程

〔註51〕方旭東：《吳澄評傳》，南京：南京大學出版社，2005，頁10。
〔註52〕方旭東：《吳澄評傳》，頁10。

裏融會朱、陸之學，以糾時弊的貢獻。吳澄此舉其實只是意圖將教育全方位化，塑造「尊德性」與「道問學」均衡的下一代而已，但在當時秉承許衡教學遺風的時代裏，吳澄此舉無疑已是背叛了朱子學，難免會受到攻訐。但在有元一代，和會朱陸之風，實已是一股新風尚，它標誌著士人不僅獨尊大儒形象而已，同時還重視全方位教育對人格塑造的重要性，因此，不管吳澄的思想體系裏帶有多麼濃鬱的朱子色彩，在辦教育的理念下，「尊德性」與「道問學」平衡發展依然是不可妥協的方針。因此，吳澄之勇於破除朱子學獨尊之教學法，實非出於為倡陸學而作，它實際上只是一個純粹的全方位人格教育理念。因此，吳澄無疑也是一個有遠見的教育家。在這一點上，他和袁甫、黎立武都有一定的相同點。

　　最後，若要談吳澄在歷史上的地位，那麼方旭東的評論還是十分值得參考的：

> 前人認為，朱熹之後，說到學問規模的宏大淵博，與朱熹能相比的恐怕只有吳澄一人而已。吳澄的思想不僅是對宋代理學的總結，而且具有鮮明的時代特色。他繼承了宋儒對性理、心性的精微辨析，同時也對南宋末年理學尤其是朱子學的流弊提出明確批評。吳澄的哲學從基本性質來說無疑是朱子學的，但是在一定意義上，又不妨說是「後朱子學」或「新朱子學」。此「後」與「新」表現在：在理氣論上，吳澄對朱熹的觀點有所推進，並對以後的朱子學者（如曹端、薛瑄、羅欽順等人）產生了一定的影響。吳澄還大大發揮了程朱的心性理論，力圖扭轉時人已經形成的對心學的偏見。他對學問的廣泛興趣與積極探究，充分反映出朱熹所倡導的道問學精神。與元代很多學者一樣，他也強調以謹言謹行為學，強調問學當反諸身心、見諸實行。尊德性與道問學的緊張在他這裡得到很大程度的緩解。在存養工夫上，他堅持了程朱的主敬路線。雖然他個人氣質偏於嚴謹，但他對和的境界也甚為嚮往。總之，在吳澄身上，再次體現出朱熹式的綜合特點。但吳澄與朱熹的這種類似，不是通過株守朱熹一家之言達到的，它更多的表現為一種精神氣質上的默契。
> 〔註53〕

雖然方旭東這一大段話似乎略嫌煩瑣，也未能明確提出程朱之學與朱子學的

〔註53〕　方旭東：《吳澄評傳》，頁 18。

區分，以及伊川之學和朱子學這兩者之間究竟誰對吳澄的影響比較大，但他對吳澄思想以及其思想對後世的影響，可說是有著頗為深入的分析，後人讀之，必會對吳澄是「宋代理學的總結」者之評價，留下深刻的印象。但若仔細分析，則此「宋代理學的總結」一語，實不應只是說朱熹或伊川之學而已，因為朱熹或伊川之學並不代表宋代理學的全部，因此，此一評價尚有研究、商榷的餘地。

小　結

　　經過一番研究與分析之後，我們發現《宋元學案》的學派傳人統計數據只能作為我們研究各學派傳人的其中一個參考而已，不能作為最可靠的數據，一則因為該書並未列明數據出處與根據，二則該書無法提供有效的證據以說明如何判斷「棄某學轉投他學」和帶著「前學歷」轉師他學的情況，三則對於各學派傳人資料的收集，《宋元學案》確實遺漏過多，四則《宋元學案》對宋、元二朝書院的研究與史料收集明顯不夠充分，以致無法悉數網羅各學派的傳人。這些疏忽引發了許多目前一直無法解決的問題，也影響了我們對某些人物的師承關係與學派歸屬的看法。

　　在史料嚴重欠缺和歷史尚無法還原的條件之下，我們對於中國古代各個學術派別的流傳與存活情況之研究，就不應該停留於純粹依賴現有統計數據便草率作出判斷的固有方式，應該加以多方面的考覈，包括重新審視統計數據或加入生命力與影響力的評估等方法，以便打破此一執著，公平地還原歷史的真相。因此，在目前看來，兼山學派是否確實「孤行」，以及朱熹理學在後期是否真的銷融了陸九淵心學等看法，都還是言之過早的結論。

總　結

　　通過朱熹、袁甫和黎立武的四書詮釋，對南宋與宋元之際的朱熹理學、象山心學和程門兼山學派的哲學思想作出分析，並進一步探討以上三學派的傳播情況，以便瞭解僞學禁解除以後，朱熹理學派系是否確如一般所言的銷融了其餘各個學派的問題，是本研究的主要宗旨所在。

　　在此前提下，對以上三個學派的思想體系特色作出辨章學術、考鏡源流的工作是極爲重要的，而作爲儒家思想的傳播派系之一，以上學派對於四書的重新詮釋無疑便是本研究的探討重點，而他們在南宋和宋元之際的學術傳播情況便是此一重點研究下的延續探討。

　　研究對象之一的朱熹，既是宋代理學的集大成者，又首開集成《四書章句集注》之風，因此，其理學思想的形成和《四書章句集注》的成書過程之間的關係，便很自然的會引起學者的注意力。今以其《四書或問》、《語類》、《文集》和《四書章句集注》相參照，便會發現其中隱然有一成型體系貫穿於其中，而此一體系，既可用「格物致知」之道以通「理一分殊」之理，亦能達孔、曾忠恕一貫之旨，並且尙能解釋天地萬物之生成，以及萬物之理既同源而又殊異之問題，可說是朱熹「所以立大本行達道之樞要」（《朱文公文集》卷三十二《答張敬夫書》三）。學者只要能掌握此窮理盡性至命之道，究而極之，以觸類旁通，便能脫然而貫通，掌握到其詮釋《四書章句集注》的理學思想。因此，我們姑且稱此一詮釋法爲「理本論詮釋法」，雖然此一名稱亦未能窮盡其義。

　　另外，我們通過朱熹的年譜研究也發現到此一理學思想體系實是與其《四書章句集注》同時發展、成長的。朱熹雖然儘其畢生之力於此書，但卻至死

尚在修改《大學章句》，因此，我們無法肯定地指出《四書章句集注》就是朱熹最滿意的最後定稿，而且，我們通過其詮釋與注解，亦發現朱熹據以詮釋《四書章句集注》的理學思想體系，仍有處於發展演進中的痕迹，因此矛盾處不少，這些內在矛盾，包括了他依循「存有論的解析」途徑所推導出來的枯槁瓦礫皆有理，也就是皆有仁義禮智之性的說法，以及「理生氣」或「理先氣後」的關係表述等問題。陳來說他「思想在前後有發展和變化」〔註1〕，且常有「所錄不詳」的毛病，而牟宗三也曾經多次公開評論過，可見朱熹的思想體系存在內部矛盾已是一個公認的事實，而這些矛盾似乎都是朱熹生前尚無法處理的。

因此，朱熹雖然很用心地企圖通過各種方法去解釋和圓滿他那用邏輯推論建構起來的形上哲學，但遺憾的是，直至朱熹去世為止，他的形上哲學理論似乎仍處於建構的過程之中而有待圓滿證成。因此，當我們意圖通過《四書章句集注》去瞭解他的思想體繫時，就難免會出現晦澀、難明的感覺。但只要我們事先梳理出其思想體系脈絡，並瞭解到《四書章句集注》的定稿是在其「中和新說」的體悟之後，而此體悟則主要集中在心體之通有無、該動靜，那麼，讀其《四書章句集注》就庶幾無誤了。因為我們知道朱熹在「中和新說」裏，主要是說工夫亦應與心體一樣通有無、該動靜，也就是說，對天理而言，是動中不能無靜，靜中亦不能無動，因此，靜中就不能無養，而動中亦不可不察。然而，如何在靜中存養呢？靠的就是格物致知的工夫。唯有格物致知，方能在未發前體會到此「中」之體，而加以存養之，而當其已發之後，亦方能致其「和」而大本達道。這就是朱熹以前從李侗處學得的「道南指訣」工夫，也是朱熹以為其「中和舊說」所沒有的。另一方面，我們若能在此一基礎上分辨其《語類》、《或問》和《文集》語錄的年份和先後次序，亦可免於被其前後矛盾之話語所迷惑。

研究對象之二的袁甫雖然流傳下來的著作不多，但其《蒙齋中庸講義》卻實實在在是一篇足以彰顯「本心論」詮釋特色的象山心學代表作。我們由其《蒙齋中庸講義》之濃厚心學特色，以及他推闊「發明本心」之心學思想於政治家國，以強調身體力行，希望君王亦能發明本心，以此對待子民的實際政治表現看來，袁甫可說是能夠在日常生活中身體力行象山心學的重要傳人，而其所傳承的，既有陸九淵之心學特點，亦有「四明學派」的特色，其

〔註1〕陳來：《朱子哲學研究》，頁142。

中最爲重要的要算是繼承了其父袁燮在陸九淵「心即理」與「人心本善」之思想上推擴出來的「天人一理」與「君民一體」的政治哲學觀，對於楊簡「不起意」的克己功夫，袁甫也在其生命裏作了一輩子的實踐，因此，其政治對手對其人格從來沒有過嚴苛的批評。我們研讀其書，既可進一步瞭解象山心學第二代傳人對陸九淵思想的繼承與發展之軌跡，亦可弘揚其學派之著作思想，以免於被歷史洪流淹沒，同時尚可研究其學派的流播情況，因此，此一研究實有重大的歷史意義。

研究對象之三的黎立武隸屬程門兼山學派，主張《易》、《庸》一體說，可說是充分發揚了伊川「以性爲本，以《中庸》、《易》爲先」〔註2〕的學術精神。黎立武在得此《易》、《庸》一貫之思想精髓後，又以《易》、《庸》一貫之學來詮釋《大學》，認爲《大學》是以大法存乎止、大旨存乎誠爲宗旨，可說是以《易》、《庸》融貫爲核心的中國傳統精神之表述方式。對於吾人進一步瞭解中國傳統精神的核心價值，有著很大的幫助。我們將其四書詮釋法稱爲「以『誠』爲中心的《易》、《庸》一貫詮釋法」。

總結而言，朱熹、袁甫與黎立武的四書詮釋既可保留與發揚本身學派的學術特色，亦可藉以傳播所屬學派的學術理論，同時尚可在一定的程度上總結或創發自己的思想體系，而又不偏離儒家對「德化生命」與建構道德理想社會之追求目標，可說是達到多向並行發展的功效。在四書詮釋史上，朱熹、袁甫與黎立武都是守成與開創的成功例子。同時，朱熹四書詮釋的「理本論」、袁甫的「心本論」，以及黎立武「以『誠』爲中心的《易》、《庸》一貫詮釋法」，在此前提下應被視爲三種不同的詮釋理論模式，因爲他們的詮釋無疑就是一種哲學的再創作過程，既無違於聖人之眞理，亦可爲中國哲學詮釋理論之新開創，同時也是使得他們所屬學派的生命獲得較爲理想的傳承與延續的方式之一，因此，四書詮釋可說是他們的理論落實於實踐的管道之一，也是使得他們的學派理論得以流傳於世的方法之一。

最後，我們又發現，當我們通過對朱熹、袁甫和黎立武的四書詮釋著作作出有效的思想梳理工作之後，便可看出實際上在朱熹的《四書》立於學官並取得獨尊的地位之後，象山心學派系和程頤的其餘學術分派，如兼山學派，在當時甚至是直至元末、明初，其學依然是活躍的。過去我們之所以會以爲其學已經被朱學銷融，完全是因爲從前我們僅僅是依賴前人的統計數據便草

〔註2〕〔宋〕黎立武：《中庸指歸》，《中庸古本（及其它三種）》，頁7。

率判斷各個學派的勢力強弱，而此一評估方式對於因為欠缺史料證據而無法真實呈現門人數據的門派來說是很不公平的。因此，我們應當重新審視現有的統計數據或加入生命力與影響力的評估等方法，以便公平地還原歷史的真相，同時，也應當重新定義南宋和宋元之際的「師生關係」一詞，對於「棄某學轉投他學」和「帶著前學歷轉師他學」之間的差異，以及「問學」和「從遊」二者之間的客觀內涵，也應當有所研究，否則我們將無法釐清南宋或宋元之際各個學派門人的歸屬問題或他們的師承淵源問題。

因此，本研究認為目前《宋元學案》所說的兼山學派「孤行」之論，以及普遍認為朱熹理學在後期銷融了陸九淵心學或伊川屬下其他學術支流的看法，都是言之過早的結論，這些問題必將隨著研究方法的提升而出現全新的結果。

主要參考文獻

一、古籍類

1. 〔宋〕陳淳：《北溪大全集・與王生震》，紀昀總纂：《景印文淵閣四庫全書》（集部一零七），臺北：臺灣商務印書館，1983～1988 年。

2. 〔宋〕陳文蔚：《陳克齋先生集》，嚴一萍選輯：《原刻景印百部叢書集成・正誼堂全書》，臺北：藝文印書館，1966 年。

3. 〔宋〕程顥、程頤著；王孝魚點校：《二程集》，北京：中華書局，1981 年。

4. 〔宋〕郭雍：《郭氏傳家易說》，王雲五主編：《叢書集成初編》上海：商務印書館，1935 年。

5. 〔宋〕胡宏著；吳仁華點校：《胡宏集》，北京：中華書局，1987 年。

6. 〔元〕金履祥撰，王雲五主編：《仁山集》，上海：商務印書館，民 24（公元 1935）。

7. 〔宋〕黎立武：《大學發微》，《大學發微（及其它四種）》北京：中華書局，1991 年。

8. 〔宋〕黎立武：《大學本旨》，《大學發微（及其它四種）》北京：中華書局，1991 年。

9. 〔宋〕黎立武：《中庸指歸》，《中庸古本（及其它三種）》北京：中華書局，1991 年。

10. 〔宋〕黎立武：《中庸分章》，《中庸分章（及其它二種）》，北京：中華書局，1985 年。

11. 〔宋〕李侗撰，王雲五主編：《李延平集》，上海：商務印書館，民 24（公元 1935）。

12. 〔宋〕陸九淵著，鍾哲點校：《陸九淵集》，北京：中華書局，1980 年。

13. 〔清〕陸心源輯撰：《宋史翼》，北京：中華書局，1991 年。

14. 〔明〕呂楠：《宋四子抄釋》，上海：商務印書館，1936 年。

15. 〔清〕黃宗羲原著，〔清〕全祖望補修：《宋元學案》，北京：中華書局，1986 年。

16. 〔元〕脫脫撰：《宋史》，臺灣：中華書局，1966 年。

17. 〔清〕王懋竑撰，何忠禮點校：《朱熹年譜》，北京：中華書局，1998 年。

18. 〔元〕袁甫：《蒙齋中庸講義》，王德毅主編：《叢書集成續編》，臺北：新文豐，1989 年。

19. 〔元〕袁甫：《蒙齋集》，北京：中華書局，1985 年。

20. 〔隋〕王通撰，〔宋〕阮逸注：《文中子說》，臺灣：中華書局編輯部編：《聚珍仿宋四部備要・新論・風俗通義・中說》，1966 年。

21. 〔清〕王夫之：《讀四書大全說》，北京：中華書局，1975 年。

22. 〔清〕王梓材、馮雲濠撰，張壽鏞校補：《宋元學案補遺》，臺北：世界書局，2009 年。

23. 〔宋〕葉紹翁撰，沈錫麟、馮惠民點校：《四朝聞見錄》，北京：中華書局，1997 年。

24. 〔元〕袁俊翁撰，謝蒼霖點校：余讓堯審訂：《四書疑節》，江西省高校古籍整理領導小組編：《豫章叢書・經部二》，南昌：江西教育出版社，2007 年。

25. 〔宋〕張栻：《癸巳論語解》，王雲五主編：《叢書集成初編》，上海：商務印書館，1937 年。

26. 〔宋〕張栻：《癸巳孟子解》，王雲五主編：《叢書集成初編》，上海：商務印書館，1937 年。

27. 〔宋〕張載著，章錫琛點校：《張載集》，北京：中華書局，1978 年。

28. 〔宋〕周敦頤著，陳克明點校：《周敦頤集》，北京：中華書局，1990 年。

29. 〔宋〕朱熹：《朱子全書》，上海：上海古籍出版社；合肥：安徽教育出版社，2002。

二、專著類

1. 蔡仁厚：《宋明理學・南宋篇》，臺北：臺灣學生書局，1980 年初版，1983 年再版。

2. 柴棲鷟：《周易本義本解》，臺北：北方出版社，2008 年修正版。

3. 陳來：《朱子哲學研究》，上海：華東師範大學出版社，2000 年。

4. 陳來：《朱子書信編年考證》，北京：生活‧讀書‧新知三聯書店，2007年。

5. 陳榮捷：《朱熹》，臺北：東大圖書公司，1990年。

6. 陳榮捷：《朱子新探索》，臺北：臺灣學生書局，1988年。

7. 陳榮捷：《朱學論集》，臺北：臺灣學生書局，1982年。

8. 陳榮捷著，陳來譯：《論朱熹與程頤之不同》，《中國哲學》10輯，北京：三聯書店，1983年。

9. 崔大華：《南宋陸學》，北京：中國社會科學出版社，1984年。

10. 戴瑞坤：《朱子學研究論著目錄》，《陽明學漢學論集》，臺北：臺灣學生書局，1988年。

11. 〔美〕狄百瑞：《朱熹與中庸》，《廈門朱子學國際學術會議論文》，廈門大學，1987年。

12. 〔美〕狄百瑞著，蕭衛儀譯：《朱熹與中庸》，《朱子學刊》1990年1期（總2輯），1990年。

13. 丁四新：《郭店楚墓竹簡思想研究》，北京：東方出版社，2000年。

14. 方旭東：《吳澄評傳》，南京：南京大學出版社，2005年。

15. 方彥壽：《朱熹書院門人考》，上海：華東師範大學，2000年。

16. 馮炳奎：《宋明理學研究論集》，臺北：黎明文化事業股份有限公司，1983年。

17. 馮友蘭：《新理學》，北京：生活‧讀書‧新知三聯書店，2007年。

18. 傅小凡：《朱子與閩學》，長沙：嶽麓書社，2009年。

19. 郭齊：《朱子學新探》，成都：四川大學出版社，2008年。

20. 郭齊家、顧春：《陸九淵教育思想研究》，南昌：江西教育出版社，1996年。

21. 郭齊勇：《中國哲學智慧的探索》，北京：中華書局，2008年。

22. 何俊：《慶元黨禁的性質與晚宋儒學的派系整合》，杭州市社會科學院南宋史研究中心編：《南宋史研究論叢》，杭州：杭州出版社，2008年。

23. 何俊，范立舟：《南宋思想史》，上海：上海古籍出版社，2008年。

24. 洪漢鼎主編：《理解與解釋——詮釋學經典文選》，北京：東方出版社，2001年。

25. 〔日〕後藤俊瑞：《朱子四書或問索引》，《朱子思想索引第2冊》，廣島大學文學部中國哲學研究室，1955年。

26. 侯外廬，邱漢生，張豈之主編：《宋明理學史》，北京：人民出版社，1984年。

27. 黃俊傑：《德川日本〈論語〉詮釋史論》，臺北：臺大出版中心。

28. 黃俊傑編：《中日〈四書〉詮釋傳統初探》，臺北：臺大出版中心，2004年。

29. 黃俊傑編：《東亞儒者的四書詮釋》，臺北：臺大出版中心，2005年。

30. 〔日〕荒木見悟、溝口雄三：《朱子、王陽明》，東京：中央公論社，1974年。

31. 〔日〕今關壽□編撰：《宋元明清儒學年表》，北京：北京圖書館出版社，2002年。

32. 荊門博物館編：《郭店楚墓竹簡》，北京：文物出版社，1998年。

33. 勞思光：《朱熹之綜合系統》，《中國哲學史》第3卷上冊第4章，香港：友聯出版社，1980年。

34. 樂愛國：《朱子格物致知論研究》，長沙：嶽麓書社，2010年。

35. 李才棟：《江西古代書院研究》，南昌：江西教育出版社，1993年。

36. 李紀祥：《朱子大學改本》，《兩宋以來大學改本之研究》第2章，臺北：臺灣學生書局，1988年。

37. 李家祺：《朱子研究（書目）》，《出版與研究》第33期，1978年。

38. 李祥俊：《道通於一——北宋哲學思潮研究》，北京：北京師範大學出版社，2006年。

39. 廖雲仙：《元代論語學考述》，臺北：新文豐，2005年。

40. 林慶彰主編：《朱子學研究書目》，臺北：文津出版社，1992年。

41. 林維傑：《朱熹與經典詮釋》，臺北：國立臺灣大學出版中心，2008年。

42. 林月惠：《詮釋與工夫——宋明理學的超越，嶄向與內在辯證》，臺北：中研院文哲所，2008年。

43. 劉述先：《朱子哲學思想的發展與完成》，臺北：臺灣學生書局，1982年。

44. 劉笑敢主編：《中國哲學與文化（第三輯）：經典詮釋之定向》，桂林：廣西師範大學出版社，2008年。

45. 劉笑敢主編：《中國哲學與文化（第四輯）：道德、人權與和諧》，桂林：廣西師範大學出版社，2008年。

46. 劉笑敢：《詮釋與定向——中國哲學研究方法之探究》，北京：商務印書館，2009年。

47. 劉宗賢：《陸王心學研究》，濟南：山東人民出版社，1997年。

48. 牟宗三：《心體與性體》，臺北：正中，1990年。

49. 牟宗三：《周易哲學演講錄》，臺北：聯經，2003年。

50. 牟宗三：《周易的自然哲學與道德函義》，臺北：文津，1988年。

51. 牟宗三：《從陸象山到劉蕺山》，上海：上海古籍出版社，2001 年。

52. 牟宗三主編：《宋明儒學的問題與發展》，上海：華東師範大學出版社，2004 年。

53. 〔美〕帕特里夏·奧坦伯德·約翰遜著，何衛平譯：《伽達默爾》，北京：中華書局，2003 年。

54. 龐樸：《帛書五行篇研究》，濟南：齊魯書社，1988 年。

55. 錢基博：《四書解題及其讀法》，上海：商務印書館，1933 年。

56. 錢穆：《朱子學提綱》，北京：生活·讀書·新知三聯書店，2002 年。

57. 錢穆：《宋代理學三書隨劄》，北京：生活·讀書·新知三聯書店，2002 年。

58. 錢穆：《宋明理學概述》，北京：九州島出版社，2010 年。

59. 錢穆：《朱子新學案》，臺北：三民書局，民 60（公元 1971）初版，民 71（公元 1982）再版年。

60. 沈松勤：《南宋文人與黨爭》，北京：人民出版社，2005 年。

61. 束景南：《朱熹年譜長編》，上海：華東師範大學出版社，2001 年。

62. 唐君毅：《中國哲學原論·原性篇》，北京：中國社會科學出版社，2005 年。

63. 〔美〕田浩：《朱熹的思維世界》，西安：陝西師範大學出版社，2002 年。

64. 吳長庚、周國林主編：《上饒歷史文化研究》，合肥：黃山書社，2007 年。

65. 吳怡：《程朱的思想及其對理學的貢獻》，《中國哲學發展史》第 20 章，臺北：三民書局，1984 年。

66. 吳震主編：《宋代新儒學的精神世界：以朱子學爲中心》，上海：華東師範大學出版社，2009 年。

67. 蕭萐父：《吹沙集》，成都：巴蜀書社，2007 年。

68. 蕭萐父：《吹沙二集》，成都：巴蜀書社，1999 年。

69. 蕭萐父：《吹沙三集》，成都：巴蜀書社，2007 年。

70. 解光宇：《朱子學與徽學》，長沙：嶽麓書社，2009 年。

71. 謝无量：《朱子學派》，上海：中華書局，1916 年。

72. 徐復觀：《中國人性論史（先秦篇）》，臺北：臺灣商務印書館，民國五十八年（公元 1969）一月初版，民國七十六年（公元 1987）三月八版。

73. 徐紀芳：《陸象山弟子研究》，臺北：文津出版社，民 79（1990）年。

74. 徐梓：《元代書院研究》，北京：社會科學文獻出版社，2000 年。

75. 嚴平：《高達美》，臺北：東大，1997 年。

76. 楊祖漢：《從當代儒學觀點看韓國儒學的重要論爭》，上海：華東師範大

學出版社，2008 年。

77. 曾春海：《朱熹哲學論叢》，臺北：文津，2001 年。

78. 曾春海：《朱熹易學析論》，臺北：輔仁大學出版社，1972 初版，1990 再版。

79. 曾春海：《易經的哲學原理》，臺北：文津，2003 年。

80. 張君勱：《新儒家思想史》，北京：中國人民大學出版社，2006 年。

81. 張立文：《朱熹哲學思想剖析》，《哲學史論壇》，長春：吉林人民出版社，1980 年。

82. 張立文：《閩學——朱熹的道學思想》，《宋明理學研究》第 5 章，北京：中國人民大學出版社，1985 年。

83. 張立文：《心學之路——陸九淵思想研究》，北京：人民出版社，2008 年。

84. 趙偉：《陸九淵門人》，北京：中國社會科學出版社，2009 年。

85. 趙炳煦：《朱熹研究論著索引》，《上饒師專學報》1986 年增刊（朱熹研究專輯）。

86. 鄭吉雄：《易圖像與易詮釋》，臺北：臺大出版中心，2004 年。

87. 鄭端輯：《朱子學歸》，《叢書集成初編》，北京：中華書局，1985 年。

88. 周春健：《元代四書學研究》，上海：華東師範大學出版社，2008 年。

89. 周光慶：《中國古典解釋學導論》，北京：中華書局，2002 年。

90. 《中國方志叢書・江西省新喻縣志》，臺灣：成文出版社，1989 年。

91. 朱漢民，肖永明：《宋代《四書》學與理學》，北京：中華書局，2009 年。

92. 朱傑人主編：《邁入 21 世紀的朱子學：紀念朱熹誕辰 870 週年、逝世 800 週年論文集》，上海：華東師範大學出版社，2001 年。

93. 朱人求：《理即事，事即理——真德秀理事觀及其影響》，《朱子學刊第 19 輯》，合肥：黃山書社，2010.6

三、學術論文類

1. 蔡方鹿：《朱熹對宋代易學的發展——兼論朱熹、程頤易學思想之異同》，《周易研究》2001 年第 4 期總第 50 期。

2. 蔡振豐：《丁若鏞的四書學》，《臺大文史哲學報》第六十三期，2005 年 11 月。

3. 陳來：《關於程朱理氣學說兩條資料的考證》，《中國哲學史研究》1983 年第二期。

4. 〔美〕狄百瑞撰；侯健譯：《元代朱熹正統思想之興起》，《中外文學》第八卷第三期，1979 年 8 月。

5. 丁原明：《朱熹理學對道家道教思想的援用》，《孔子研究》2002 年第 2 期。

6. 馮達文：《從朱子與陽明之〈大學〉疏解看中國的詮釋學》，黃俊傑編：《中日〈四書〉詮釋傳統初探》，上海：華東師範大學出版社，2007 年。

7. 高建立：《援佛入儒——朱熹理學的新特色》，《河南大學學報》2005 年第 45 卷 2 期。

8. 何衛平：《概念史的分析：伽達默爾解釋學的方法與實踐》，《中州學刊》2007 年 3 月第 2 期（總第 158 期）。

9. 黃廣琴：《朱熹的理學與道家、道教之關係》，《湘潭大學學報》1988 年第 3 期。

10. 黃薈：《從『視域融合』的視角來看朱熹的四書詮釋》，《蘭州學刊》2004 年第 2 期總第 137 期。

11. 黃俊傑：《儒學價值系統中的兩難式——〈元代朱熹正統思想之興起〉讀後》，《中外文學》第 8 卷第 9 期，1980 年 2 月。

12. 黃孝光：《元代的四書學》，《木鐸》第 7 期，1978 年 3 月。

13. 賴永海：《朱子學與佛學》，《江西社會科學》2006 年 2 期。

14. 李方澤：《朱熹對〈大學〉主旨的改造和詮釋》，《安徽大學學報》2006 年 3 月第 30 卷第 2 期。

15. 廖雲仙：《元代〈四書〉學的繼承與開創——以元儒許謙爲例》，《東海中文學報》第 21 期，2009 年 7 月。

16. 廖雲仙：《論兩部元代舉業類〈四書〉著作——袁俊翁〈四書疑節〉與王充耘〈四書經疑貫通〉》，《興大中文學報》第 16 期，2004 年 6 月。

17. 劉成群：《黎立武〈中庸〉、〈大學〉思想之考辯》，《昌吉學院學報》2008 年第 5 期。

18. 劉少航：《朱熹理學的思想淵源》，《零陵學院學報》2004 年第 25 卷第 1 期。

19. 陸建猷：《宋代四書學產生的歷史動因》，《西安交通大學學報》2001 年 3 月第 21 卷第 1 期（總第 55 期）。

20. 陸建猷：《宗朱學派的四書學研究》，《西安交通大學學報》2002 年 9 月第 22 卷第 3 期總 61 期。

21. 陸建猷：《宗陸學派的四書學研究》，《西安交通大學學報》2002 年 12 月第 22 卷第 4 期總 62 期。

22. 龐樸：《帛書五行篇研究》，濟南：齊魯書社，1988 年。

23. 錢穆：《論朱子與程門之學風轉變》，《華岡學報》1 期，1965 年。

24. 史少博：《朱熹理學的易學底蘊》，《青島科技大學學報》2004 年 3 月第

　20 卷第 1 期。

25. 束景南：《朱熹與李侗的最後兩次相見》，《中國哲學史研究》1986 年 4 期
　　（總 25 期）

26. 孫勁松：《兼山學派考》，《中州學刊》，2005 年 9 月第 5 期（總第 149 期）。

27. 孫勁松：《略論朱熹和郭雍的蓍法之辯》，《汕頭大學學報（人文社會科學
　　版）》，2010 年 06 期。

28. 孫勁松：《以〈易〉明「道」的易學史觀──郭雍易學史觀研究》，《周易
　　研究》，2005 年 03 期。

29. 孫勁松：《郭雍易學思想述評──〈易〉言三才之道》，《武漢大學學報（人
　　文社會科學版）》，2007 年 01 期。

30. 唐君毅：《中國哲學原論‧原性篇》，北京：中國社會科學出版社，2005
　　年。

31. 王德有：《朱子太極觀述要》，《國際易學研究》第六期。

32. 肖永明：《張栻之學與〈四書〉》，《船山學刊》2002 年第 3 期。

33. 謝曉東：《經學與理學之間──朱熹之理學詮釋學原則初探》，《唐都學刊》
　　2002 年第 3 期第 18 卷總 73 期。

34. 謝曉東：《走向圓融──朱熹的理學詮釋學原則探析》，《江淮論壇》2005
　　年第 6 期。

35. 熊琬：《朱子理學與佛學》，《華崗佛學學報》，73/9，第 7 期。

36. 朱漢民：《朱熹〈四書〉學與儒家工夫論》，《北京大學學報（哲學社會科
　　學版）》2005 年 1 月第 42 卷第一期。

37. 向世陵：《程學傳承與道南學派》，《社會科學戰線（中國哲學）》2005 年
　　第 2 期。

38. 虞萬里：《黑城文書〈新編待問〉殘葉考釋與復原》，《漢學研究》第 21
　　卷第 1 期，2003 年 6 月。

39. 曾其海：《朱熹理學與天台佛學的關係》，《台州師專學報》1996 年 2 月第
　　18 卷第 1 期。

40. 張豐乾：《「注釋、詮釋與建構──朱子與四書」學術研討會綜述》，《社
　　會科學戰線（學術動態）》2006 年第 6。

41. 周光慶：《朱熹〈四書〉解釋方法論》，《孔子研究》2000 年第 6 期。

四、學位論文類

1. 陳來：《朱熹哲學體系及其形成和發展》，北京大學 1985 年博士學位論文。

2. 柯玟妃：《朱熹〈四書章句集注〉研究──以詮釋傳意方法分析》，臺灣
　　高雄師範大學 2006 年博士論文。

3. 陸建猷：《〈四書集注〉與南宋四書學》，西北大學 1999 年博士論文。

4. 孫勁松：《〈易〉貫通三才，包括萬理——郭雍的易學思想研究》，武漢大學哲學學院 2003 年碩士論文。

5. 王曉薇：《宋代〈中庸〉學研究》，河北大學 2005 年博士論文。

6. 尉利工：《朱子經典詮釋思想研究》，華東師範大學 2007 年博士論文。

7. 鄭熊：《宋儒對〈中庸〉的研究》，西北大學 2007 年博士論文。

附表一　朱熹年譜研究[註1]

年　份	大　事　紀　要
紹興四年甲寅（1134）	五歲。始入小學，讀《四書》。《朱子語類》卷一百四：「某自艸讀《四書》，甚辛苦。」「某自艸角讀《論》、《孟》，自後欲一本書字高似《論》、《孟》者，竟無之。」
紹興五年乙卯（1135）	六歲。初見李侗，時其父朱松從學羅從彥，因與李侗爲同門友。
紹興八年戊午（1138）	九歲。於臨安侍父，見大儒尹焞，並得尹焞《論語解》抄錄勤讀，然幼稚愚蒙，未能讀懂。
紹興十年庚申（1140）～紹興十一年辛酉（1141）	十一歲～十二歲。受朱松家教。《年譜》載：「時韋齋爲吏部外郎，以不附秦檜和議，出知饒州，請祠，居於家。初，韋齋師事羅豫章，與李延平爲同門友，聞楊龜山所傳伊洛之學，獨得古先聖賢不傳之遺意，於是益自刻厲，痛刮浮華，以趨本實。日誦《大學》、《中庸》之書，以用力於致知誠意之地。」
紹興十三年癸亥（1143）	十四歲。朱松卒，「以熹屬劉勉之胡憲劉子翬」[註2]。《朱文公文集》卷七十五《論語要義目錄序》：「熹年十三四歲時，受其說於先君，未通大意，而先君棄諸孤。」 入劉氏家塾，受學於劉子翬、劉勉之、胡憲三先生，始讀二程與張載之書，用力於二程爲己之學。劉勉之、劉子翬授以張載《西銘》。《朱文公文集》卷五十八《答宋深之書》：「近世大儒如河南程先生、橫渠張先生……熹自十四五時，得兩家之書讀之，至今四十餘年。」
紹興十四年甲子（1144）	十五歲。勤攻《四書》，讀呂大臨《中庸解》與《孟子》「自暴自棄」章，警厲奮發，作《不自棄文》。《朱子語類》卷四云：「某年十五六時，讀《中庸》『人一己百，人十己千』一章，因見呂與叔解得此段痛快，未嘗不悚然警厲奮發。」

[註1] 本年譜主要節錄自束景南的《朱熹年譜長編》（上海：華東師範大學出版社，2001）和〔清〕王懋竑撰；何忠禮點校的《朱熹年譜》（北京：中華書局，1998），因引用上述二書處繁多，無法於簡易年表裏一一列明出處及頁數，謹此注明資料來源，尚祈方家指正。

[註2] 勉之，楊時門人，以女嫁熹。子翬從僧遊，能入定，讀儒書，謂與佛合，作聖傳論。胡憲，安國從子，又好佛老，熹從遊最久。見錢穆：《修訂重版宋明理學概述》，臺北：臺灣學生，民66（1977）年，頁144。

紹興十七年 丁卯（1147）	十八歲。舉建州鄉貢。
紹興十八年 戊辰（1148）	十九歲。參加省試，以道謙禪說中舉。四月，殿試中舉，中第五甲等九十人，賜同進士出身。
紹興十九年 己巳（1149）	二十歲。學問思想開始發生轉折。《語錄》云：「某從十七八歲讀《孟子》，至二十歲，只逐句去理會，更不通透。二十歲已後，方知不可恁地讀。元來許多長段，都自首尾相照管，脈絡相貫串，只恁地熟讀，自見得意思。從此看《孟子》，覺得意思極通快。」又，《跋徐誠叟詩》云：「熹年十八九時，得拜徐先生於清湖之上，便蒙告以『克己歸仁』『知言養氣』之說。時蓋未達其言，久而後知其為不易之論也。」
	得上蔡謝良佐《論語解》，刻苦研讀。《朱子語類》卷一百二十：「某自二十時看道理，便要看那裡面。嘗看上蔡《論語》，其初將紅筆抹出，後又用青筆抹出，又用黃筆抹出，三四番後，又用墨筆抹出，是要尋那精底。看道理，須是漸漸向裏尋到那精英處，方是。」
	又得西山李郁《論孟說》讀之。《朱文公文集》卷四十六《答李濱老》：「熹少好讀程氏書，年二十許時，始得西山先生所著《論》、《孟》諸說讀之，又知龜山之學橫出此枝，而恨不及見也。」
紹興二十二年 壬申（1152）	二十三歲。始得周敦頤《太極通書》而讀之。
紹興二十三年 癸酉（1153）	二十四歲。夏，始見李侗於延平，與之說禪，「李先生只說不是。某卻倒疑李先生理會此未得，再三質問。」（《語類》一百四）據李方子《紫陽年譜》所記：「先生常言：『自見李先生，為學始就平實，乃知向日從事於釋氏之說皆非。』」又按金履祥《仁山集》卷五記朱熹初見李侗，李侗云：「天下理一而分殊，今君於何處騰空處理會得一個大道理，更不去分殊上體認？」後朱熹遂聽李侗之言，將禪學擱一邊，只看聖賢書。
紹興二十六年 丙子（1156）	二十七歲。頓悟「子夏之門人小子章」，見《語錄》曰：「某往年在同安日，因差出體究公事處，夜寒不能寐，因看得子夏『論學』一段分明。後官滿，在郡中等批書，已遣行李，無文字看，於館人處借得《孟子》一冊熟讀，方曉得《養氣》一章語脈。當時亦不暇寫，只逐段以紙簽簽之，云此是如此說，簽了便看得更分明。後來，其間雖有修改，不過是轉換處，大意不出當時所見。」同年亦覺悟「為學須是專心致志。」（《語類》卷一百四）可與紹興二十三年擱下禪學、專研聖賢書相應和。
紹興二十七年 丁丑（1157）	二十八歲。從學李侗於此年始。案束景南、王懋竑、陳來與牟宗三等人對此之說法皆不同，王懋竑主張朱熹三十一歲始師事李侗，陳來則謂：「究竟自哪一次起執弟子禮而師事之，不易確定。」惟當在同安既歸之後。〔註3〕牟宗三則與王懋竑持同樣看法，認為朱熹是三十一歲始師事李侗，二十九歲春再見李侗於延平時，尚未正式師事之。〔註4〕
	在畏壘庵潛讀《論語》，筆札記疑。《朱文公文集》卷三十七《與范直閣書》：「去歲在同安，獨居幾閱歲，看《論語》近十篇，其間疑處極多，筆箚不能載以求教。」

〔註3〕陳來：《朱子哲學研究》，上海：華東師範大學出版社，2000，頁38。
〔註4〕牟宗三：《心體與性體（三）》，臺北：正中，民79（公元1990），頁30。

紹興二十八年戊寅（1158）	二十九歲。春正月，見李侗問忠恕一貫之旨。《文集》《與直閣書》云：「熹頃至延平，見李愿中丈，問以一貫忠恕之說，與卑意不約而合。」《趙師夏跋延平答問》又曰：「蓋延平之言曰：『吾儒之學，所以異於異端者，理一分殊也。理不患其不一，所難者分殊耳。』此其要也。」因由李侗處傳得「理一分殊」之思想，且《朱子語類》卷一百四亦記錄了朱熹深受李侗「格物致知」思想的影響之處，謂：「舊見李先生說：『理會文字，須令一件融釋了後，方更理會一件。』『融釋』二字下得極好，此亦伊川所謂『今日格一件，明日又格一件，格得多後，自脫然有貫通處』。」
紹興二十九年己卯（1159）	三十歲。按《答許順之書》有：「熹《論語說》方了第十三篇」之語，束景南以爲這表示朱熹《論語集解》草成於此時。〔註5〕今閱王懋竑《朱熹年譜》所引《文集》後序有「謝先生名良佐，字顯道。學於程夫子昆弟之門，有《論語說》行於世，而此書傳者蓋鮮焉。」朱熹先後獲得了三個傳本，三個傳本間，尤其是胡文定公家寫本，錯誤或兼夾他書的地方頗多，朱熹因而爲之作校訂刪削工作。〔註6〕也就是說，此處所謂之《論語說》非朱熹本身所寫之《論語集解》。
紹興三十年庚辰（1160）	三十一歲。案束景南記曰《孟子集解》於此年稿成，見《朱文公文集·別集》卷三《答程欽國》：「且熟讀《語》、《孟》，以程門諸公之說求之，涵泳其間，當自有得。……近集諸公《孟子》說爲一書，已就稿。」王懋竑未記有此事。
孝宗隆興元年癸未（1163）	三十四歲。《論語要義》、《論語訓蒙口義》成。 《論語要義（目錄）序》云：「熹年十三四時，受二程先生《論語》說於先君，未通大義，而先君棄諸孤。中間歷訪師友，以爲未足。於是遍求古今諸儒之說，合而編之，誦習既久，益以迷眩。晚親有道，竊有所聞，乃慨然發憤，盡刪餘說，獨取二先生及其門人朋友數家之說，補緝訂正，以爲一書，目之曰《論語要義》。」（《文集》） 《論語訓蒙口義序》云：「予既敘次《論語要義》，以備覽觀，又以其訓詁略而義理詳，殆非啓蒙之要，因爲刪錄以成此編。本之注疏，以通其訓詁，參之釋文，以正其音讀。然後會之於諸老先生之說，以發其精微一句之義，繫之本句之下；一章之指，列之本章之左。又以平生所聞於師友而得於心思者，間附見一二條焉。本末精粗，大小詳略，無或敢偏廢也。然本其所以作，取便於童子之習而已，故名之曰《訓蒙口義》。」（《文集》） 同年十月十五日，李侗卒。
乾道二年丙戌（1166）	三十七歲。編定與印刻周敦頤《通書》，同時亦編定《二程語錄》與《張載集》。 與張栻討論已發未發，建立中和舊說。 七月，修訂《孟子集解》。束景南謂：「是次修訂《孟子集解》到乾道三年上半年，參加修訂者有何鎬、張栻、范念德、石敦、許升、歐陽雲叔、陳齊仲、徐元聘等，蓋集思廣益、吸取眾說而成，故朱熹稱之爲『古今集解』。修改之況，詳見《朱文公文集》卷四十《答何叔京書》六、七、八，卷三十九《答許順之書》八、九，《答陳齊仲書》、《答徐元聘書》二及《張南軒先生文集》卷三十《答朱元晦》等。」〔註7〕 《論語要義》刻版於邵武府學。

〔註5〕見束景南《朱熹年譜長編》卷上，頁248。
〔註6〕見〔清〕王懋竑：《朱熹年譜》，頁16。
〔註7〕見束景南《朱熹年譜長編》卷上，頁360。

乾道四年 戊子（1168）	三十九歲。《程氏遺書》成。
乾道五年 己丑（1169）	四十歲。與蔡元定講學。頓悟中和新說，確立其以《中庸》爲基礎的理學思想體系，作《已發未發說》寄張栻。
乾道六年 庚寅（1170）	四十一歲，丁母憂。 與呂祖謙講論《中庸》首章之旨，作《中庸首章說》。見《答呂伯恭書》：「熹舊讀程子之書有年矣，而不得其要，比因講究《中庸》首章之指，乃知所謂『涵養須用敬，進學則在致知』者」。 草成並修訂成《太極圖說解》，見《續集》卷二《答蔡季通書》四十三：「《太極說》近看盡有未精密處，已略刊正。」 草成《西銘解》。 校訂《程氏遺書》、《文集》、《經說》，刻版於建寧。
乾道七年 辛卯（1171）	四十二歲。作《記謝上蔡論語疑義》。
乾道八年 壬辰（1172）	四十三歲。《語孟精義》成，鋟版於建陽。王懋竑記曰：「是書後名《要義》，又改名《集義》。」〔註8〕李方子《紫陽年譜》：「乾道八年，編次《語孟精義》成。初，學者讀二書未知折衷，至是書出，始知道之有統，學之有宗，因而興起者甚眾。」 編定《中和舊說》。《朱文公文集》卷75《中和舊說序》：「暇日料檢故書，得當時往還書稿一編，輒序其所以，而題之曰《中和舊說》。蓋所以深懲前日之病，亦使有志於學者讀之，因予之可戒而知所以戒也。」 《大學章句》、《中庸章句》草成。見《張南軒先生文集》卷二十一《答朱元晦秘書》書八：「《中庸章句》中所指費隱，雖是聖人尋常亦有說費處，說隱處，然如此指，卻有未免乎牽強者」，束景南案因此書中提及「劉樞再帥此間，人情頗樂之。今次奏事……」句，知劉珙入都奏事在乾道九年三月。〔註9〕
乾道九年 癸巳（1173）	四十四歲。夏四月，《太極圖說解》、《通書解》、《伊洛淵源錄》、《程氏外書》成。
淳熙元年 甲午（1174）	四十五歲。編訂《大學》、《中庸》新本，分經、傳，復位章次，印刻於建陽。見《朱文公文集》卷八十一《記大學後》與《書中庸後》。 有《答呂伯恭書》曰：「《中庸章句》一本納上，此是草本，幸勿示人，更有《詳說》一書。……《大學章句》並往，亦有《詳說》，後便寄也。」（《文集》三十三）可見已分經、傳之新本《大學章句》、《或問》與《中庸章句》、《或問》乃印刻於此年，故其完成年份應早於此年，而其「格物致知」思想亦應完備於此時。
淳熙二年 乙未（1175）	四十六歲。五月十六日，朱、陸鵝湖之會。 《答張敬夫書》曰：「《中庸》《大學》章句，緣此略修一過，再錄上呈，然覺其間更有合刪處；《論語》亦如此草定一本，未暇脫稿。《孟子》則方欲爲之而日力未及也。」（《文集》三十一）可見《語》、《孟》之脫稿晚於《學》、《庸》。

〔註8〕見〔清〕王懋竑：《朱熹年譜》，頁51。
〔註9〕見束景南《朱熹年譜長編》卷上，頁480。

淳熙四年 丁酉（1177）	四十八歲。《論語集注》、《或問》，《孟子集注》、《或問》，《大學章句》、《或問》，《中庸章句》、《或問》、《輯略》成，序定之。《朱文公文集・續集》卷2《答蔡季通書》：「某數日整頓得《四書》頗就緒，皆爲《集注》；其餘議論別爲《或問》一篇，諸家說已見《精義》者皆刪去；但《中庸》更作《集略》一篇，以其《集解》太煩故耳。」
淳熙七年 庚子（1180）	五十一歲。補定《語孟精義》，改名爲《語孟要義》，刻版於隆興。見《朱文公文集》卷八十一《書語孟要義序後》。 與兼山學派郭雍討論易學。
淳熙九年 壬寅（1182）	五十三歲。將《大學章句》、《中庸章句》、《論語集注》、《孟子集注》集爲一編，刊刻於婺州，是爲《四書集注》，經學史上「四書」之名始於此。見《朱文公文集》卷五十八《答宋深之書》二：「熹向在浙東刻本見爲一編」，束景南案此「一編」即指其淳熙九年浙東提舉任上將《大學章句》、《中庸章句》、《論語集注》、《孟子集注》集爲一編刊印。〔註10〕
淳熙十年 癸卯（1183）	五十四歲。監察御史陳賈請禁僞學，專指朱熹，或謂受王淮指使。見《道命錄》卷五。
淳熙十三年 丙午（1186）	五十七歲。修訂《四書集注》，由廣西安撫使詹儀之印刻於桂林，四川制置使趙汝愚印刻於成都。見《朱文公文集》卷二十七《答詹帥書》三。 與郭雍、程迥、程大昌等進行《易》學辯論，作《蓍卦考誤》。
淳熙十六年 己酉（1189）	六十歲。正式序定《大學章句》與《中庸章句》。李方子《紫陽年譜》：「十六年，始序大學、中庸章句。二書之成久矣，不輟修改，至是以穩愜於心，而始序之。」也就是說《大學章句》與《中庸章句》之序是完成於此年，但其寫成卻是在乾道八年壬辰之時，中間不斷修改，至此方始定稿作序。
紹熙元年 庚戌（1190）	六十一歲。刊《四子》於郡。見《朱文公文集》卷八十二《書臨漳所刊四子後》。
紹熙三年 壬子（1192）	六十三歲。《孟子要略》成，見《朱子語類》卷一百五：「先生因編《孟子要指》（按：即《孟子要略》），云：『《孟子》若讀得無統，也是費力。』」又《眞文忠公文集》卷29《孟子要略序》：「先生之於《孟子》發明之也至矣，其全在《集注》，而其要在此編。」
慶元二年 丙辰（1196）	六十七歲。國子監上奏乞毀理學之書，朱熹《四書集注》與《語錄》在毀禁之列。見《宋會要輯稿》第一百六十六冊《刑法》二與《朱文公文集》卷六十三《答孫敬甫書》四、《續集》卷一《答黃直卿書》二十五。
慶元六年 庚申（1200）	七十一歲。閏二月，修訂《大學章句》成，見《朱子抄釋》卷一：「先生捐館前一月，以書遺廖子晦曰：『《大學》又修得一番，簡易平實，次第可以絕筆。』」 是年三月九日逝世。

〔註10〕見束景南《朱熹年譜長編》卷上，頁732。

附表二 袁甫年譜研究

年份	大 事 紀 要
1173	袁甫誕生。時朱熹年44，已序定《太極圖說解》、草成《伊洛淵源錄》。
1180	7歲。張栻逝世。
1181	8歲。袁燮登進士，呂祖謙逝世。
1192	19歲。陸九淵逝世。
1196	23歲。是年，在陸九淵逝世後仍堅持山居教學的門人彭興宗下山購書，路過考亭而拜訪朱熹，朱熹贈以一詩：「象山聞說是君開，雲木參天爆響雷。好去山頭且堅坐，等閒莫要下山來。」顯見陸學門人已開始借讀書來親近聖賢，有違陸九淵之教。 是年二月，「省闈知貢葉翥、倪思、劉德秀奏論文弊，上言偽學之魁以匹夫竊人主之柄，鼓動天下，故文風未能丕變。乞將《語錄》之類，並行除毀。是科取士，稍涉義理悉見黜落，《六經》、《語》、《孟》、《大學》、《中庸》之書，爲世大禁。」〔註1〕三月，葉翥又上奏攻訐偽學，說士子「專習《語錄》詭誕之說，以蓋其空疏不當之陋，雜以禪語，遂可欺人。」六月，國子監上奏乞毀理學之書。十二月，監察御史沈繼祖奏劾朱熹。
1200	27歲。朱熹逝世。
1207	34歲。史彌遠任宰相，爲偽學平反並大力起用楊簡、袁燮、廖德明、汪逵、黃度等道學人士。
1208	35歲。理學復興，袁燮與豐有俊在隆興府（南昌）興辦東湖書院，並編定《陸九淵文集》三十二卷，傳播師說。東湖書院成爲宣揚象山心學的重地。
1214	41歲。袁甫中嘉定七年進士第一，簽書建寧軍節度判官廳公事，授秘書省正字。 《寶慶四明志》卷十記載：「嘉定七年袁甫榜。」「袁甫」名下書「燮子」，又同卷「狀元」條下亦有袁甫名字。《宋史》亦記載「簽書建康軍節度判官廳公事，授秘書省正字。」《定海廳志》卷十二「寓賢」記載「授秘書省正字，遷校書郎，揚歷湖州、徽州、衢州、建寧府」，與《岱山鎮志》卷十五「志人物丙：寓賢傳」所記同。《鄞縣志本傳》謂其「大有治行，民甚德之。」
1218	45歲。遷校書郎，轉對言「邊事之病不在外，而在內。偷安之根不去，規模終不立；壅蔽之根不去，血脈終不通；忌嫉之根不去，將帥終不可擇；欺誕之根不去，兵財終不可治。祖宗之御天下，政事雖委中書，然必擇風采著聞者爲臺諫，敢於論駁者爲給舍，所以戢官邪肅朝綱也。今日誠體是意以行之，豈復有偷安壅蔽者哉？當遷，願侍親東歸。」遂通判湖州。考常平〔註2〕弊原以增積貯，核隱產，增附嬰兒局。遷秘書郎，尋遷著作佐郎。(《鄞縣志本傳》)

〔註1〕《朱熹年譜長編（下）》，頁1244。
〔註2〕常平，是古代一種調節米價的方法。

1223	50 歲。知徽州，治先教化，崇學校，講經迪士訪民所便事上之，請蠲減婺源紬絹萬七千餘匹、茶租折帛錢萬五千餘貫、月樁錢六千餘貫等。(《鄞縣志本傳》)
1224	51 歲。任江南東路郡守，擬於歙縣城南龍井山麓建水壩，未及興役，遷調離職。又上《便民五事狀》，說徽州征斂「惟是鑿空白撰之賦，皆是上供及總所色目。」 同年，袁燮逝世。袁甫《蒙齋集‧徽州乞祠狀》言：「上有老親年踰八旬兼抱宿恙，乞歸鄉間，粗供子職。」(《鄞縣志本傳》) 但史書上並未見載此事，應是不允。
1226	53 歲。楊簡逝世。 服除（丁父憂），知衢州，立旬講務，以理義淑士心，歲撥助養士千緡。西安、龍遊、常山三邑積窘，預借爲代輸三萬五千緡，蠲放四萬七千緡，郡有義莊，買良田二百畝益之。(《鄞縣志本傳》)
1228	55 歲。提舉江東常平。適歲大旱，天變頻仍，亟發庫庾之積，凡州縣棄名隸倉司者，無新舊，皆住催爲錢六萬一千緡、米十有三萬七千石、麥五千八百石，遣官分行賑濟。饑者予粟，病者予藥，尺籍之單弱者、市民之失業者，皆曲軫之。又告於朝曰：「江東或水而旱，或旱而水，重以雨雪連月，道殣相望，至於舉家枕藉而死者。此去麥熟尚賖，事勢益急，詔給度牒百道助費。」時甫寢爲之不寐，饋爲之不飽，其所區畫千條萬端，無一日不講荒政。(《鄞縣志本傳》)
1229	56 歲。重新調任指揮江東（江南東路），建漁梁壩，18 層，闊 3 丈，高 1.5 丈，橫亙 60 丈。竣工後，撥錢 5000 緡購田，收租穀備作歲修。從此水有所蓄，流得以緩，既利歙城防火，又利灌漑，至今屹立於練江中流。(《錢塘江志》)
1230	57。直寶章閣提點本路刑獄兼提舉，復移司鄱陽。
1231	58 歲。任江東提舉兼提刑，霜殺桑，春夏雨久，湖溢，諸郡被水，連請於朝，給度牒二百道振恤之。七月，盜起常山，調池州兵千人屯廣信以爲備。九月，都城大火，上封事言「上下不交，以言爲諱，災變之作，端由於此，願下哀痛之詔以迴天意。」十月，詔求直言，復上疏言「災起都邑，天意蓋欲陛下因其所可見，察其所不可見，行至公無私之心，全保護大臣之體，率屬群工，大明黜陟，與天下更始。」(《鄞縣志本傳》) 同年，以象山精舍原址交通不便，請奏於朝，命其門人洪陽祖擇地重建精舍於貴溪離城二里之三峰山徐岩。該年冬天，書院落成，買田養士，刊行《象山先生文集》。又建都陽番江書堂。
1232	59 歲。行部問民疾苦，薦循良，劾奸貪，決滯獄，所至詣學宮，爲諸生說孝經，旁及諸子。興白鹿書院於廬阜。時朱陸之說分，各立黨與，甫遂與之言曰「道一而已，和而不同，乃所以和也，道無終窮，先賢之切磋有不同者，將歸於一，則未始不同也。」歲大旱，請於朝，得度牒緡錢綾紙以助振恤，疫癘大作，刱藥院療之，前後持節江東五年，所活殆不可數計。諸郡咸立祠以奉。轉將作監兼國史。 三月，象山精舍開學。秋，理宗賜「象山書院」額。又以直徽閣知建寧府。(《鄞縣志本傳》)
1233	60 歲。兼福建轉運判官。 作《象山書院記》，讚頌陸九淵「發明本心之學大功於世教」，門人楊簡、袁燮在朝「直道不阿」，能光揚象山之學。又記象山書院「築室百楹，士遠近來集」。(《蒙齋集‧象山書院記》) 作《重修白鹿書院記》，闡明辦學宗旨在「涵育群眾」，「正誼明道，不計其功利」，列舉張栻、朱熹、陸九淵等論學及「立身立朝大節」警策學子。(《教育大辭典（第八卷）‧中國古代教育史（上）》)

1234	61 歲。召爲秘書少監。入見帝曰：「卿久勞於外，篤意愛民，每覽所陳，備見懇惻。甫奏無逸之義言，知農夫稼穡艱難，自然逸欲之念不起。乞力守更化以來求賢如不及之初意。」（《鄞縣志本傳》）
1235	62 歲。遷起居舍人兼崇政殿，說書於經筵，上奏曰：「又乞專意經訓，養育精神，務令充實，上與天一，下合人心。」後兼中書舍人。又，帝嘗問近事，甫奏以「惟履畝事人心最不悅，又嘗讀資治通鑒，至漢高祖入關，辭秦民牛酒，因奏今日無以予人，反橫科之，其心喜乎？怒乎？本朝立國以仁，陛下以爲此舉仁乎？」帝爲惻然。時朝廷以邊事爲憂，史嵩之帥江西，力主和議。甫奏曰：「臣與嵩之同里，未嘗相知。嵩之父彌忠則與臣有故。嵩之易於主和，彌忠每戒其輕易。今朝廷甘心用父子異心之人，臣謂不特嵩之易於主和，抑朝廷亦未免易於用人也。」疏入不報，遂乞歸，不允，授起居郎兼中書舍人。未幾，擢嵩之刑部尚書，復奏疏反對。後出甫知江州，又改除集英殿修撰，知婺州，不拜。（《鄞縣志本傳》） 是年，蒙古軍破德安府，擄趙復北上傳儒學。
1236	63 歲。因邊事情勢吃緊，史嵩之帥江西，力主和議，袁甫上奏反對無效，遂乞歸，不允。授起居郎兼中書舍人。未幾，擢嵩之刑部尚書，復奏疏云：「臣於嵩之本無仇怨，但國事所繫，誼難緘默。」嵩之誥命，終不與書行，乃出甫知江州。王遂抗疏力爭，帝曰：「本以授其兄袁肅，報行誤耳。」令遂勉甫無它志。翼日，乃與肅江州。而殿中侍御史徐清叟復論甫守富沙日贓六十萬，湯巾等又爭之，清叟亦悔。未幾，改知婺州，不拜。（《宋史》）
1237	64 歲，遷中書舍人，入見陳心源之說。帝問邊事，甫奏「當以上流爲急，議和恐誤事。」再次上奏反對史嵩之兼督湖南軍馬，但疏留中不行，翼日，權吏部侍郎。引疾至八疏，賜告一月，遂歸。從臣復合奏留之，尋命兼修玉牒官兼國子祭酒，皆辭不拜。
1238	65 歲。改知嘉興府婺州，依舊寶章閣待制知福州，皆辭不拜。
1239	66 歲。遷兵部侍郎，入奏「江潮暴湧，旱魃爲虐，櫧幣蝕其心腹，大敵剝其四支，危亡之禍，近在且夕。乞秉一德塞邪徑。」兼給事中。時邊邊日至，甫條十事陳述應對之策。（《鄞縣志本傳》）
1240	權兵部尚書，暫兼吏部尚書，李宗勉薦其可大用，帝方欲相之而以病卒於是年三月二十日，享年 67 歲。贈通奉大夫，諡正肅，再贈少傅。（《鄞縣志本傳》）
1242	黎立武誕生。

附表三　黎立武年譜研究 [註1]

年　份	大　事　紀　要
1200	朱熹逝世。
1235	蒙古軍破德安府，擄趙復北上傳儒學。
1240	袁甫逝世。
1242	黎立武誕生。該年南宋在四川釣魚城構築城牆，抵抗五十萬蒙古鐵騎大舉入蜀，此後數年，四川一直是蒙古軍力攻之地。
1249	7 歲。吳澄誕生。
1260	18 歲。五月，忽必烈建元中統稱帝。
1262	宋理宗景定三年壬戌，黎立武年 20，入太學。
1268	26 歲。擢進士第三人，恩賜狀元，授受事郎簽書，鎮南軍節度判官。其《文天祥與隆興節判黎所寄書》可能寫於此時或本年以後。
1269	27 歲。奉四親之官。
1270	28 歲。秋貢，校大撫州。舉吳澄充貢士，該年吳澄應撫州鄉貢中 28 名，時年 22 歲。自稱爲黎立武之門人。
1271	29 歲。除太學錄。 同年，元世祖改國號爲大元，建立元朝。
1273	30 歲。通判袁州，就任，轉宣教郎。有同僚言：「殺一牛活萬蟻。」立武駁之曰：「萬蟻固可憐，一牛何罪？」眾稱善。
1274	31 歲。冬，除宗正主簿。
1275	32 歲。夏，召試館職，除秘書省校書兼莊文府教授。冬，轉奉議郎，以祖母憂去國。這一年，「官秘省時，閱官書，愛二郭氏《中庸》。郭遊程門，新喻謝尚書仕夷陵，嘗傳其學。將由謝泝郭，以嗣其傳。」〔註 2〕其《大學本旨》、《大學發微》、《中庸分章》與《中庸指歸》當作於此年以後。

[註1] 見〔元〕吳澄：《元中子碑》，〔宋〕黎立武：《中庸分章（及其它二種）》，北京：中華書局，頁 19～20，以及《中國方志叢書・江西省新喻縣志（四）》，臺北：成文出版社，民 78（公元 1989），頁 1394～1401。

[註2] 〔元〕吳澄：《元中子碑》，〔宋〕黎立武：《中庸分章（及其它二種）》，頁 19。

1276	33 歲。春,除佐著作。夏,轉永議郎。秋,除著作,尋改大著作。赴國難,趨朝。元軍東下,進逼臨安。朝廷詔天下勤王。 據李才棟《江西古代書院研究》記載黎立武創建蒙峰書院與金鳳書院於此年,惟未注明資料來源。〔註 3〕此說與縣志所記不同。惟若此時國難當前,黎立武又勇赴國難,豈有閒暇創建二書院?且史載黎立武是在宋亡後方歸故里創辦書院,故其說恐不可信。
1277	34 歲。春,除軍器少監國子司業(縣志云:「進華文閣待制樞密院都承旨」)。 同年,宋恭宗令文天祥爲右丞相兼樞密使都督,其時元軍已兵臨城下,國事將去。
1278	36 歲。該年文天祥被元軍俘虜。
1279	37 歲。宋亡。「且將大用,而國事去矣,間道來歸,備歷艱險,自是閒居三紀,逮事二親,猶二十年。」〔註 4〕 縣志云:「建蒙峰書院以淑後學,從遊者眾至不能容。」於情理上分析,蒙峰書院與金鳳書院亦當建於此時。 同年,文天祥被押至大都囚禁了三年,1282 年慷慨就義。 這一年,由於元朝初立,未嘗興辦科舉取士,故黎立武的門生多爲未見功名的隱士。
1285	詔議立科舉法,不果。
1287	初置國子監。
1295	52 歲。停辦書院,〔註 5〕但未知原因何在。此一記錄與《江西古代書院研究》所記者相同。
1300	58 歲。中秋,爲山院門生袁俊翁的《四書疑節》寫序。
1305	63 歲。爲宋末元初著名道士杜道堅(1237~1318)的《道德玄經原旨》寫序,序末題名「大德乙巳上元西谷道人黎立武書」。序中說明是通過其內侄簡成性而得杜道堅之《道德玄經原旨》拜讀,深爲讚歎,認爲杜書實是「以無極太極言仁義禮智信,以陰陽五行言所謂天地聖人芻狗民物是爲不仁,與六經言仁無異旨」,又曰「其曰甚精甚眞,眞中有信,五常之信,五行之土,先天無極太極之道,萬變不能易,所謂誠也成性行。因撮經之要旨書卷末歸之。」顯見黎立武與杜道堅實不相識,而且其自號「西谷道人」或也是託名手法,不可便以爲黎立武曾經潛心道門。
1310	68 歲。微疾端坐徐逝。
1315	恢復科舉,開科取士。
1316	啓殯葬於思(左耳旁)莊之原。
1333	門人袁俊翁登元統元年進士榜,上距黎立武題序之大德四年,總共相隔了三十三年,可謂求取功名到白頭。〔註 6〕

〔註 3〕 李才棟:《江西古代書院研究》,南昌:江西教育出版社,1993,頁 217。
〔註 4〕 〔元〕吳澄:《元中子碑》,〔宋〕黎立武:《中庸分章(及其它二種)》,頁 19。
〔註 5〕 李才棟:《江西古代書院研究》,頁 217。
〔註 6〕 見〔元〕袁俊翁撰;謝蒼霖點校;余讓堯審訂:《四書疑節點校説明》,江西省高校古籍整理領導小組編著:《豫章叢書・經部二》,南昌:江西教育出版社,2007。

附表四　朱熹理學傳人統計表

（第一代至第七代）

No	第一代	第二代	第三代	第四代	第五代	第六代	第七代
1	朱塾	朱鑒					
2	朱埜						
3	朱在		朱濬	朱洪範			
4	蔡元定（建陽人，今屬福建）	蔡淵、蔡沆、蔡沈、朱塾、朱埜、楊至	蔡格、陳光祖、翁泳、熊剛大、葉採、熊慶冑、徐幾、熊禾、何雲源、蔡模、蔡杭、蔡權、陳光祖、劉欽	陳沂、王應麟、劉涇、劉漢傳、劉實翁、黃鎮成、陳師凱	王良學、王昌世、胡三省、史蒙卿、戴表元、黃叔雅、鄭芳叔、王惟賢、劉震、王充耘	王厚孫、王寧孫、胡幼文、袁桷、鄭覺民、程端禮、程端學	蔣宗簡、樂良、戚秉肅、王楚鼇、徐仁
5	黃幹（閩縣人，今屬福建福州）	黃輅、黃輔、何基（金華人）、何南坡（何基兄）、饒魯（餘干人）、方遜（平江人）、張元簡（清江人）、趙師恕、董夢程（鄱陽人）、蔡念成（德安人）、劉子玠（長樂人）、吳泳（中江人）、吳昌裔（中江人）、黃師	何欽、何鳳、王柏、汪開之、倪公晦、倪公度、倪公武、張潤之、王侃、季鏞、吳梅、金履祥、金麟、張必大、童偕、童俱、余澤、潘犀、陳大猷、吳中、羅天西、趙良淳、萬鎮、湯伯陽、魯士能、程若庸	何宗誠、何宗映、何宗瑞、王相、王侃、王珌、金履祥、王貫、車若水、周敬孫、楊珏、陳天瑞、黃超然、朱致中、薛松年、張須、聞人詵、樊萬、盛象翁、林弦齋、陳澔、朱以實、劉耳	王紹孫、盛象翁、潘希宗、金叔明、周仁榮、孟夢恂、楊剛中、夾谷之奇、聞夢吉、陳德永、朱公遷、揭傒斯、趙孟俯、林夢正、熊良輔、汪克寬、汪時中、董真卿、金若洙、范奕、吳錫疇、程鉅夫、（吳	陳德永、王閈、王閏、王閭、周潤祖、泰不華、朱嗣壽、楊翮、吳履、宋濂、方孝孺、唐以仁、朱右、朱洪初、李仕魯、徐一夔、周棐、董僎、揭傒斯、趙孟俯、林夢正、（吳澄門人：吳當、元明善	陶凱、宋璲、唐光祖、（方孝孺弟子見《明儒學案》）、王逢、徐一夔、周棐

		雍（閩清人）、黃振龍（閩縣人）陳如晦（長樂人）、梁祖康、曾成叔、陳象祖（侯官人）、方來（永嘉人）、鄭鼎新（仙遊人）、李鑒、薛師邵（撫州人）、葉士龍（括蒼人）陳倫（長溪人）、熊剛大（建陽人）、家寅（蜀人）、李武伯（臨川人）、李晦（長樂人）、方丕夫（莆田人）、袁俊明、葉眞、趙必願（餘干人）、宋斌（袁州）	許應庚、王佖、饒應中、汪華、汪相、吳迁、蔡汝揆、羅椅、史泳、李實、袁易、吳存、萬鎮、董鼎、沈貴瑤、胡方平、許月卿、齊魯瞻、趙良淳	金若沫、范奕、吳錫疇、程鉅夫、（吳澄）、熊凱、龔煥、汪應升、汪克寬、鄭合生、戴璹、董眞卿、胡方平、范啓、程若庸、胡一桂、江凱、程榮秀、	澄）（吳澄門人：吳當、元明善、虞集、貢師泰、鮑恂、藍光、夏友蘭、袁明善、黃極、李本、李棟、朱夏、黎仲基、王彰、王梁、楊準、李心原、皮潛、解觀、黃盅、潘音、趙宏毅、王祁、李擴、陳伯柔、黃㟆、危素、包希魯、熊本、丁儼、許晉孫、饒敬仲、鄭眞、杜本）	、虞集、貢師泰、鮑恂、藍光、夏友蘭、袁明善、黃極、李本、李棟、朱夏、黎仲基、王彰、王梁、楊準、李心原、皮潛、解觀、黃盅、潘音、趙宏毅、王祁、李擴、陳伯柔、黃㟆、危素、包希魯、熊本、丁儼、許晉孫、饒敬仲、鄭眞、杜本）（陳旅、王守誠、蘇天爵、劉霖、李擴、陳伯柔、熊本、烏本良、鄭桓、黃寶、趙恭、張理）	
6	李燔（建昌人，今江西南城）	李舉、饒魯（餘干人）、趙範（衡山人）趙葵（衡山人）、方暹（平江人）宋斌（袁州人）、許應庚（平江人）	李鑛、趙潜、陳大猷、吳中、羅天酉、趙良淳、萬鎮、湯伯陽、魯士能、程若庸、許應庚、王佖、饒應中、汪華、汪相、吳迁、蔡汝揆、羅椅、史泳、李實、袁易、吳存	陳澔、朱以實、劉耳、金若沫、范奕、吳錫疇、程鉅夫、（吳澄）、熊凱、龔煥、汪應升、汪克寬、鄭合生、戴王壽	朱公遷、揭傒斯、趙孟俯、林夢正、熊良輔、汪克寬、汪時中、(吳澄門人：吳當、元明善、虞集、貢師泰、鮑恂、藍光、夏友蘭、袁明善、黃極、李本、李棟、朱夏、黎仲基、王彰、王梁、	朱洪初、李仕魯、徐一夔、周萊、（吳澄門人：陳旅、王守誠、蘇天爵、劉霖、李擴、陳伯柔、熊本、烏本良、鄭桓、黃寶、趙恭、張理）	王逢

				楊準、李心原、皮潛、解觀、黃盅、潘音、趙宏毅、王祁、李擴、陳伯柔、黃晜、危素、包希魯、熊本、丁儼、許晉孫、饒敬仲、鄭眞、杜本		
7	張洽（清江人，今屬江西）	張木路、張木聖				
8	輔廣（崇德人，今屬浙江崇福鎮）	董槐（濠州人）、朱鵬飛（崇德人）、余端臣（鄞縣人）	王文貫、汪元春、韓翼甫、劉敬堂、安劉	汪元春、黃震、韓性、韓忨、陳普、任士林、黃叔英、熊禾	徐天錫、徐天彝、黃奇孫、李齊、王晃、夏泰亨、韓信同、楊琬、黃裳、董眞卿、安實、黃珏、岑士貴、王士毅、韓耘之、黃夢幹、黃叔雅、黃叔英	王禧翁、黃寬、張以寧、林文珙、鄭轙、韓諤、黃正孫、黃珏、岑士貴、王士毅 ／ 黃玠
9	輔萬（崇德人，今屬浙江崇福鎮）	一				
10	陳埴（永嘉人，今屬浙江溫州）	翁敏之（樂清人）、翁岩壽（永嘉人）、車安行（黃岩人）、董楷（臨海人）、徐霆（永嘉人）、趙復齋	胡一桂、車若水、車若綰、車惟賢、賈漢英	車瑢、嚴侶、盛象翁、潘希宗、金叔明		
11	葉味道（溫州人，今屬浙江）	葉採（邵武人）、繆主一（永嘉人）、王夢松（青田人）、趙景緯（於潛人）、王柏（金華人）	余學古、王柏傳人見於黃幹一支、陳天澤	胡長孺	陳剛、謝暉、吳雄、李康、文誠	章瑤、洪濤、林溫、陳善、李時可、王清

12	杜煜（黃岩人，今屬浙江台州）	杜范（黃岩人）、丘漸（黃岩人）	車若水、胡常、王賁、沈可亭、蔡希點、戴良齊、戴亨、方儀	盛象翁、潘希宗、金叔明、（吳澄）	（吳澄門人：吳當、元明善、虞集、貢師泰、鮑恂、藍光、夏友蘭、袁明善、黃極、李本、李棟、朱夏、黎仲基、王彰、王梁、楊準、李心原、皮潛、解觀、黃盅、潘音、趙宏毅、王祁、李擴、陳伯柔、黃暠、危素、包希魯、熊本、丁儼、許晉孫、饒敬仲、鄭眞、杜本）	（吳澄門人：陳旅、王守誠、蘇天爵、劉霖、李擴、陳伯柔、熊本、烏本良、鄭桓、黃寶、趙恭、張理）	
13	杜知仁（黃岩人，今屬浙江台州）	杜範	車若水、胡常、王賁、沈可亭、蔡希點、戴良齊、戴亨、方儀				
14	蔡淵（建陽人，今屬福建。蔡元定長子）	蔡格、陳光祖、翁泳、熊剛大、葉采、熊慶胄、徐幾、熊酉、何雲源					
15	蔡沆（建陽人，今屬福建。蔡元定次子）	—					
16	蔡沈（建陽人，今屬福建。蔡淵與蔡沆之父）	蔡模、蔡杭、蔡權、陳光祖、劉欽、何雲源	劉涇、劉漢傳		劉實翁、黃鎮成、陳師凱（不知屬何代人物）	劉震、王充耘（不知屬何代人物）	
17	陳淳（龍溪人，即今福	陳槃、陳沂（仙遊人）	呂大圭	丘葵	呂椿		

建下溪）	、楊昭復（閩人）、王昭、蘇思恭（晉江人）、黃必昌（晉江人）、黃以翼（泉州人）、卓琮（永春人）、梁集、王雋、鄭思忱、鄭思永、王次傳、江與權、葉采（邵武人）、邵甲、王震（嚴陵人）、張應霆、李凳、朱右（嚴州人）、鄭聞、謝升賢				
18	陳易（永春人，今屬福建）	—				
19	廖德明（順昌人，即今安徽阜陽）	鄒應博（福建泰寧人）、陳沂（貴州遵義人）				
20	李方子（邵武人，今屬今屬福建）	牟子才（井研人）、葉採（邵武人）、陳沂（仙遊人）	陳天澤、牟山獻、趙范、趙葵、唐震	牟應龍、胡應之、毛振、王濤、屠高		
21	余元一（仙遊人，今屬福建）	—				
22	趙師恕（懷安縣八座鄉鳳里人，住今福州北郊巖溪一帶）	—				
23	趙崇憲（饒州餘干人，汝愚子。南宋餘干縣今屬江西）	趙必願	趙良淳			

24	趙崇度（饒州餘干人，汝愚子）	－				
25	趙蕃（本鄭州人，南渡後居江西省上饒市玉山縣）	－				
26	宋之源（成都府雙流人，今屬四川成都市）	－				
27	劉黼（廬陵人，今江西吉安）	－				
28	許子春（廬陵人，今江西吉安）	－				
29	彭龜年（清江人，今屬江西）	－				
30	趙善佐（邵武人，今屬福建）	－				
31	張巽（泉州人，今屬福建）	－				
32	潘友端（金華人，今屬浙江）	－				
33	胡大時（建寧府崇安縣人，今福建武夷山市）	－				
34	王瀚（金華人，今屬浙江）	－				
35	王洽（金華人，今屬浙江）	－				
36	詹儀之（遂安人，今屬浙江）	－				

37	李大同（東陽人，今屬浙江）	－				
38	周介（括蒼人，今屬浙江臨海）	－				
39	鄒補之（開化人，今屬浙江衢州）	－				
40	黃謙（光澤人，今屬福建）	－				
41	王介（金華人，今屬浙江）	王埜				
42	呂喬年（金華人，今屬浙江）	－				
43	高松（福寧人，今屬福建）	－				
44	傅定（義烏人，今屬浙江）	－				
45	舒璘（奉化人，今屬浙江）	舒錷、舒鉦、舒銑、舒鍇、舒鐻、李元白（遷居至鄞之三江口）、袁肅（鄞縣人）、羅子有、鄧夢眞、汪行簡、戴泳、	李津、李澔、李以稱、李以制、安劉、王良學			
46	傅夢泉（建昌南城人，今屬江西）	－				
47	孫應時（餘姚人，隸屬今浙江寧波）	－				
48	諸葛千能（會稽人，今浙江紹興	－				

49	周良（南城人，今屬江西）	一				
50	包揚（南城人，今屬江西）	一				
51	包約（南城人，今屬江西）	一				
52	包遜（南城人，今屬江西）	一				
53	石斗文（新昌人，今屬浙江）	一				
54	石宗昭（新昌人，斗文弟）	一				
55	喻仲可（嚴陵人。嚴陵亦稱嚴州，古爲浙江的一府，也稱睦州，現在是杭州的屬地。）	一				
56	趙師蕆（黃岩人，師雍弟。）	一				
57	趙師雍（黃岩人，今屬浙江）	一				
58	樓鑰（鄞縣人，今屬浙江）	孫枝、史守之	孫起予、孫願質	孫王壽、		
59	吳柔勝（宣城人，今屬安徽）	吳淵、吳潛				
60	陳繽（羅源人，今屬福建福州）	（子）？	（孫）？			

| 61 | 柴中行(餘干人,今屬江西) | 饒魯、湯千(饒之安仁人)、湯巾、湯中、湯漢 | 陳大猷、吳中、羅天酉、趙良淳、萬鎮、湯伯陽、魯士能、程若庸、許應庚、王佖、饒應中、汪華、汪相、吳迁、蔡汝揆、羅椅、史泳、李實、徐道隆、袁易、吳存 | 陳澔、朱以實、劉耳、金若沫、范奕、吳錫疇、程鉅夫、(吳澄)、熊凱、龔煥、汪應升、汪克寬、鄭合生、戴王壽、徐戴孫 | 朱公遷、揭傒斯、趙孟俯、林夢正、熊良輔、汪時中、(吳澄門人:吳當、元明善、虞集、貢師泰、鮑恂、藍光、夏友蘭、袁明善、黃極、李本、李棟、朱夏、黎仲基、王彰、王梁、楊準、李心原、皮潛、解觀、黃盅、潘音、趙宏毅、王祁、李擴、陳伯柔、黃昺、危素、包希魯、熊本、丁儼、許晉孫、饒敬仲、鄭眞、杜本) | 朱洪初、李仕魯、徐一夔、周斐、(吳澄門人:陳旅、王守誠、蘇天爵、劉霖、李擴、陳伯柔、熊本、烏本良、鄭桓、黃寶、趙恭、張理) | 王逢 |
| 62 | 魏了翁(邛州蒲江人,今屬四川成都) | 魏文翁、魏克愚、郭黃中、吳泳(四川潼川人)、游似、車子才(四川井研人)、王萬(四川蒲江人)、程掌(四川丹棱人)、史守道(丹棱人)、蔣公順(廣西清湘人)、稅與權(重慶四川巴郡人)、滕處厚(廣西清湘 | 牟山獻、趙范、趙葵、唐震、李苪、趙卯發、唐震、江凱、程榮秀、游汶 | 牟應龍、胡應之、毛振、王濤、趙潛 | | | |

		人）、蔣重珍（江蘇無錫人）、虞先先（四川仁壽人）、唐季乙（四川崇慶之晉原人）、蔣山（湖南靖州人）、許月卿（江西婺源人）、史繩祖、葉元老（江蘇吳門人）、許玠、嚴植、張端義、王煟（浙江新昌人）				
63	詹初（休寧人，今屬安徽黃山市）	—				
64	蔡和（晉江人，今屬福建）	蘇思恭（晉江人）、黃必昌（晉江人）、黃以翼（泉州人）、卓琮（永春人）、王儁、鄭思忱、鄭思永、王次傳、江與權				
65	李道傳〔註1〕（？）	—				
66	李大有（東陽人，今屬浙江）	—				
67	謝夢生（永嘉人，今屬浙江溫州）	—				
68	陳均（興化軍莆田人，今屬福建）	—				

〔註1〕 《宋元學案‧晦翁學案上》「李道傳」名下注明：「別見《劉李諸儒學案》」，但《劉李諸儒學案》卻不見此人。案：此人實際上未登朱熹之門，但卻到處訪求從朱學者，盡得朱熹之書而讀之。

69	趙汝騰（居福州，今屬福建）	趙必曇	陳仁伯、陳旅、方鎔、**趙復**（德安人）、余季芳、俞浙、熊朋來、俞琰	黃奇孫、熊太古、王都中、方逢辰、方逢振、方一夔、蔣沐	方道叡、魏新之、邵桂士、汪斗建、孫潼發、袁易、蔣元	汪汝懋	
70	李文子〔註2〕（光澤人，今屬福建）	—					
71	徐僑（義烏人，今屬浙江）	王世杰	石一鼇	石定子、陳取青、黃潛	陳樵、宋濂、王褘、戴良、陳基、劉涓、蔣允升、高明	李孝謙、宋璲、李悌謙、李忠謙、唐轅	
72	劉爚（建陽人，今屬福建）	劉垕、陳沂	劉欽、劉應季、熊慶冑、熊禾、胡一桂	劉涇			
73	劉炳（建陽人，今屬福建）	—					
74	劉剛中（光澤人，今屬福建）	—					
75	程洵（婺源人，今屬江西上饒）	董銖					
76	董彥約（都昌人，今屬江西）	—					
77	董彥純（都昌人，今屬江西）						
78	詹體仁（浦城人，今屬福建）	眞德秀（福建浦城人）	眞志道、王埜、馬光祖、金文剛、孔元龍、呂良才、呂敬伯、江塤、劉炎、陳均、周天駿、徐元傑、劉	王應麟、劉漢傳、陳策、洪天錫	丘葵、王良學、王昌世、胡三省、史蒙卿、戴表元、黃叔雅、鄭芳叔、袁櫂、王惟賢	王天與（不知屬何代人物，但知爲其續傳）、王厚孫、王寧孫、胡幼文、袁櫂、鄭覺民、程端禮、程端學	王振（不知屬何代人物，但知爲其續傳）、鄭駒、鄭眞、蔣宗簡、樂良、戚秉肅、王楚鼇、徐仁

〔註2〕李文子，《光澤縣志》記載爲南宋紹熙四年（1193）進士，故當爲光澤縣人。

			克莊、王邁、程掌、熊慶胄、徐幾、湯千、湯巾、湯中、劉漢弼				
79	林夔孫（古田人，今屬福建）	江萬里、劉南甫	陳偉器、趙介如、劉由聖、歐陽守道	汪華、燕公楠、文天祥、劉辰翁、鄧光薦、羅開禮、張千載	王炎午、謝翱、劉尚友、張珏、汪應升	劉省吾、汪克寬、汪時中	
80	傅伯成（晉江人，今屬福建）	傅壅、傅康					
81	黃灝（都昌人，今屬江西）	－					
82	度正（合州人，今屬四川合川）	趙景緯					
83	任希夷（邵武人，今屬福建）	－					
84	宋斌（袁州人，今屬江西）	－					
85	黃□（分寧人，今屬江西修水）	－					
86	陳孔碩（侯官人，今屬福建）	陳韡					
87	陳孔夙（侯官人，今屬福建）	－					
88	吳仁傑（洛陽人，居崑山，今屬江蘇蘇州）	－					
89	陳守（莆田人，今屬福建）	－					
90	陳定（莆田人，今屬福建）	－					

91	陳宓（莆田人，今屬福建）	黃績					
92	程端蒙（鄱陽人，今屬江西）	董夢程	董鼎、沈貴瑤、胡方平、許月卿、齊魯瞻	董眞卿、胡方平、范啓、程若庸、胡一桂、江凱、程榮秀	董眞卿	董撰、金若沫、范奕、吳錫疇、程鉅夫、（吳澄）	揭傒斯、趙孟俯、林夢正、（吳澄門人：吳當、元明善、虞集、貢師泰、鮑恂、藍光、夏友蘭、袁明善、黃極、李本、李棟、朱夏、黎仲基、王彰、王梁、楊準、李心原、皮潛、解觀、黃盅、潘音、趙宏毅、王祁、李擴、陳伯柔、黃導、危素、包希魯、熊本、丁儼、許晉孫、饒敬仲、鄭眞、杜本）
93	董銖（德興人，今屬江西）	董夢程（德興人）、董琮、程正則	董鼎、沈貴瑤、胡方平、許月卿、齊魯瞻、程時登	董眞卿、胡方平、范啓、程若庸、胡一桂、江凱、程榮秀、許瑤	董眞卿	董撰、金若沫、范奕、吳錫疇、程鉅夫、（吳澄）	揭傒斯、趙孟俯、林夢正、（吳澄門人：吳當、元明善、虞集、貢師泰、鮑恂、藍光、夏友蘭、袁明善、黃極、李本、李棟、朱夏、黎仲基、王彰、王梁、楊準、李心原、皮潛、解觀、黃盅、潘

						音、趙宏毅、王祁、李擴、陳伯柔、黃辱、危素、包希魯、熊本、丁儼、許晉孫、饒敬仲、鄭眞、杜本)
94	王過（德興人，今屬江西）	—					
95	程珙（鄱陽人，今屬江西）	—					
96	□淵（涪陵人，今屬重慶）	陽枋、陽嵒	陽恪、史蒙卿、韓居仁	程端禮、程端學	蔣宗簡、樂良、戚秉蕭、王楚鼇、徐仁	張信、陳韶	
97	方士繇（莆田人，今屬福建）	方丕夫					
98	竇從周（丹陽人，今屬江蘇）	衛炳					
99	竇澄（丹陽人，今屬江蘇）	衛炳					
100	湯泳（丹陽人，今屬江蘇）	衛翼					
101	劉戭（廬陵人，今江西吉安）	—					
102	李耆壽（江陵人，今屬湖北荊州）	—					
103	趙綸（蕭山人，今屬浙江杭州）	—					
104	林湜（長溪人，今屬江西婺源）	—					

105	應純之（永康人，今屬浙江金華）	－				
106	應謙之（永康人，今屬浙江金華）	－				
107	應茂之（永康人，今屬浙江金華）	－				
108	沈澗（永嘉人，今屬浙江溫州）	－				
109	張宗說（崇安人，今福建武夷山市）	江塤				
110	李如圭（廬陵人，今江西吉安）	－				
111	郭磊卿（仙居人，今屬浙江）	－				
112	趙汝談（大梁人）	－				
113	潘植（懷安人，今屬河北）	－				
114	潘柄（懷安人，今屬河北）	黃績、蘇國臺	黃仲元、鄭獻翁			
115	滕璘（婺源人，今屬江西上饒）	趙雷	趙順孫			
116	滕珙（婺源人，今屬江西上饒）	滕鉛	黃智孫、陳源長	陳櫟、程顯道	倪士毅、朱升、程存、葉大有、吳彬	
117	胡泳（建昌人，今江西南城）	黃輔、李仁壃				
118	曾三聘（新淦人，今江西新幹）	－				

119	章康（吳縣人，今屬江蘇蘇州）	胡淳				
120	陳駿（寧德人，今屬福建）	陳成父				
121	歐陽謙之（廬陵人，今江西吉安）	歐陽守道	文天祥、劉辰翁、鄧光薦、羅開禮、張千載	王炎午、謝翱、劉尚友、張珪	劉省吾	
122	饒敏學（昭武人，今屬福建）	－				
123	孫調（長溪人，今屬江西婺源）	－				
124	李閎祖（光澤人，今屬福建）	－				
125	李相祖（光澤人，今屬福建）	－				
126	李壯祖（光澤人，今屬福建）	－				
127	王遇（龍溪人，即今福建下溪）	－				
128	楊楫（長溪人，今屬江西婺源）	－				
129	楊方（長汀人，今屬福建）	孟渙				
130	楊復（福安人，今屬福建）	李鑒				
131	李唐咨（龍溪人，即今福建下溪）	陳思謙				
132	林易簡（龍溪人，即今福建下溪）	－				

133	石洪慶（臨漳人，今屬河北）	一					
134	施允壽（臨漳人，今屬河北）	一					
135	趙師淵（黃岩人，今屬浙江）	一					
136	趙師夏（黃岩人，今屬浙江）	一					
137	楊至（晉江人，今屬福建）	陳沂					
138	余大雅（順昌人，今屬福建）	一					
139	游儆（劍浦人，屬今福建南平）	一					
140	鄭可學（莆田人，今屬福建）	一					
141	許升（同安人，今屬福建廈門）	一					
142	劉炎（邵武人，今屬福建）	王侃、王佖					
143	黃士毅（莆田人，今屬福建）	一					
144	劉鏡（惠安人，今屬福建泉州）	一					
145	李東（邵武人，今屬福建）	一					
146	方壬（莆田人，今屬福建）	一					

147	方禾（莆田人，今屬福建）	－					
148	方大壯（莆田人，今屬福建）	－					
149	上官謐（邵武人，今屬福建）	－					
150	傅誠（仙遊人，今屬福建）	－					
151	黃寅（邵武人，今屬福建）	－					
152	梁璟（邵武人，今屬福建）	－					
153	馮允中（邵武人，今屬福建）	－					
154	呂勝己（邵武人，今屬福建）	－					
155	楊仕訓（漳浦人，今屬福建）	－					
156	葉武子（邵武人，今屬福建）	－					
157	俞聞中（邵武人，今屬福建）	－					
158	吳英（邵武人，今屬福建）	－					
159	黃孝恭（邵武人，今屬福建）	－					
160	丘珏（邵武人，今屬福建）	－					
161	饒幹（邵武人，今屬福建）	－					

162	楊履正（晉江人，今屬福建）	—				
163	孫枝（鄞縣人，今屬浙江寧波）	孫起予、孫願質	孫璹			
164	周謨（建陽人，今屬福建）	—				
165	余宋傑（建昌人，今江西南城）	—				
166	李輝（建昌人，今江西南城）	—				
167	劉賁（建昌人，今江西南城）	—				
168	李杞（平江人，今屬湖南岳陽）	—				
169	李雄（平江人，今屬湖南岳陽）	—				
170	宋之潤（雙流人，今屬四川成都）	—				
171	宋之汪（雙流人，今屬四川成都）	—				
172	潘友恭（金華人，今屬浙江）	—				
173	杜斿（金華人，今屬浙江）	—				
174	杜旝（金華人，今屬浙江）	—				
175	鄭昭先（閩縣人，今屬福建福州）	—				
176	范念德（建安人，今屬福建建甌）	—				

177	劉孟容（隆興人，今江西南昌）	－				
178	黎貴臣（醴陵人，今屬湖南）	－				
179	林學蒙（永福人，今屬廣西）	－				
180	徐寓（永嘉人，今屬浙江溫州）	－				
181	蔡念成（德安人，今屬江西）	－				
182	江默（崇安人，今福建武夷山市）	－				
183	戴蒙（永嘉人，今屬浙江溫州）	－				
184	程永奇（休寧人，今屬安徽黃山市）	－				
185	李季札（婺源人，今屬江西上饒）	－				
186	林至（葉亭人）	－				
187	嚴世文（新喻人，今屬江西）	－				
188	楊與立（浦城人，今屬福建）	－				
189	楊驤（浦城人，今屬福建）	－				
190	楊道夫（浦城人，今屬福建）	－				

191	徐昭然（鉛山人，今屬江西）	－				
192	姜大中（？）	－				
193	潘時舉（臨海人，今屬浙江）	陳紹大				
194	吳必大（興國人，今屬江西）	－				
195	劉砥（長樂人，今屬福建）	劉子玠				
196	劉礪（長樂人，今屬福建）	－				
197	王力行（同安人，今屬福建廈門）	－				
198	吳壽昌（邵武人，今屬福建）	－				
199	甘節（臨川人，今屬江西）	－				
200	曾祖道（廬陵人，今江西吉安）	－				
201	吳昶（休寧人，今屬安徽黃山市）	－				
202	陳文蔚（上饒人，今屬江西）	徐元傑				
203	方誼（嘉禾人）					
204	張顯父（南劍人，今福建南平）	－				
205	孫自修（宣城人，今屬安徽）	－				
206	孫自新（宣城人，今屬安徽）	－				

207	孫自任（宣城人，今屬安徽）	一					
208	葉湜（建安人，今福建建甌）	葉采					
209	黃義勇（臨川人，今屬江西）	一					
210	黃義剛（臨川人，今屬江西）	一					
211	萬人傑（大冶人，今屬湖北黃石）	一					
212	曹建（餘干人，今屬江西）	一					
213	詹淵（崇安人，今福建武夷山市）	一					
214	符敘（建昌人，今江西南城）	一					
215	童伯羽（甌寧人，今屬福建南平）	一					
216	襲蓋卿（常寧人，今屬廣東東莞）	一					
217	李宗思（建安人，今屬福建建甌）	一					
218	黃學皐（龍溪人，即今福建下溪）	一					
219	黃幹（長溪人，今屬江西婺源）	饒魯、李鑒	陳大猷、吳中、羅天西、趙良淳、萬鎮、湯伯陽、魯士能、程若庸、許應庚、王	陳澔、朱以實、吳存、金若沐、范奕、吳錫疇、程鉅夫、（吳澄）、熊凱、龔		朱洪初、李仕魯、徐一夔、周棐、陳旅、王守誠、蘇天爵、劉霖、李擴、陳伯柔	王逢

			似、饒應中、汪華、汪相、吳迂、蔡汝楑、羅椅、史泳、李實、徐道隆、袁易、吳存	煥、汪應升、汪克寬、鄭合生、戴璹、戴孫	朱公遷、劉耳、揭傒斯、趙孟俯、林夢正、熊良輔、汪克寬、汪時中、吳當、元明善、虞集、貢師泰、鮑恂、藍光、夏友蘭、袁明善、黃極、李本、李棟、朱夏、黎仲基、王彰、王梁、楊準、李心原、皮潛、解觀、黃盅、潘音、趙宏毅、王祁、李擴、陳伯柔、黃耉、危素、包希魯、熊本、丁儼、許晉孫、饒敬仲、鄭眞、杜本、（吳澄門人：吳當、元明善、虞集、貢師泰、鮑恂、藍光、夏友蘭、袁明善、黃極、李本、李棟、朱夏、黎仲基、王彰、王梁、楊準、李心原、皮潛、解觀、黃盅、潘音、趙宏毅、王祁、李擴、陳伯柔、黃耉、危素、包希魯、熊本、丁儼、許晉孫、饒敬仲、鄭眞、杜本）	、熊本、烏本良、鄭桓、黃寶、趙恭、張理、（吳澄門人：陳旅、王守誠、蘇天爵、劉霖、李擴、陳伯柔、熊本、烏本良、鄭桓、黃寶、趙恭、張理）

220	廖晉卿（？）					
221	李伯誠（或云慶元人，今屬浙江）	－				
222	李周翰（？）	－				
223	劉定夫（？）	－				
224	賀善（？）	－				
225	丘富國（建安）	張諒、張貢、鄭儀孫	張復			

附表五　象山心學傳人統計表
（第一代至第七代）

No	第一代	第二代	第三代	第四代	第五代	第六代	第七代
1	陸持之	葉元老					
2	楊簡	楊恪，袁甫，馮興宗，馮國壽，史彌忠，史彌堅，史彌鞏，史彌林，錢時，洪夢炎，史守之，史定之，陳塤，桂萬榮，童居易，黃震，趙彥戒（豎心旁），曾熠，鄒近仁，鄒夢遇，葉祐之，徐鳳，曹夙，張渭，張汾，孫明仲，沈鞏，許孚，朱介，魏㮚，沈民獻，劉厚南，舒銑，方溥，王子庸，馬樸，馬應之，馬爕，王琦，舒益，洪簡，舒衍，吳塤，吳堈，余元發，	史賓之，史蒙卿，王爲（手旁），錢槥，錢允文，洪揚祖，夏希賢，呂人龍，洪贖，陳蒙，張端義，全謙孫，全晉孫，桂錫孫，童鍾，童鈜，曹漢炎，嚴畏，鄒曾，張端義，馬爕，鍾季正，邵大椿，薛璩，趙偕，袁俊，洪揚祖，陳宗禮，眞志道，黃夢幹，黃叔雅，黃叔英，王埜，馬光祖，金文剛，孔元龍，呂良才，呂敬伯，江塤，劉炎，陳均惠，周天駿，徐元傑，劉	夏溥，夏清之，夏潛之，吳曍，洪震老，汪汝懋，全耆，全彥，全整，童金，鄭棠，袁衷，程端禮，程端學，王應麟，王應鳳，黃正孫，黃珏，岑士貴，王士毅，陳麟，桂彥良，烏本良，烏斯道，向壽，李善，羅拱，方原，王桓，葉心，李恒，鄭原殷，馮文榮，王眞，顧寧，羅本，翁旭，洪璋，徐君道，方觀，裘善緝仁，王愼，，翁昉，岑童惠，王權，高克柔，	鄭玉，趙沨，汪汝懋，方道叡，陳苑，黃潤玉，蔣宗簡，樂良，戚秉肅，王楚鼇，徐仁，王良學，王昌世，胡三省，史蒙卿，戴表元，黃叔雅，鄭芳叔，袁桷，王惟賢，黃玠，桂宗儒，桂宗蕃，烏熙，向樸，李孝謙，丘葵	沈源，唐轅，桂彥良，桂□，張信，陳詔，王厚孫，王寧孫，胡幼文，袁椿，鄭覺民，鄭璉，鄭忠，鄭潛，鮑元康，鮑深，鮑澛，鮑淮，鮑頴，鮑觀，鮑偕，鮑葆，汪自明，王友直，洪斌，洪傑，洪宅，吳虎臣，倪尙誼	鄭桓，鮑頴，鮑葆，鄭駒，鄭眞，王天與（五世孫楊芮，六世孫楊伯純，七世孫楊圭）（沈民獻四世孫沈輝卿，五世孫沈源）（桂萬榮四世孫桂同德，桂彥良，桂□）（黃震續傳：楊維楨，陳樫）

		鍾宏，曹正，邵甲，王震，鄭節夫，顧平甫，張端義，王晉老，何元壽，傅正夫，傅大原，薛疑之，夏希賢，洪揚祖，錢櫄，趙與□，眞德秀，劉宰	克莊，王邁，程掌，熊慶冑。徐幾，湯千，湯巾，湯中，劉漢弼，黃復	顧勳，王直，裘重，周士樞，鄭愼，茅甫生，胡舜咨，洪天錫，劉漢傳，陳策			
3	袁燮	袁肅，袁甫，朱元龍，史彌忠，史彌堅，史彌鞏，史彌林，史守之，史定之，胡誼，胡謙，朱震，徐願，舒衍，孫枝，朱介，魏榘，洪揚祖，傅正夫，鄭節夫，邵叔誼，袁韶，眞德秀，劉宰	袁俊，洪揚祖，陳宗禮，史賓之，史蒙卿，王爲(手旁)，孫起予，孫願質，邵魯子，袁權，眞志道，王埜，馬光祖，金文剛，孔元龍，呂良才，呂敬伯，江塤，劉炎，陳均，周天駿，徐元傑，劉克莊，王邁，程掌，熊慶冑。徐幾，湯千，湯巾，湯中，劉漢弼，黃復	袁裒，孫璹，王應麟，劉漢傳，陳策，洪天錫，湯漢，徐霖，王應麟	王良學，王昌世，胡三省，史蒙卿，戴表元，黃叔雅，鄭芳叔，袁權，王惟賢，丘葵，危復之，謝枋得，徐直方，曾子良，程紹開	王厚孫，王寧孫，胡幼文，袁桷，鄭覺民，程端禮，程端學，胡一桂，徐炎午，虞舜臣，方南一，李天勇，魏天應，蔡正孫，王濟淵，吳定翁，饒宗魯，胡志仁，吳澄	鄭駒，鄭眞，蔣宗簡，樂良，戚秉肅，王楚龜，徐仁，饒敬仲，李實，王觀，胡棣，董眞卿，吳當，元明善，虞集，貢師泰，鮑恂，藍光，夏友蘭，袁明善，黃極，李本，李棟，朱夏，黎仲基，王彰，王梁，楊準，李心原，皮滘，解觀，黃盅，潘音，趙宏毅，王祁，李擴，陳伯柔，黃晜，危素，包希魯，熊本，丁儼，許晉孫，饒敬仲，鄭眞，杜本
4	舒璘	舒銲、舒鉦、舒銑、舒錯、舒鐶、	李津、李潚、李以稱、李以制、安	李洧孫			

		李元白、袁肅、羅子有、鄧夢眞、汪行簡、戴泳	劉、王良學			
5	舒琥	—				
6	舒琪	諸葛生				
7	徐仲誠	—				
8	沈煥	沈傳曾，沈魯曾，沈省曾，沈敏曾，竺大年，舒衍，舒鈃，呂喬年				
9	曾溍	曾極				
10	李纓	鄒斌	吳淵，吳潛			
11	曹建	—				
12	萬人傑	—				
13	李修己	李義山	彭泜（義山婿）			
14	饒延年					
15	劉堯夫					
16	傅夢泉	傅道夫，傅正夫				
17	傅子雲					
18	鄧約禮	鄧泳、傅子雲	葉夢得			
19	黃叔豐	—				
20	嚴松	—				
21	胡大時	—				
22	蔣元夫	—				
23	李耆壽	—				
24	劉孟容	—				
25	劉定夫	—				
26	曾祖道	—				
27	符敘	—				
28	沈炳	—				
29	趙彥肅	喻仲可				

30	姚宏中	－					
31	鄧遠	－					
32	張商佐	－					
33	熊鑒	－					
34	黃裳	－					
35	彭興宗	陸持之					
36	詹阜民	喻仲可，顧平甫					
37	利元吉	－					
38	陳去華	－					
39	諸葛千能	高公亮					
40	諸葛受之	－					
41	石斗文	－					
42	石宗昭	鍾穎					
43	孫應時	史彌堅，胡衍					
44	胡拱	－					
45	胡樽	胡衛，胡衍					
46	陳剛	－					
47	朱桴	－					
48	朱泰卿	－					
49	李伯敏	－					
50	符初	－					
51	周清叟	－					
52	嚴滋	－					
53	林夢英	－					
54	張孝直	－					
55	鄒斌	吳淵，吳潛					
56	趙師雍	－					
57	趙師葳	－					
58	包揚	包恢					
59	包約	－					
60	包遜	羅必元					
61	高商老	－					
62	孟渙	－					
63	李雲	－					
64	豐有俊	－					

65	潘友文	－					
66	張明之	－					
67	周良	－					
68	董德修	－					
69	危積	羅必元，羅晉君，柴中守，歐陽鎮，馮曾	羅晉君				
70	吳紹古	－					
71	章節夫	－					
72	游元	－					
73	高宗商	－					
74	李肅	李復					
75	李復	－					
76	徐子石	徐元德					
77	晁百談	－					
78	王允文	－					
79	黃枏	－					
80	黃椿	－					
81	黃棐	－					
82	俞廷椿	－					
83	邵叔誼	邵魯子					
84	繆文子	－					
85	江泰之	－					
86	趙子新	－					
87	丘元壽	－					
88	吳顯仲	－					
89	劉堯夫	－					
90	危和	羅必元，羅晉君					
91			石餘亨	黃奇孫			
92				宋夢鼎			
93				魯淵			
94				張復			
95					洪源	洪璛	
96			周可象	－			

97			胡長孺	陳剛，謝暉，吳雄，李康，文誠	章瑤，洪濤，林溫，陳善，李時可，王清		
98				汪深	—		
99				陳苑	祝蕃，李存，舒衍，吳謙，曾振宗，閔甲	危素，何琛，張翥，涂幾，張率，王埏，徐震，上官岊，李絅，劉禮	

附表六　兼山學派傳人統計表
（第一代至第六代）

第一代	第二代	第三代	第四代	第五代	第六代
郭雍（河南洛陽）	謝諤（江西新喻）蔣行簡（浙江永嘉）	歐陽樸（江西新喻）孟程（江西豐城）左揆（江西永新）曾震（江西吉水）曾機（江西吉水）曾雩（江西吉水）黎立武（江西新喻）	曾克己、曾克允、曾克寬、曾克家、袁俊翁、吳澄	吳當、元明善、虞集、貢師泰、鮑恂、藍光、夏友蘭、袁明善、黃極、李本、李棟、朱夏、黎仲基、王彰、王梁、楊準、李心原、皮滑、解觀、黃盅、潘音、趙宏毅、王祁、李擴、陳伯柔、黃尋、危素、包希魯、熊本、丁儼、許晉孫、饒敬仲、鄭眞、杜本	陳旅、王守誠、蘇天爵、劉霖、李擴、陳伯柔、熊本、烏本良、鄭桓、黃寶、趙恭、張理
1	2	7	6	34	12